LA DÉSOBÉISSANCE FERTILE

Retrouvez l'ensemble des parutions
des Éditions Payot & Rivages sur
www.payot-rivages.fr

Création maquette intérieure et illustrations : Claire Morel-Fatio
Réalisation maquette intérieure : Corinne Dury

JONATHAN ATTIAS

LA DÉSOBÉISSANCE FERTILE

POUR UNE ÉCOLOGIE OFFENSIVE

Avec le soutien précieux de Caroline Perez

PAYOT

SOMMAIRE

AVANT-PROPOS

Nous voulons dans ce préambule exprimer notre reconnaissance aux arbres qui ont été coupés pour donner corps à notre parole. Même si nous avons fait le choix d'un papier entièrement recyclé et d'encres végétales pour ce livre, nous sommes conscients du paradoxe à prôner la préservation des écosystèmes forestiers lorsque l'on contribue malgré tout à les détruire. Nous n'avons eu de cesse d'y penser pendant l'écriture de ce livre et nous nous sommes fait la promesse que ces pages permettraient de régénérer et préserver bien plus de forêts qu'elles n'auraient contribué à en détruire. Nous sommes pleins de gratitude pour ces arbres qui nous ont offert une tribune sans pareil, et souhaitons de tout cœur que vous, lecteurs, fassiez vivre ces pages en contribuant à votre tour à la protection des territoires et du Vivant.

Dans ces lignes, nous utiliserons le « nous » car, bien que signé par moi, Jonathan, ce livre expose des concepts qui sont le fruit de réflexions et de ressentis collectifs. Derrière ce « nous », il faudra ainsi tantôt lire « Caroline et moi », tantôt « notre groupe », tantôt enfin « la société dans son entier » que nous espérons ardemment voir nous rejoindre dans notre désir de préserver la Vie.

Je vous souhaite une très belle découverte de notre désobéissance fertile...

EN GUISE D'INTRODUCTION

La Terre n'appartient pas aux humains[1],
ce sont les humains qui appartiennent à la Terre.

PROVERBE AMÉRINDIEN

La désobéissance fertile est un mouvement dont la volonté absolue est de préserver les êtres vivants et de régénérer les écosystèmes lorsque ces derniers ont été dégradés ; cela par tous les moyens.

La désobéissance fertile vise ainsi à créer de nouveaux systèmes au sein desquels l'espèce humaine cohabite durablement avec les autres espèces vivantes et forme avec elles un ensemble harmonieux. À travers la désobéissance fertile, nous proposons à chacun.e de devenir les gardiens des vivants : de toutes les espèces qui se font massacrer, de tous les cours d'eau qui se font polluer et de toutes les ressources qui se font piller ; nous nous engageons à empêcher par tous les moyens que ces exterminations continuent. L'enjeu, à travers ce mouvement, est de montrer qu'il nous est possible de donner de la noblesse à nos existences en concentrant nos forces et nos actions à la protection et au maintien de la vie sous toutes ses formes.

1. La citation originale utilise le terme « homme » que nous avons remplacé par « humain ».

Cette philosophie se fonde sur trois piliers fondamentaux :
- S'intégrer dans la Nature.
- Aggrader les territoires.
- Ne pas attendre que les lois changent pour agir.

VIVRE AVEC LES VIVANTS

Faire en sorte que nous nous associions à la Nature pour apprendre à vivre avec elle est certainement le plus grand défi qu'il nous ait jamais été donné de relever dans l'histoire de l'humanité. À lui seul, ce point constitue l'objectif absolu à atteindre - les deux autres piliers étant pour l'un une conséquence de cette vie en harmonie avec les vivants et pour l'autre un outil pour réaliser cet objectif premier. Nous pensons qu'il est absolument nécessaire que nous apprenions à cohabiter avec les autres espèces si nous espérons pérenniser la nôtre.

En ce sens, nous souhaitons mettre en place de nouvelles sociétés qui cheminent en prenant soin de la Nature, apprenant à vivre avec elle au lieu de la craindre ou de vouloir la dominer comme le font nos sociétés actuelles. C'est parce que nous nous sommes complètement détachés de la Nature que nous ne parvenons plus à la comprendre ni à la respecter. À l'inverse, en évoluant à ses côtés, nous l'estimons pour ce qu'elle est – à savoir la source de tout – et de ce constat naît un respect immense envers elle, qui nous motive à la défendre et à la préserver. En vivant au milieu de la Nature, nous prenons conscience de cette réalité oubliée : nous faisons partie d'elle. La défendre en son sein, c'est nous défendre nous-mêmes.

AGGRADER LES ESPACES ET RÉGÉNÉRER LES TERRITOIRES

Nous avons pris pour habitude de ne penser notre relation à la Nature qu'en termes de « dégradation » : les humains seraient incapables d'avoir une quelconque action bénéfique, positive, sur leur environnement. Cette vision s'est progressivement imposée à tous comme une évidence – une évidence trompeuse et contre-productive ! En effet, comment agir pour la préservation du Vivant si nous nous empêchons de penser une relation harmonieuse à la Nature ?

« Aggrader », voilà un mot qui devrait être fréquemment utilisé pour signifier la finalité de nos actions. Pourtant, et aussi fou que cela puisse sembler, ce terme ne figure dans aucun dictionnaire commun[1]. L'absence de ce terme dans nos champs linguistiques questionne évidemment notre rapport au monde : les humains n'ont-ils donc jamais eu l'idée de penser leurs actions sur leur environnement à travers le prisme d'une amélioration ?

Cet empêchement linguistique permet d'appréhender l'ampleur et les conséquences de l'injonction faite aux humains de « limiter leur empreinte sur la Terre » ; c'est parce qu'on ne perçoit notre humanité que sous le prisme de la dégradation de son environnement que nous sommes progressivement en train d'accepter l'idée d'une Nature sous cloche, protégée de nous, sans contact aucun avec notre espèce : une aberration à tous les niveaux !

---

1. Seul le mot « aggradation » existe et il n'est employé que dans le secteur agricole.

Jamais il ne nous vient à l'esprit que nous pourrions avoir une empreinte vertueuse et que notre présence pourrait être bénéfique pour les autres espèces vivantes. C'est comme si nous devions sans cesse rougir de notre présence sur Terre et nous faire oublier le plus possible. Il est vrai que nos modes de vie exagérément consuméristes sont une véritable malédiction pour les autres espèces. Questionner le prisme de l'aggradation nécessite donc de revoir complètement nos façons de vivre. Si nous incitons à ce que la désobéissance fertile se diffuse, c'est avant tout en vue de préserver les humains... Parce que la Nature saura toujours s'adapter et se régénérer par elle-même ; elle prendra des formes nouvelles à travers sa lente mais certaine adaptation et se redéploiera d'une manière ou d'une autre.

La place des humains dans l'équation de la vie sur Terre dépendra évidemment de l'empreinte que nous y laisserons. Il nous faut non seulement diminuer inlassablement nos dégradations mais aussi et surtout agir de façon à aggrader nos territoires et ainsi pérenniser notre présence. Cette perspective est un aspect fondamental de notre approche : il faut cesser de percevoir notre présence sur la planète comme un boulet pour le Vivant : à travers nos capacités uniques à apprendre et à entreprendre, nous pouvons être un atout sans pareil pour soutenir les autres espèces vivantes. La notion de fertilité prend tout son sens lorsqu'on aide la vie à se redéployer dans nos champs et nos forêts – là où, auparavant, nous ensemencions la mort.

UNE COLLABORATION VIVANTE ET RÉJOUISSANTE

La Nature est un allié formidable parce qu'elle s'adaptera toujours à nos actions ; si nous la laissons agir sans intervenir, elle se renouvellera d'elle-même ; si nous intervenons, elle s'alliera à nos projets pour donner vie à de nouvelles réalités !
Quelques tentatives de boutures d'arbre ou de glands de chêne que l'on plante ici et là suffisent à comprendre cela et de simples impulsions, au départ distractives, apporteront ensuite toute l'envie d'intensifier cette collaboration pour ensemencer notre belle Terre et s'associer à elle.
Il suffit de voir la vitesse avec laquelle il est possible de contribuer à ramener de la vie sur des sols déclarés morts à la suite de l'épandage intensif de poisons agricoles et de les voir progressivement se régénérer grâce à la matière organique qu'on dépose pour constater à quel point le pouvoir de la vie est incroyable[1].
En ce sens, nous avons la capacité mais aussi le devoir d'agir pour permettre à la vie de s'exprimer.

Ne doutons pas de nos pouvoirs. Tels des superhéros du quotidien, nous pouvons régénérer la vie au sein de nos territoires. Et lorsque nous percevrons notre présence sur Terre comme un cadeau et que nous œuvrerons de façon à l'honorer, alors la Terre nous remerciera à son tour.

1. Tout ceci est détaillé au chapitre « Aggrader et régénérer les territoires ».

AGIR QUELLES QUE SOIENT LES LOIS

Ce pilier est le plus clivant et nous en avons bien conscience. Notre opposition à la loi vient d'un constat simple : dans une démocratie, les lois doivent garantir le bien commun ; or, à partir du moment où les lois n'interdisent pas - voire favorisent pour certaines - la destruction des écosystèmes, faut-il encore leur obéir aveuglément ?

Le système de lois édictées par nos sociétés contemporaines vise à servir des industries extractrices de ressources qui considèrent la Nature comme un vaste gisement dans lequel puiser sans limites, dans le but de maximiser les profits. Ce système de lois est complice des catastrophes qui nous attendent si nous ne changeons pas le cap de nos existences. S'il nous est possible par moments d'aggrader les territoires sans contrevenir aux lois institutionnelles, force est de constater que l'immense majorité des normes énoncées empêche toutes celles et ceux qui y aspirent de vivre en symbiose avec les écosystèmes vivants.

Pire encore, les lois ne protègent aucunement des écocides[1]. Il est évident que nous n'obéirons pas à de telles lois. Et nous affirmerons notre volonté d'y désobéir tant qu'elles ne respecteront pas elles-mêmes la Nature. Mais désobéir aux lois institutionnelles ne signifie pas désobéir à toutes les lois et nos quotidiens sont rythmés par un profond respect à l'égard de ce que l'on nomme les « lois organiques » : celles qui visent à réfléchir et agir selon la préservation de nos territoires et la cohabitation avec les autres espèces (incluant les humains) qui nous sont dictées par les saisons et les conditions météorologiques.

---

1. Crimes commis contre la Nature.

Notre postulat est le suivant : si les lois ne nous permettent pas de vivre et de nous intégrer dans la Nature, alors dépassons ces lois ; aussi, n'attendons pas que les lois changent pour changer nos vies. Cette vision peut sembler radicale pour certain.e.s ; mais la radicalité nous semble appropriée dans la mesure où nous voulons justement revenir à la racine des problèmes[1] relatifs à nos sociétés et changer un système de lois mortifères, pour résoudre une équation visant à pérenniser la vie sur Terre.

La première partie du livre visera ainsi à expliquer en quoi, selon nous, les lois ne nous protègent plus, et donc ne respectent plus le pacte démocratique de préservation de l'intérêt général. J'ai bon espoir qu'un jour cette désobéissance cessera, lorsque nos sociétés se consacreront tout entières au déploiement et à l'épanouissement des êtres peuplant cette planète - mais je ne suis pas certain de voir ce jour de mon vivant, parce que, avant cela, il faudra passer par un certain nombre de phases identifiées dans les grands bouleversements. Ces phases sont théorisées dans le « modèle transthéorique du changement » proposé par les psychologues James Prochaska et Carlo DiClemente en 1982. Ce modèle dit que tout changement de société important se joue en cinq phases :

- phase 1 : la *précontemplation* dans laquelle on ne pense pas avoir de problèmes,
- phase 2 : la *contemplation* où se manifeste une ambivalence ; on perçoit le changement à effectuer mais on hésite à agir et à renoncer aux bénéfices de la situation actuelle,
- phase 3 : la *détermination* où l'on se sent prêt à démarrer la phase d'action et à la mettre en place dans un futur proche,

1. Radical signifiant étymologiquement « à la racine ».

- phase 4 : l'*action* où l'on modifie son style de vie,
- phase 5 : le *maintien* où l'on consolide le changement[1].

La désobéissance fertile a éclos dans un contexte où les grandes idées écologiques ont déjà fait leur chemin et où bon nombre d'habitants perçoivent la nécessité du changement à effectuer (la *phase de contemplation)* pour apprendre à vivre durablement avec les autres espèces. Certains d'entre nous se trouvent même déjà dans la *phase de détermination* mais trop peu encore passent réellement à la phase d'*action*. Quant aux lois institutionnelles, elles empêchent bien souvent que la phase d'*action* ait lieu. Aussi, agissons pour que les actions puissent se multiplier et permettre à des sociétés fertiles d'émerger sans contraintes.

Pour la vie. Pour nos vies.

1. Il existe deux autres stades qui sont la *rechute* - qui constitue parfois un temps nécessaire dans le changement - et la *sortie permanente* - qui désigne la réussite finale du processus de changement.

À PROPOS DU SYMBOLE DE LA DÉSOBÉISSANCE FERTILE

Chaque mouvement dispose d'un symbole pour diffuser sa philosophie. Dans le cas de la désobéissance fertile, c'est une spirale infinie empruntée à Vénus, divinité de la fertilité ; ce symbole a une appartenance mondiale puisqu'il était aussi bien présent dans l'Olympe antique qu'en Orient. La boucle supérieure représente la tête et la spirale infinie, un ventre portant le monde. Nous y avons ajouté un poing levé, signifiant que nous pouvons porter en nous un monde meilleur, mais non sans lutter.
La force graphique de ce symbole est qu'il peut se réaliser d'un seul trait, comme une signature que chacun peut apposer pour signifier son action et sa volonté de régénérer les espaces. Il est né de l'inspiration de Caroline Perez, ma précieuse alliée.

POURQUOI LA DÉSOBÉISSANCE FERTILE ?

LÀ OÙ NOUS EN SOMMES

Nous menons une guerre contre la Nature.
Si nous la gagnons, nous sommes perdus.
HUBERT REEVES

Autrefois, lorsque les scientifiques voulaient alarmer la population de dangers à venir, ils pouvaient utiliser des temps relativement longs pour appuyer leurs hypothèses. Ils employaient volontiers alors le terme de « générations futures », pour sensibiliser la population, laissant sous-entendre que nous avions le temps de corriger nos erreurs en vue de prévenir les désordres annoncés. Ainsi, le premier rapport scientifique soulevant le problème des extractions de ressources accélérées – causé par les sociétés occidentales qui souhaitent maintenir des croissances économiques soutenues – est paru en 1972 et s'intitule « Limites à la croissance ».

1972 : LE RAPPORT MEADOWS SONNE LE GLAS DES RESSOURCES INFINIES

Cette étude, plus connue sous le nom de « Rapport Meadows », compilait 150 indicateurs (démographie, ressources, industrie, emploi, services, pollution, agriculture, usage des sols...) pour analyser les conséquences d'un mode de développement fondé sur la croissance. À partir de ces indications, des scientifiques envisagèrent différents scénarios jusqu'à parvenir à la conclusion suivante : à chaque fois qu'on maintenait une croissance économique soutenue, même si cette croissance était « verte », on se heurtait à des limites matérielles qui entraîneraient immanquablement des effondrements[1].

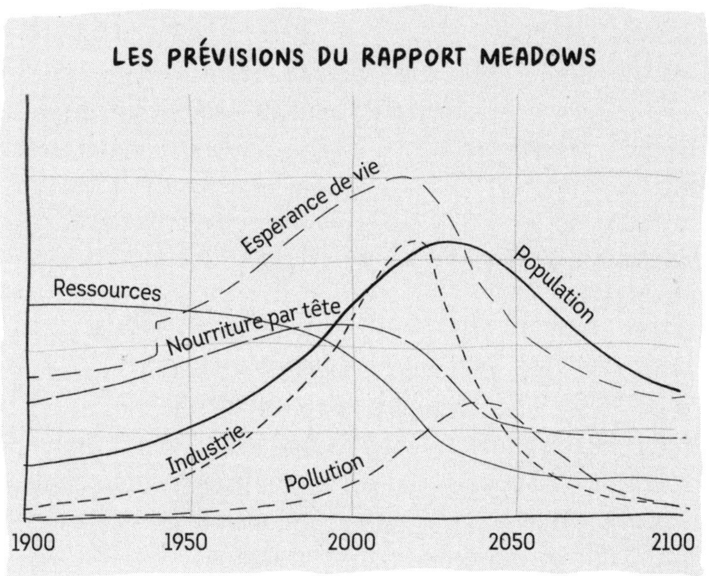

Ces courbes indiquaient à l'époque que nous avions cinquante ans pour inverser les tendances. Ça tombait assez bien car c'est à ce moment-là que le mouvement écologiste a émergé avec la création d'organisations internationales de défense de l'environnement telles que Greenpeace (1971), les Amis de la Terre (1970), la Fédération française des sociétés de protection de la Nature (1968) et les grandes marches

1. L'expression exacte étant « overshoot and collapse ».

pour le climat – la première datant de 1970 aux États-Unis ayant réuni 20 millions de personnes dans les rues.

Nous pouvions encore, alors, nous sortir collectivement d'une situation aux perspectives désastreuses. Mais nous n'avons pas écouté les prévisions et nous avons continué les extractions de ressources et les destructions massives des écosystèmes pour nourrir des indices économiques toujours plus voraces. À la suite de ce rapport, les prévisions scientifiques se sont faites toujours plus alarmantes et engageantes avec un premier appel en 1992 réunissant 1 700 scientifiques indépendants pour tirer la sonnette d'alarme[1] et avertir des menaces qui attendaient notre humanité si nous poursuivions la destruction de notre planète.

Mais là encore, rien n'a changé.

LA BIODIVERSITÉ EN DANGER : LE RAPPORT DE 2017 ENFONCE LE CLOU

De nouvelles études sont parues pour attester des tristes prévisions de 1972, l'une en 2009[2], une autre en 2012[3] et enfin la plus retentissante en 2015 intitulée « The trajectory of the Anthropocene : The Great Acceleration[4] » montrant que nous avions dépassé les seuils critiques au-delà desquels la vie pourrait se maintenir sur la planète sans de profonds bouleversements.

---

1. À travers le World Scientist's Warning to Humanity.
2. À découvrir dans la revue *Nature*, en ligne : https://www.nature.com/articles/461472a.
3. L'étude s'intitule « Approaching a state shift in Earth's biosphere » : https://www.nature.com/articles/nature11018.
4. https://openresearch-repository.anu.edu.au/bitstream/1885/66463/8/01_Steffen_GREAT%20ACCELERATION_2015.pdf.

Enfin en 2017, une étude sans précédent réunissant 15 000 scientifiques[1] à travers 184 pays et étudiant 9 indicateurs entre 1960 et 2016 a montré que 8 de ces indicateurs avaient déjà atteint un seuil critique (voir graphique ci-contre). Cette étude s'intitule « Il sera bientôt trop tard »...

Nous savons qu'un million d'espèces végétales et animales sont menacées d'extinction[2] dans les années à venir si nous n'agissons pas. Notre espèce est déjà responsable de l'extinction de 83 % des mammifères sauvages[3]. La majeure partie des mammifères actuellement en vie (60 %) sont en fait du bétail destiné à alimenter les humains qui représentent 30 % de tous ces mammifères. En proportion, il n'y aurait plus que 4 % de mammifères sauvages. 70 % des animaux sur la planète sont des poulets et autres volatiles destinés à la consommation. Seuls 30 % des oiseaux sont considérés comme sauvages, autrement dit : libres. Quant aux mammifères marins, leur population a diminué de 80 % au cours du dernier siècle. Enfin, nous aurions perdu 75 % des insectes en l'espace de trente ans.

Dans le même temps, les océans s'acidifient du fait de la pollution atmosphérique et à la vitesse avec laquelle nous puisons dans les stocks de matières premières, d'ici à 2050, nous aurons tout épuisé[4] ! Il n'est plus question de prévisions futures, ni de changer çà et là des habitudes pour se préoccuper des générations futures ; nous vivons un moment clé de notre humanité : soit nous réagissons, soit nous signons notre arrêt de mort.

---

1. Publiée dans la revue Bioscience en libre téléchargement en anglais : https://scientistswarning.forestry.oregonstate.edu/sites/sw/files/Ripple_et_al_warning_2017.pdf.
2. Selon un rapport de l'IPBES compilant 15 000 références scientifiques et gouvernementales et réunissant 145 experts issus de 50 pays.
3. Selon l'étude réalisé par des chercheurs de l'université d'État du New Jersey, intitulée « *The biomass distribution on Earth* » et publiée en mai 2018 : www.pnas.org/content/115/25/6506.
4. Source : http://adrastia.org/disponibilite-matieres-premieres/.

L'ÉTAT DE LA PLANTÈTE : SUR 9 INDICATEURS, 8 SONT ALARMANTS

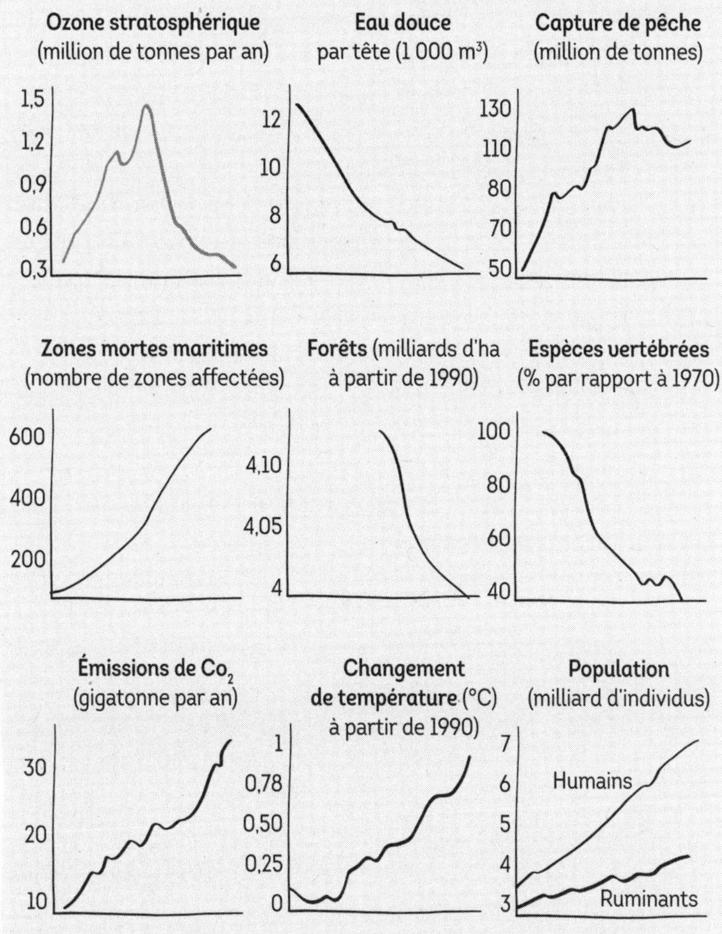

9 indicateurs mondiaux choisis par 15 000 scientifiques pour alerter sur l'état de la planète. Évolution de 1960 à 2016.

BIENVENUE DANS L'ÈRE DE L'ANTHROPOCÈNE

> Chaque génération, sans doute, se croit vouée à refaire le monde. La mienne sait pourtant qu'elle ne le refera pas. Mais sa tâche est plus grande. Elle consiste à empêcher que le monde ne se défasse.
>
> **ALBERT CAMUS**

Les études prospectivistes se concentrent désormais sur une échelle de temps beaucoup plus restreinte : elles n'osent s'aventurer sur des prévisions dépassant les dix ans, tant la situation de notre système Terre est devenue imprévisible. On sait que des ressources telles que l'argent, le pétrole, le cuivre, le plomb, le zinc et l'or viendront à manquer non pas d'ici 2100 ou 2050 mais d'ici à 2025-2030.

Certains parlent d'une sixième extinction de masse qui guetterait notre humanité, comme si cette extinction était à mettre sur le même plan que celles qui ont précédé. Il y a pourtant une

Coupe rase de forêt.

différence fondamentale : si les précédentes extinctions s'expliquent par des évolutions climatiques, thermiques ou géologiques, l'extinction qui nous menace est pour la première fois le fait d'une espèce vivante aux dépens de toutes les autres.

L'agriculture industrielle, l'extraction des ressources – 25 milliards de tonnes de roches et de sable sont extraites des sols de la Terre par an, soit 3 tonnes par an pour chaque personne sur Terre[1] ! –, l'expansion des civilisations humaines sur les milieux naturels sont les principales responsables des destructions des écosystèmes. L'agriculture intensive serait notamment la première cause des extinctions de masse[2]. Rien d'étonnant à cela : les pesticides ont été conçus pour éradiquer toutes formes de vie et ils y parviennent au-delà de toute espérance !

On détruit des espaces naturels à un rythme effréné pour satisfaire des besoins toujours plus démesurés : on remplace des forêts par des cultures intensives de céréales destinées à nourrir des animaux maltraités qui finiront en viande hachée ! Et le plus préoccupant concerne l'eau : la consommation d'eau potable est estimée à 148 litres par jour et par habitant[3] en France, lorsque 18 litres devraient suffire à combler nos besoins quotidiens. Nous épuisons ces quantités d'eau douce pour satisfaire des besoins grandissant en viande – il faut bien arroser les céréales destinées aux bêtes qui garniront nos hamburgers[4] – et nous gaspillons

1. Statistique réalisée par Planetoscope : https://www.planetoscope.com/sols/1707-kilos-de-roches-utilisees-pour-faire-du-beton-dans-le-monde.html.
2. Selon une étude de F. Sanchez-Bayo et K. Wyckhuys intitulée « Worldwide decline of the entomofauna: A review of its drivers » parue dans la revue *Biological Conservation* en avril 2019.
3. Selon l'Observatoire national des services d'eau et d'assainissement.
4. On estime qu'il faut 2 500 litres d'eau pour produire un steak haché (selon les calculs effectués par Arjen Y. Hoekstra dans son étude parue le 12 octobre 2005 : https://www.waterfootprint.org/media/downloads/Hoekstra_and_Chapagain_2007.pdf).

allègrement cette eau potable, notamment pour faire nos besoins[1], alors même que l'eau douce disponible se raréfie et que des milliards d'individus en sont privés...

NOTRE SOURCE TARIE

Par-delà les tristes prévisions scientifiques, nous constatons directement les pénuries d'eau douce chez nous... Alors même que nous habitons dans un village prénommé « La Source » en occitan, l'une de nos sources s'est récemment tarie, et par malheur c'était celle qui alimentait notre habitat. Certains penseront que c'est parce que nous avons trop puisé dedans, je précise donc que nos besoins journaliers n'excèdent pas 5 litres d'eau par personne (quand la moyenne nationale est de 148 litres d'eau par jour et par habitant).

Avant cet épisode, j'étais habitué aux coupures d'eau temporaires du fait de la fragilité de notre installation : presque toutes les semaines, je devais ainsi remonter les 200 mètres de tuyau pour chercher d'où provenait la fuite. Elle était souvent le fait de vaches ou de sangliers qui piétinaient le tuyau pour s'abreuver.

Mais un jour d'été, alors que je remontais le tuyau à la recherche d'un nouveau déjointement, je constatai l'inimaginable : plus une goutte ne coulait de notre source. Je suis resté comme pétrifié : j'avais eu beau lire quantité de rapports préoccupants sur le problème de la pénurie d'eau douce dans le monde, je ne pouvais pas imaginer me trouver moi-même, en France, dans une telle situation. Et pourtant, c'était le cas.

Je ne peux décrire tout le désarroi que j'ai ressenti en voyant cette source tarie ; ce dont je me souviens,

1. Entre 3 et 10 litres par chasse d'eau.

c'est que j'étais dans un tel état de faiblesse qu'il m'était impossible de faire ne serait-ce qu'un pas. À cet instant, j'ai vraiment pris conscience de ce que notre civilisation était en train de vivre ; alors même que j'ai pour habitude de trouver des solutions pour chaque problème, je me suis retrouvé démuni, impuissant - perdu.

Mon premier réflexe a été d'aller chez le voisin qui habite juste au-dessus de chez nous pour le questionner ; cela fait plus de quatre-vingts ans qu'il vit dans le village et, pourtant, lui aussi était très surpris car il n'avait jamais connu pareille situation. Celle-ci n'était certes pas surprenante eu égard aux sécheresses à répétition et aux besoins astronomiques en eau dans les cultures intensives. Mais elle n'en demeurait pas moins insolite.

Quelle qu'en fût la raison, il me fallait urgemment réagir : sans eau, on ne peut vivre bien longtemps. La solution a été de remplir des bidons de 20 litres (récupérés à la déchetterie) que nous portions sur notre dos ou dans une brouette chaque jour, pendant tout l'été, pour remplir notre cuve. Cet effort supplémentaire nous conduisit à respecter encore davantage l'eau que nous utilisions et à sacrifier une partie de notre potager, au moment où il en avait pourtant le plus besoin.

À travers cette expérience, nous avons effleuré du bout des doigts les difficultés auxquelles sont confrontées les millions de personnes qui n'ont pas d'accès direct à l'eau potable dans le monde et nous avons ressenti à la fois toute la peine que cela nécessitait et toute la chance que nous avions de pouvoir remplir nos bidons sans grands efforts.

Au bout de deux mois, nous sommes parvenus à nous raccorder à une nouvelle source, non sans difficultés. Mais pour combien de temps ?

FOCUS SUR LES FORÊTS : UN BILAN DRAMATIQUE

Il n'est un mystère pour personne que nos forêts se meurent et cela nous préoccupe tout particulièrement parce que ces écosystèmes sont ceux qui abritent le plus de vie. Pour comprendre l'enjeu de la déforestation au niveau mondial, il faut rappeler quelques chiffres : selon l'ONG Global Forest Watch, ce sont près de 30 millions d'hectares de forêt qui ont disparu dans le monde en 2017 : l'équivalent d'un terrain de football chaque seconde. Pour donner un ordre de grandeur, cette superficie annuelle de forêt détruite correspond à la taille de l'Italie[1] !

L'Amazonie en est l'exemple le plus alarmant, mais on ignore bien souvent que la forêt est aussi en danger sur notre sol : en France ! Sous l'effet d'une désinformation acharnée orchestrée par les industriels du bois, la réalité nous échappe, et pourtant : nous détruisons les plus vieilles forêts de nos territoires au profit d'exploitations forestières industrielles, si pauvres en termes de biodiversité. Ainsi, près de la moitié de la forêt française (7,5 millions d'hectares) est constituée de peuplements monospécifiques, c'est-à-dire ne comprenant qu'une seule espèce d'arbres. Les peuplements à deux essences représentent un tiers de l'ensemble, tandis que les forêts à plus de deux essences – correspondant à la réalité de ce qu'est une forêt – ne constituent plus que 16 % du total des forêts comptabilisées[2].

Ces peuplements monospécifiques sont à la forêt ce que la monoculture intensive est à l'agriculture : un empoisonnement des sols et une éradication des espèces vivantes.

---

1. « L'équivalent d'un terrain de football déforesté chaque seconde en 2017 », article paru le 27 juin 2018 sur le site de *Reporterre*, le quotidien de l'écologie.
2. IGN 2017 (Institut national de l'information géographique et forestière).

La tromperie des industriels consiste à considérer ces plantations d'arbres en rangs d'oignons au sein desquelles on pulvérise toutes sortes de poisons comme de la forêt : et l'opinion se laisse berner... Pour comprendre les effets désastreux de ces pratiques sur notre territoire, il suffit de se promener dans ces immenses exploitations et de constater qu'on n'y entend plus aucun oiseau, qu'on n'y voit plus d'écureuils ni de lièvres, que la vie a véritablement déserté ces lieux !

QUELQUES MOTS SUR L'INDUSTRIE FORESTIÈRE

La majeure partie de l'exploitation forestière en monoculture intensive concerne les arbres dits «résineux». Ces arbres ont de nombreuses vertus comme la capacité de s'adapter aux climats rugueux, notamment en montagne, et de croître rapidement, ce qui permet des rendements défiant toute concurrence pour les exploitants forestiers. Aussi, il existe de plus en plus de forêts de pins sylvestres et pins douglas partout sur le territoire dans lesquelles les arbres atteignent une maturité en taille vers 30 ans et sont aussitôt coupés. Durant ces trente années, les arbres auront puisé toutes les ressources en termes d'eau et de minéraux présents dans les sols sans avoir eu le temps de les restituer. Cette pratique acidifie les sols et a pour conséquence de les rendre beaucoup moins accueillants pour la vie. Quant aux arbres feuillus largement présents dans les forêts avant la massification des résineux, seulement un quart de ceux qui sont coupés sont ensuite utilisés car ils ne sont pas adaptés aux techniques de sciage industrielles.
Ainsi, 80 % des arbres dans nos forêts ont moins de cent ans et 3 % des propriétaires forestiers détiennent 50 % des surfaces.

Et la tendance ne va pas en s'arrangeant avec des gouvernements qui considèrent la forêt comme une ressource en bois à exploiter sans limites et comme des terrains à céder aux plus offrants. Le démantèlement[1] puis la privatisation[2] en cours de l'Office national des forêts (ONF) ne sont que le reflet de cette tendance sociétale. Des machines toujours plus puissantes et sophistiquées sont conçues dans le but de couper toujours plus vite et d'extraire toujours plus de bois, quitte à déraciner les arbres au passage (ce dont les promoteurs se félicitent) – dans une course aux bénéfices sans fin. Résultat : des espaces dévastés, de véritables cimetières écologiques.

Au sortir de ce bilan non exhaustif, mais sans conteste inquiétant, l'urgence est de mise : il nous faut impérativement agir pour changer le cours de l'histoire.

1. « Forêts publiques : l'État réfléchit au démantèlement de l'ONF », article paru le 7 juin 2019 sur le site de *Reporterre*.
2. « Le gouvernement accélère la privatisation de l'Office national des forêts », article paru le 23 janvier 2020 sur le site de *Reporterre*.

L'INEFFICACITÉ POLITIQUE
EN MATIÈRE D'ÉCOLOGIE

> Technocrates, c'est les mecs que, quand tu leur poses une question, une fois qu'ils ont fini de répondre, tu comprends plus la question que t'as posée !
>
> **COLUCHE**

Depuis la fin des années 1970, les réunions inter-États se sont multipliées, des groupes d'experts scientifiques se sont constitués et ont produit quantité de rapports pour alerter sur l'état toujours plus fragile de notre planète mais rien n'a inversé les tendances : nous émettons toujours plus de CO_2, nous détruisons toujours davantage les écosystèmes et nous polluons toujours plus notre environnement. Comment expliquer cet échec cuisant des politiques internationales et nationales ?

À L'INTERNATIONAL : BEAUCOUP DE BRUIT POUR PAS GRAND-CHOSE

Les premières références auxquelles on pense sont les Sommets pour la Terre – le premier ayant eu lieu en 1972 à Stockholm - censés prendre des décisions à l'échelle mondiale pour limiter l'impact des destructions humaines et assurer une soutenabilité de la vie sur la planète. Le plus emblématique de ces sommets eut lieu à Rio en 1992 et il permit d'énoncer la protection de l'environnement et le développement durable comme des éléments incontournables pour l'avenir de l'humanité et de la planète.

Cent quatre-vingt-seize nations ratifièrent la Convention cadre de ce Sommet de la Terre qui prévoyait notamment une réunion annuelle internationale pour mettre en place des efforts collectifs. De là sont nées les fameuses COP, ces forums internationaux qui accaparent l'attention des médias, se félicitent d'accords qu'ils jugent historiques et assurent que d'ici à quelques dizaines d'années, grâce aux efforts conjoints des États, la situation s'arrangera.

Observons les conséquences des politiques internationales depuis quarante ans pour juger par nous-mêmes de leur efficacité :

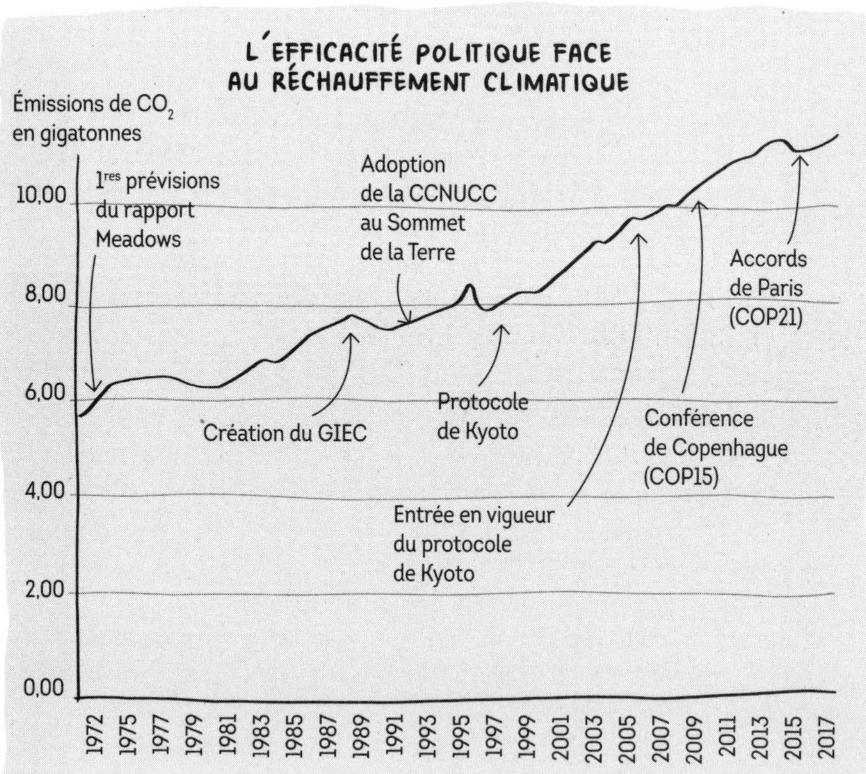

Force est de constater que, au-delà des promesses, l'efficacité de ces conférences n'est pas au rendez-vous. Pourquoi donc ?

Le premier problème que rencontrent ces conférences internationales réside dans la non-remise en question du système économique planétaire : or, sans cette remise en question, aucune politique écologique ne peut tenir, n'en déplaise aux croyants de la sacro-sainte « croissance verte ». Vouloir réformer un système fondé sur une croissance perpétuelle et des ressources illimitées est impossible. Autrement dit, sans une remise en question totale des indices de croissance et sans un appel unanime à la sobriété énergétique, rien ne tient sur le plan écologique.

Le second problème qui rend ineptes ces messes du climat tient au fait que ces accords n'ont aucun pouvoir coercitif : rien n'oblige les États à respecter effectivement les engagements qui y sont pris. Sans un rapport de force contraignant, sans un principe de sanctions effectives, on ne peut espérer que les gouvernements de chaque État – qui changent sans cesse et donc peuvent à tout moment se désolidariser de ce qui a été signé par le gouvernement précédent – respectent dans le temps les décisions prises à un instant *t*.

UN PAS EN AVANT, TROIS PAS EN ARRIÈRE : LE CAS D'ÉCOLE DU GLYPHOSATE

Les allers-retours ahurissants des lois sur la réglementation du glyphosate – ce désherbant chimique déclaré cancérigène par l'OMS[1] que l'on retrouve massivement dans les

1. Selon des études effectuées par le Centre international de recherche sur le cancer (rattaché à l'OMS) et publiées le 1er mars 2016 : https://www.iarc.fr/wp-content/uploads/2018/11/QA_Glyphosate.pdf.

aliments de grande consommation[1] – constitue un cas d'école de l'échec de la voie législative en France en matière de préservation de la santé des individus quand des intérêts agro-industriels sont en jeu.

En mai 2018, la France votait un projet de loi sur l'agriculture et l'alimentation dans laquelle figurait un amendement visant à interdire le glyphosate : 20 députés ont voté pour l'interdiction de ce pesticide ; 63 ont voté contre (les députés de la majorité gouvernementale) ; 494 se sont abstenus[2]. Alors même que les ravages de ce pesticide sont désormais largement connus et qu'une large majorité de la population en espérait son interdiction[3], il faudra de nouveau composer avec ce pesticide dans nos sols pour les prochaines années !

Même chose au niveau européen : en décembre 2017 prenait fin l'autorisation d'utilisation du fameux « Roundup » commercialisé par Monsanto. Avant cette date, les institutions devaient se positionner pour un renouvellement ou une interdiction formelle de ce produit pour les années à venir. Le Parlement européen – seule instance où les députés sont élus - s'est prononcé le premier, en octobre 2017, et une résolution votée à 355 voix pour et 204 voix contre (et 111 abstentions) a permis d'espérer, un temps, l'interdiction d'utilisation du glyphosate dans l'Union européenne à partir de 2022.

---

1. Comme l'atteste l'étude réalisée par l'ONG Générations Futures et publiée le 14 septembre 2017, qui révélait que 53,3 % des 30 produits alimentaires achetés et testés en laboratoire contenaient du glyphosate.
2. Il est possible de connaître le vote de chaque député sur le site : https://trombi-glyphosate.agirpourlenvironnement.org.
3. 81 % des Français en espéraient l'interdiction selon un sondage Odoxa-Dentsu Consulting pour *Le Figaro* et France Info publié le 26 octobre 2017.

C'était sans compter avec la Commission européenne - dont les membres ne sont aucunement élus par les citoyens mais désignés par les présidents de chaque pays - qui a voté en novembre 2017 le renouvellement de l'autorisation accordée au glyphosate jusqu'en 2022 (18 pays ont voté pour cette proposition et 9 s'y sont opposés). Or, c'est à cette Chambre que revient la décision finale. Ainsi, par le vote d'une poignée de commissaires non élus – et contre l'avis de 751 députés élus –, le glyphosate a été de nouveau autorisé partout en Europe.

SUR LE PLAN NATIONAL, LE GRAND SIMULACRE DÉMOCRATIQUE

> La souveraineté ne peut être représentée,
> par la même raison qu'elle ne peut être aliénée ;
> elle consiste essentiellement dans la volonté
> générale, et la volonté ne se représente point.
>
> **JEAN-JACQUES ROUSSEAU**

J'ai moi-même été au cœur des fonctionnements législatifs en France et j'ai consacré trois longues années, de 2015 à 2018, à tenter de changer les lois pour qu'elles servent l'intérêt général.

Mon expérience de lobbyiste vert à l'Assemblée

Tout a commencé par un projet documentaire visant à médiatiser le scandale des semences paysannes : non seulement les fruits et légumes disponibles dans le commerce étaient issus de graines détenues par de grosses firmes semencières – firmes qui prenaient soin de faire dégénérer ces mêmes graines de manière qu'on ne puisse pas les semer à nouveau, contraignant donc les agriculteurs au rachat annuel – mais en plus la loi ne permettait plus aux agriculteurs de disposer librement des variétés traditionnellement utilisées.

LES SEMENCES PAYSANNES EN PERDITION

Selon les Nations unies, nous avons perdu 75 % de nos variétés potagères en un siècle ; et si nous continuons dans cette direction, nous deviendrons orphelins de tout notre patrimoine alimentaire d'ici à quelques années.

Avec Alexandre Lumbroso, mon compère de l'époque, nous avons donc décidé d'alerter sur le sujet et, après avoir décortiqué les lois, nous nous sommes aperçus qu'une catégorie de personnes était toujours autorisée à utiliser ces semences dites « anciennes » et par conséquent à les préserver : les jardiniers amateurs. Ils sortaient du cadre de la loi puisqu'ils n'avaient pas vocation à vendre leur production. Et notre chance, c'était que notre pays compte 15 millions de jardiniers amateurs.

Forts de ces constats, nous avons réalisé une websérie intitulée « Jardiniers levez-vous »[1] pour que tous les jardiniers amateurs prennent conscience que l'avenir de ces semences anciennes, sur le point de disparaître, était entre leurs mains. Une fois les sept épisodes de la série diffusés, nous avons pris la décision d'aller plus loin et de militer pour que les agriculteurs puissent disposer du droit d'utiliser librement les graines paysannes appartenant au domaine public. Une évidence en soi mais qui était à ce moment-là contraire à la loi !

Nous avons donc lancé une pétition intitulée « Yes We Graine »[2] qui a réuni plus de 80 000 signatures, puis nous

1. La websérie *Jardiniers levez-vous !* se décline en sept épisodes, tous accessibles gratuitement sur YouTube.
2. La pétition hébergée sur la plateforme : www.mesopinions.com a réuni exactement 81 288 signataires.

sommes entrés en lien avec des parlementaires, notamment Joël Labbé, un sénateur formidable qui nous a aidés à porter notre revendication au Sénat lors d'un projet de loi sur la biodiversité qui devait être voté quelques mois plus tard. Forts de son soutien, nous avons fait du lobbying partout pour appuyer notre revendication : nous avons initié une consultation citoyenne sans précédent[1] et réuni des milliers de citoyens sur la plateforme Parlement & Citoyens, puis nous avons sollicité les dirigeants publiquement en nous insérant dans la COP 21, ce qui a donné à notre action une certaine résonance médiatique.

Alexandre et moi, lors du vote des amendements #YesWeGraine au Sénat.

1. Consultation hébergée en décembre 2015 sur : https://parlement-et-citoyens.fr et réunissant 9 373 participant.e.s, 2 051 contributions et 51 493 votes pour le *Projet de loi pour la reconquête de la biodiversité, de la nature et des paysages*.

Des milliers de mails ont été envoyés aux sénateurs grâce au soutien des citoyens signataires de la pétition afin de revendiquer les changements suivants :

- autoriser l'échange de semences traditionnelles entre les agriculteurs,
- modifier les normes de commercialisation des semences pour interdire les semences dites « hybrides F1 » (celles produites par les industries semencières et qui entraînent une dégénération des semences) pour revenir à des productions de semences stables – c'est-à-dire pérennes dans le temps.

Plusieurs groupes politiques se sont emparés de nos revendications et dans un moment de flottement lors du vote au Sénat, nos deux amendements ont été votés. C'était un miracle : nous étions parvenus à faire changer la loi !

Les allers et retours kafkaïens au Parlement

Ce que nous ne savions pas alors, c'est que pour changer définitivement une loi, il fallait obtenir un vote favorable (et en termes identiques) de nos amendements par les deux Chambres parlementaires. Restait donc à attendre le vote à l'Assemblée nationale, sachant qu'une fois votés au Sénat, nos amendements seraient automatiquement inscrits à l'ordre du jour au sein de l'hémicycle.

Mais c'était sans compter avec les lobbies agro-industriels qui, dans le laps de temps séparant le vote du Sénat de celui de l'Assemblée[1], ont pris soin d'analyser tous les amendements qui avaient été votés afin d'identifier ceux qui desservaient leurs intérêts pour les faire supprimer en douce. Bien sûr, changer les règles du commerce des semences

1. Ce que l'on nomme la navette parlementaire.

Maïs multicolore issu de variété paysanne. ----------

pour interdire les graines stériles représentait des pertes colossales pour eux et il fallait à tout prix empêcher que cet amendement passe à l'Assemblée. Au lieu d'attendre qu'ait lieu le vote en séance plénière, ces industriels ont sollicité un grand nombre de députés membres de la Commission développement durable pour déposer des amendements de suppression visant purement et simplement à retirer nos deux amendements, votés au Sénat, du projet de loi.

À huis clos, ces commissions ont le droit de filtrer les lois préalablement votées dans les hémicycles sans que nous puissions comprendre ce qui s'y passe ; ainsi, sans la vigilance d'Aurélien Vernet, alors collaborateur parlementaire de Joël Labbé, nous n'aurions jamais su que nos amendements avaient été supprimés : déjà parce qu'il nous semblait impossible que de telles pratiques puissent exister, mais surtout parce que les débats au sein de ces commissions n'ont été retransmis sur le site de l'Assemblée nationale qu'après que le vote a eu lieu dans l'hémicycle[1].

Nous n'avions donc plus qu'une semaine pour tout recommencer à zéro : livrer bataille non pas pour convaincre les députés de voter favorablement à l'Assemblée, mais déjà pour trouver des parlementaires qui acceptent de les redéposer. Nous avons à nouveau sollicité les signataires de la pétition *Yes We Graine* pour qu'ils adressent des milliers d'e-mails aux députés et nous sommes parvenus à redéposer in extremis l'amendement visant à autoriser les agriculteurs à échanger et à utiliser librement les semences paysannes. Quant à l'autre, celui qui aurait changé le commerce des semences et empêché la stérilisation du Vivant, personne n'accepta de le redéposer, allez savoir pourquoi...

1. Il s'est écoulé une semaine entre les deux.

Après des débats tardifs à l'Assemblée, l'amendement a été voté de nouveau et en termes identiques, ce qui a permis, après neuf mois de lutte acharnée, de rétablir le droit d'utiliser librement les semences paysannes en France. Cette aventure a donné naissance au film *Des clics de conscience*[1] que nous avons sorti au cinéma quelques mois plus tard.

L'ÉMERGENCE DE LA CLIC : LE COLLECTIF DES CITOYEN.NE.S LOBBYISTES D'INTÉRÊTS COMMUNS

Toute cette énergie déployée durant cette aventure aurait pu nous décourager et nous dissuader de poursuivre l'expérience mais, au contraire, cette petite victoire nous a donné des ailes pour continuer le combat et affirmer notre capacité à pouvoir faire bouger les lois. Comme personne ne comprenait le fonctionnement des Assemblées parlementaires, nous avons mis en place une méthodologie sous forme d'ateliers où les spectateurs qui venaient voir *Des clics de conscience* au cinéma se transformaient en parlementaires et débattaient puis votaient ensemble des lois qu'ils avaient eux-mêmes élaborées lors des échanges après les projections. Nous avons animé des dizaines d'ateliers législatifs[2] partout en France et à chaque fois émergeaient des lois coconstruites qui visaient à préserver l'intérêt général. Cette montée en compétences des citoyens nourrissait de grands espoirs en nous : non seulement nous étions de plus en plus nombreux à comprendre que nous avions un rôle à jouer pour

1. Et qui est désormais disponible en libre accès sur la plateforme Imago TV : https://imagotv.fr/documentaires/des-clics-de-conscience.
2. La méthode est en accès libre à la page : http://lobby-citoyen.org/les-ateliers-de-democratie/.

influencer les lois mais, en plus, nous allions exercer ce droit !
Avec Aurélien Vernet, le collaborateur parlementaire qui nous a aidés dans l'aventure du film, nous avons impulsé le collectif des « Citoyen.ne.s Lobbyistes d'Intérêts Communs » (CLIC)[1] pour aider les citoyens à proposer et à défendre des lois dans les Assemblées parlementaires. Nous nous sommes investis sur de nombreuses lois en vue de les faire déposer, et d'apporter du débat sur ces sujets en les médiatisant.

La désillusion législative

Les lois sont toujours utiles
à ceux qui possèdent et nuisibles
à ceux qui n'ont rien.
JEAN-JACQUES ROUSSEAU

Deux événements m'ont alors particulièrement affecté et m'ont fait comprendre qu'il serait impossible de passer par la voie législative pour changer durablement nos sociétés ; l'un révéla le mépris des parlementaires pour les citoyens, l'autre la propension des institutions à ne jamais adopter des lois d'intérêt général.

Le premier événement concerne le droit d'amendement citoyen : un droit pour lequel je militais activement – à travers la création d'une pétition[2] – et qui visait simplement à permettre aux citoyens de faire des propositions d'amendement dans les lois qui seraient votées par les

---

1. Une plateforme pour agir et se former : https://lobby-citoyen.org/.
2. La pétition s'intitule *Pour un droit d'amendement citoyen* et a réuni 62 271 signatures. Elle est hébergée sur : www.mesopinions.com.

Assemblées : les amendements citoyens disposaient de filtres[1] avant d'être débattus en assemblée et le vote final restait entre les mains des parlementaires ; l'objectif de ce droit était de permettre aux citoyens d'influer directement sur les débats publics.

Après un long travail de mobilisation et de lobbying, nous avons déposé une première fois cette proposition de loi en juin 2017, grâce à Joël Labbé et à quelques autres sénateurs qui soutenaient notre démarche. Cet amendement s'intégrait parfaitement dans le projet de loi qui portait sur la modernisation de la vie politique. Pourtant, notre amendement a été censuré par la Commission chargée de structurer les amendements avant qu'ait lieu le vote dans l'hémicycle, au prétexte qu'il était « un cavalier législatif », en d'autres termes : qu'il n'avait rien à faire dans cette loi.

Déçus mais résolus à faire entendre notre voix, nous avons redéposé cette proposition quelques mois plus tard, en décembre 2017, dans une autre loi visant à modifier le fonctionnement interne du Sénat. Cette fois-ci l'amendement n'a pas été censuré si bien qu'il a pu être débattu au Sénat. Et ce qu'il y a d'intéressant dans ces débats, c'est qu'ils révèlent ce que pensent réellement les élus. Voici donc la réponse de Philippe Bas, le sénateur porte-parole de la Commission en charge de cette loi, à propos du droit d'amendement citoyen : « Vos amendements prévoient que des amendements pourraient être rédigés par des citoyens pour ensuite être discutés par notre Assemblée mais c'est anticonstitutionnel, nos citoyens n'ont pas le droit d'amendement, c'est le principe représentatif. Nous

1. Il aurait fallu que les propositions disposent d'un certain nombre de soutiens et qu'une commission vérifie la pertinence des propositions citoyennes pour s'assurer qu'elles s'intègrent dans les projets ou propositions de loi.

parlementaires, nous représentons la nation et nous avons avec le gouvernement le monopole de l'initiative législative[1]. »

Ce jour-là, une larme a coulé sur ma joue. Ce mépris et cette arrogance m'ont fait l'effet d'un soufflet et ont sérieusement ébranlé mes convictions législatives. Mais le coup de grâce vint en mai 2018, lors du vote de la réforme constitutionnelle pour laquelle le président de la République s'était engagé solennellement quelques mois plus tôt, appelant de ses vœux la création d'un droit de pétition renforcé pour permettre de rendre éligibles les pétitions dans les Assemblées parlementaires et par conséquent de soumettre des propositions issues directement des revendications citoyennes.

Je suis entré en contact avec des députés de la majorité gouvernementale pour leur soumettre la proposition de droit d'amendement citoyen, et j'ai obtenu le dépôt de l'amendement par Philippe Chalumeau, député d'Indre-et-Loire. Afin que cette demande ait plus de poids lors du vote en hémicycle, je sollicitais l'appui d'autres députés de même sensibilité politique pour cosigner cet amendement avec lui. En lieu et place des soutiens supplémentaires attendus, je reçus un email du député qui soutenait l'amendement : il s'excusait platement de ne pouvoir finalement déposer ce dernier, mais il avait reçu des consignes de son parti et m'informait donc que, malgré ses convictions personnelles, il allait le retirer[2].

---

1. Ce témoignage est disponible en intégralité dans la vidéo *Refus du DAC par le Sénat*, sur la page Facebook : *Des Clics de Conscience - Le Film*.
2. L'affaire est détaillée dans l'article du média *La Relève et La Peste*, le 9 juillet 2018 et s'intitule « *La ReM contrôle les amendements avant qu'ils soient déposés par les députés* ».

Un député censé disposer d'une opinion et d'une liberté d'amendement avait donc été censuré par ses dirigeants et se soumettait à cette censure sans mot dire... Tout cela dans le parti majoritaire du gouvernement qui avait une majorité absolue à l'Assemblée... Le totalitarisme de cette censure me laissa littéralement sans voix. C'en était trop pour ce droit d'amendement citoyen que je me résolus à abandonner à son triste sort.

Quand le Conseil constitutionnel lui-même fait le jeu des lobbies

Je continuais néanmoins à m'informer et à soutenir les efforts d'autres citoyens pour voir progresser la démocratie. C'est ainsi que je vis l'avocate Blanche Magarinos-Rey s'échiner à faire changer la loi en vue de permettre aux associations de pouvoir vendre les semences traditionnelles.

Au prix d'une lutte acharnée, elle obtint un vote favorable de son amendement en avril 2017 de la part du Sénat et de l'Assemblée[1]. Mais une poignée de députés, là encore liés aux grands lobbies agro-industriels, a saisi le Conseil constitutionnel. Ce collège - dont les membres ne sont pas élus et dont les débats ne sont pas rendus publics - a estimé que l'autorisation de vente des semences traditionnelles aux seules associations pénaliserait les entreprises commerciales : l'amendement était donc de fait anticonstitutionnel. Un non-sens total lorsque l'on connaît le désintérêt absolu des grandes entreprises semencières pour ces graines ancestrales – c'était donc signer une nouvelle fois leur arrêt de mort à court terme.

1. Dans le même projet de loi sur la biodiversité que celui où nous avions fait voter nos amendements sur les semences.

Une fois de plus, il fallait tout recommencer. Et c'est ce qu'a fait Blanche, obstinément, en redéposant cet amendement un an plus tard, en avril 2018, dans le cadre d'un projet de loi sur l'alimentation. Là encore, après des efforts acharnés, elle parvint à faire voter favorablement et en termes identiques son amendement dans les deux Chambres. Cette fois-ci, elle fit en sorte que son amendement sur la vente de semences traditionnelles soit rédigé de façon à bénéficier aussi aux entreprises commerciales. De cette façon, elle rendait sa proposition inattaquable et ne pouvait voir son amendement invalidé par les membres du Conseil constitutionnel.

C'était sans compter avec la détermination des lobbies industriels qui, même lorsque cela semble impossible, parviennent à modifier les lois qui leur déplaisent. Cette fois-ci - et fait assez rare -, le Conseil constitutionnel s'est autosaisi de l'amendement et, ne pouvant lui trouver de faille constitutionnelle, a estimé que l'amendement n'avait rien à faire dans une loi sur l'alimentation : il a ainsi été purement et simplement censuré. Fin de l'histoire.

J'ai alors compris que, malgré tous les efforts qu'il était possible de déployer, jamais des lois défendant le bien commun ne seraient adoptées à partir du moment où ces lois s'opposaient à des intérêts économiques défendus par des lobbies industriels.

Outil agricole en cours d'ensevelissement végétal. ----------

L'ILLUSION D'UN CHANGEMENT DÉMOCRATIQUE DANS UN MODÈLE CAPITALISTE

Nous allons continuer à marcher
à contre-courant, parce qu'à contrecœur,
nous n'y arrivons pas.
INSTITUT DES FUTURS SOUHAITABLES

Comment expliquer que les discours scientifiques se multiplient pour justifier la nécessité de préserver les écosystèmes vivants, mais qu'aucun gouvernement n'agisse en conséquence ?

Parce que nous sommes dans un modèle de société dit « capitaliste » qui perçoit la Nature comme une source de profit dans laquelle puiser sans considération, en vue d'enrichir une espèce[1] aux dépens des autres. Les rapports peuvent bien se multiplier et alerter sans cesse sur les dangers qui pèsent sur notre humanité, rien ne changera tant que le modèle n'évoluera pas, car les dirigeants sont tenus de répondre aux souhaits des industries d'accumuler plus de profits à partir des extractions de ressources.

Et la population, toujours plus consciente des menaces qui pèseront sur elle dans les années à venir, ne peut prendre part à ces décisions. Des mécanismes de pétitions et de consultations existeront toujours pour laisser croire que les citoyens peuvent influer dans les choix mais, en réalité, aucun mécanisme du pouvoir décisionnel n'existe pour donner la possibilité aux populations concernées de décider du sort et de la gestion des ressources sur leurs territoires.

---

1. Et au sein de cette espèce, une poignée d'individus au détriment de tous les autres.

Ce sont pourtant les habitants au sein d'un territoire qui sont les plus aptes à décider et à prendre soin des communs dans la mesure où ils en sont les principaux usagers[1]. Mais seule l'élection de « chefs » aux pouvoirs irrévocables leur est légalement autorisée.

De plus en plus d'habitants estiment qu'il faudrait mettre en place de nouveaux outils décisionnels impliquant les citoyens dans les prises de décisions. C'est ainsi qu'on parle depuis les « Gilets Jaunes » de référendums d'initiative citoyenne, de droits d'amendement citoyen, de tirages au sort pour écrire collectivement des constitutions. Pour autant, aucun de ces droits aux pouvoirs décisionnels n'existe encore à ce jour et on peut douter qu'ils soient un jour introduits par des dirigeants qui réduisent inlassablement les horizons démocratiques pour centraliser les prises de décisions à leur profit.

Enfin et surtout, il me paraît illusoire d'espérer que de nouveaux droits permettent, à eux seuls, de profonds changements et de considérer les espèces vivantes autrement qu'en ressources à collecter. Parce que le problème est ailleurs : tant que le capitalisme fixera les normes de nos sociétés, nous ne pourrons jamais prendre de décisions qui préservent nos écosystèmes, dès lors qu'elles s'opposent aux intérêts économiques !

On pourra souhaiter changer autant de lois que l'on veut, modifier la Constitution pour permettre aux citoyens de participer aux prises de décisions ; tant que l'idéologie profonde n'aura pas évolué et qu'on mesurera la grandeur d'un

1. Nous avons constitué tout un dossier sur ce sujet pour le magazine *Nexus*, qui est en libre accès : https://www.nexus.fr/actualite/societe/municipalisme-a-de-reprendre-pouvoir/.

pays à l'aune de ses indicateurs économiques – notamment le sacro-saint PIB –, nous ne pourrons changer de cap. On le constate en permanence dans les lois environnementales qui sont votées. S'il arrive qu'on cesse l'utilisation d'un pesticide tueur d'abeilles, c'est parce qu'on a comptabilisé au préalable la perte économique qu'engendreraient la mort des abeilles et le travail à accomplir pour polliniser les fleurs sans cette espèce.

La Nature est sans cesse perçue comme une ressource économique et son sort, dans un système capitaliste, ne dépendra que des gains ou pertes économiques qu'elle permettra. En d'autres termes, les prétextes économiques triompheront toujours sur les raisons écologiques. Tant qu'on ne sortira pas du système capitaliste, nous ne pourrons vivre durablement avec les autres espèces vivantes.

LES LIMITES DE L'ÉCOLOGIE INTELLECTUELLE

> Les forêts précèdent les civilisations,
> les déserts les suivent.
>
> **FRANÇOIS-RENÉ DE CHATEAUBRIAND**

La préoccupation au sujet de notre environnement est partagée par un nombre croissant d'habitants sur cette planète, et nous ne pouvons que nous en réjouir. Cependant, il est nécessaire de prendre conscience que la défense réelle de la Nature passe par une expérience quotidienne de la vie en son sein. Si l'on reste en dehors de la Nature, on peut être convaincu de la nécessité de protéger les espaces ; mais cette rationalité n'aura pas la force d'une motivation affective ressentie. Or, dans l'urgence qui est la nôtre à présent, nous avons besoin d'un moteur puissant pour agir vite et en profondeur.

La prise de conscience écologique est souvent la conséquence de constatations « froides », si l'on peut dire : la nécessité de défendre le Vivant se fonde sur des études réalisées par des scientifiques qui nous livrent çà et là des courbes et des statistiques sur la gravité de la situation engendrée par notre système économique. Ces études sont nécessaires, elles assoient le combat quotidien qu'il nous faut mener. Mais pour changer de mode de vie, nous sommes convaincus qu'une relation affective, intime et réelle avec la Nature est nécessaire : c'est pourquoi nous pensons que l'écologie depuis la ville est une illusion – belle et rassurante, certes – mais elle ne nous sauvera pas de la catastrophe annoncée par les scientifiques.

Le destin de nos ruines : une cohabitation végétale et minérale.

L'ILLUSION DE L'ÉCOLOGIE URBAINE

Il est très difficile de constater par soi-même les dérèglements climatiques et la pollution incessante. C'est une des raisons de l'incapacité actuelle du monde à réagir à la hauteur de l'enjeu : sans manquer de quoi que ce soit au quotidien, sans voir se dégrader au jour le jour ce que l'on aime, sans mesurer la perte très concrète qu'entraîneront dans un futur proche nos modes de vie, nous ne pouvons nous résoudre à transformer profondément notre manière d'habiter la Terre.

Dès lors, la seule solution pour contourner ce problème est sans nul doute de s'attacher à la Terre : de la vivre quotidiennement, de la ressentir, de nouer avec elle une relation affective qui ne peut advenir que dans un rapport quotidien. En nous intégrant dans cette Nature, nous en deviendrons ses plus fervents protecteurs, et pourrons déplacer des montagnes pour la préserver. Le problème reste entier dans la mesure où 80 % de la population dans nos pays dits « développés » vit en milieu urbain et est même, de fait, déconnectée des réalités vivantes - celles qui se ressentent au contact avec la Terre. Car le béton ne laisse rien passer, rien dépasser et nous coupe d'un contact pourtant profond et nécessaire avec cette Terre que l'on souhaite protéger. Le béton est inerte, là où la Terre vit[1].

On ne peut pas réellement défendre la Terre en restant éloigné d'elle. L'écologie que l'on nommera « intellectuelle » est vertueuse, à bien des égards : la prise de conscience à

1. Hélas, dans bien des régions de France, la vie s'échappe de la Terre, comme nous l'avons vu, et personne n'est là pour en témoigner car personne ne vit plus dans les parcelles désertées à la suite de l'usage intensif des pesticides.

travers les films, les livres, les études scientifiques permet de sensibiliser de plus en plus de personnes à l'urgence de protéger le patrimoine naturel présent sur Terre. Elle constitue pour beaucoup un préambule à un changement de vie d'ailleurs. Mais elle ne suffit pas. Car, tôt ou tard, celui qui cherche trouve et se rapprocher de la Nature est une évidence pour quiconque aspire à défendre la vie sous toutes ses formes.

LES DÉRIVES DE L'ÉCOLOGIE INTELLECTUELLE

La vision selon laquelle les humains seraient des verrues dans la Nature est une vision très urbaine ; constatant l'impact néfaste de nos modes de vie en ville, nous imaginons notre espèce comme un groupe de parasites qui pompe le sang de la Terre sans rien lui apporter en retour.

Cette vision parasitaire est légitime pour les urbains, dans la mesure où, en ville, nous ne pouvons absolument pas contribuer à la pérennisation ni à la régénération de nos espaces. Mais elle ne l'est pas pour celles et ceux qui vivent au contact des autres espèces ! Hélas, ces derniers sont très peu représentés dans les institutions politiques et ils doivent se conformer à une vision désillusionnée de notre humanité dictée par des politiciens eux-mêmes déconnectés des réalités. Cette vision à laquelle nous devrions souscrire consisterait à mettre les espaces de nature sous cloche pour empêcher les humains de venir en saccager les ressources.

Si les destructions actuelles peuvent donner raison à une telle logique, il n'en reste pas moins qu'une proposition comme celle-ci convient surtout à ceux qui se complaisent dans leur déconnexion aux vivants et qui profitent des extractions massives de ressources pour poursuivre leur mode de vie déraisonné. Penser la vie sur Terre en isolant les écosystèmes vivants des humains permet avant tout de ne pas remettre en question nos interactions quotidiennes avec les autres espèces peuplant la planète. Cette idéologie nous éloigne ainsi chaque jour un peu plus encore de la Nature. Elle est tellement ancrée dans nos sociétés que rares sont les personnes à imaginer que des humains puissent vivre en parfaite harmonie avec leur environnement.

Fort heureusement, il existe d'autres civilisations dont nous pouvons nous inspirer à travers le monde, au premier rang desquelles on trouve les peuples amérindiens, cohabitant depuis des milliers d'années avec leur environnement. Ces populations sont chassées sans relâche depuis cinq cents ans par les Occidentaux, et déconsidérées intellectuellement pour avoir entretenu un rapport sacré avec les éléments... Pourtant, en maintenant une connexion profonde au Vivant, ces populations perçoivent encore et toujours leur place au sein de la Nature et en deviennent ainsi tout naturellement les gardiennes : nous avons beaucoup à apprendre de ces civilisations.

DÉCONNEXION À L'EAU

Il y a ce que les chiffres disent et il y a ce que nous vivons réellement. Nous constatons depuis plusieurs années, que les étés se font plus secs et plus chauds ; nous en sommes même venus au point où nous nous sommes habitués à ce que les « alertes sécheresses et canicules » soient déclarées.
Pour autant, lorsque nous sommes raccordés aux réseaux publics, les robinets continuent à délivrer de l'eau sans que nous percevions de réels changements

(seuls les usages jugés superflus – dont le jardinage – subissent des restrictions d'eau). On en vient légitimement à se demander si ces sécheresses sont véritablement inquiétantes… Or, c'est pourtant bien le cas : notre plus grand malheur est d'être si déconnectés de ces réalités.

Afin d'illustrer ce point, prenons l'exemple d'une ville voisine de chez nous : pour alimenter les besoins en eau des quelque 6 214 habitants, il a été décidé de puiser dans une source (après avoir épuisé la précédente) qui est connue dans toute la ville pour jaillir en cascade avant de se déverser dans la rivière voisine. Mais en quelques mois, cette source s'est tarie et des centaines de poissons morts se sont amoncelés sur les quelques mètres qui reliaient autrefois cette source à la rivière. Si on parle de cette source aux habitant.e.s, toutes et tous vont s'émouvoir. Et pourtant, peu comprennent que c'est à cause d'une piètre gestion collective de l'eau que cette source ne jaillit plus…

DE LA DIFFICULTÉ DE PASSER À L'ACTE

> La vraie question n'est pas de savoir
> pourquoi les gens se révoltent,
> mais pourquoi ils ne se révoltent pas.
>
> **WILHELM REICH**

Comment se fait-il que nous ayons conscience des destructions engendrées par nos modes de vie et de la nécessité de changer profondément nos comportements sans pour autant parvenir à agir ? Parce que nous sommes des êtres affectifs. Aussi, nous pourrons avoir toutes les données permettant de dresser le constat des extinctions en cours, ces informations rationnelles ne suffiront pas à nous mettre en mouvement. Pour comprendre comment agir, analysons d'abord les mécanismes inconscients qui nous gouvernent pour mieux nous en défaire.

LA DISSONANCE COGNITIVE

La dissonance cognitive est un concept relativement récent[1] qui désigne le malaise que nous ressentons lorsque nos pensées et nos actes entrent en contradiction. Afin de

---

1. La première occurrence du terme date de 1957 : c'est un psychosociologue américain, Leon Festinger, qui lui donne naissance dans son ouvrage éponyme *A theory of cognitive dissonance*.

réduire l'inconfort né de cette distorsion, nous mettons en place des stratégies : nous adaptons ainsi nos croyances pour qu'elles soient en accord avec notre comportement quotidien... En d'autres termes, ce sont nos actions qui induisent nos convictions profondes et non l'inverse !

Cela explique pourquoi tant de gens ont conscience de la gravité de la situation sur Terre sans pour autant agir en conséquence. Tant que nous n'opérerons pas les premiers gestes qui nous rapprocheront de nos objectifs, il nous sera impossible de fonder durablement notre sentiment d'empathie pour la Nature. Pire, ces sentiments s'amenuiseront dans le temps pour modifier notre discours et l'adapter à notre absence d'action !

LA SOUMISSION À L'AUTORITÉ

> Renoncer à sa liberté, c'est renoncer
> à sa qualité d'homme, aux droits de l'humanité,
> même à ses devoirs.
>
> **JEAN-JACQUES ROUSSEAU**

Si la dissonance cognitive est une manière d'expliquer notre triste situation, elle n'est pas la seule responsable : nous assistons à toutes ces destructions sans changer le cours des événements aussi et surtout parce que nous ne savons pas désobéir quand cela s'avère nécessaire... Comme de bons élèves ! Et l'histoire a montré que la majorité des humains préfère se soumettre à des décisions même injustes plutôt que de s'opposer à l'autorité. La célèbre expérience de Stanley Milgram explique justement cela : ce chercheur américain a en effet réalisé une étude en 1963 pour tenter de comprendre comment les soldats allemands, appartenant à la population la plus éduquée au monde, avaient pu se rendre complices des génocides dans les camps d'extermination de la Seconde Guerre mondiale, sans jamais se révolter.

Pour réaliser cette étude, Milgram a demandé à des individus d'apprendre à d'autres individus une série de mots : à chaque erreur de l'apprenant, la personne ayant la fonction d'enseignant devait lui infliger une décharge électrique graduelle ; une autorité symbolisée par un technicien en blouse blanche encourageait l'enseignant à prolonger l'expérience même si l'apprenant échouait – et donc se voyait infligé des décharges de plus en plus dangereuses et douloureuses. En réalité, les personnes incarnant l'autorité et l'apprenant étaient des complices de Milgram et, bien sûr, aucune décharge réelle n'était infligée – mais cela n'était pas su par l'enseignant qui acceptait donc de torturer des personnes qu'il savait innocentes, simplement parce qu'une autorité lui demandait de le faire.

Les résultats de cette étude sont bouleversants : 65 % des sujets sont allés jusqu'au bout et ont administré des décharges létales de 450 volts aux pseudo-apprenants – et ce en dépit des manifestations de souffrance feintes par les apprenants à chaque décharge. En d'autres termes, selon cette expérience, deux personnes sur trois préfèrent se soumettre aux injonctions de l'autorité – ici la science –, quitte à se comporter en bourreau, plutôt que de désobéir pour agir en conscience.

Sur le même principe, notre surobéissance aux injonctions institutionnelles - que l'on sait pourtant parfois injustes et destructrices du Vivant - nous empêcherait donc d'agir... Peut-être faut-il chercher les raisons à cela dans nos éducations, qui nous ont appris depuis notre plus jeune âge à nous soumettre à l'autorité sous toutes ses formes : que ce soit avec nos parents qui nous contraignent à obéir pour nous apprendre à vivre en société, avec nos professeurs d'école qui récompensent les sujets les plus obéissants et punissent ou écartent ceux qui aspirent à s'affranchir de leur enseignement, avec les dirigeants d'entreprise qui exigent de nous une parfaite soumission et enfin avec les gouvernants qui, une fois élus, décident de nos droits – ces mêmes dirigeants qui ont été propulsés à leurs postes du fait de leurs diplômes et par conséquent d'une soumission absolue aux autorités de leur époque !

Nous déconditionner de cette obéissance omniprésente en société pour agir selon nos consciences nécessitera de très gros efforts mais nous n'aurons d'autres choix que d'y faire face pour assumer notre destin collectif et préserver les biens communs !

LE CONFORMISME, ENNEMI DU BIEN COMMUN

Ce qui m'effraie n'est pas l'oppression
des méchants, c'est l'indifférence des bons.
MARTIN LUTHER KING

Nous agissons comme nos semblables ; si nos voisins se comportent de façon complètement déraisonnée alors même que nous savons leurs agissements absurdes, nous serons tentés d'agir comme eux. C'est ce qu'a parfaitement démontré l'expérience réalisée par le psychologue Solomon Asch en 1951, en mettant en évidence les effets de la pression sociale sur nos comportements individuels.

L'expérience était simple : on présentait aux sujets deux images, l'une représentant une ligne et l'autre, trois. Il fallait identifier laquelle des trois lignes de la deuxième image était de même longueur que celle de la première. En conditions normales, c'est-à-dire sans influence extérieure, le taux de succès était supérieur à 99 % : répondre à cette question était une simple formalité pour les sujets. Et pourtant, lorsque Solomon Asch introduisit dans l'expérience un groupe de complices qui se trompait volontairement, certains sujets calquaient leurs réponses sur le reste du groupe, se trompant à leur tour : le taux de mauvaises réponses s'envolait alors pour atteindre les 30 % ! L'influence du groupe sur les comportements était telle que certains individus préféraient se conformer à l'avis du plus grand nombre, quitte à renier l'évidence, plutôt que d'assumer une opinion divergente.

Et nous nous comportons bien souvent de la même façon au quotidien ! Nous savons très bien que nos modes de vie ultra-consuméristes contribuent à mettre en péril la vie sur Terre… Et pourtant, nous poursuivons nos existences sans en changer les habitudes, parce que le reste de la société continue à agir comme si de rien n'était !

Une autre expérience tout aussi intéressante nous éclaire sur cette tendance humaine au conformisme : elle a été réalisée par les psychologues Bibb Latané et John Darley en 1968. Cette expérience[1] s'intéressait aux comportements sociaux de groupe face aux dangers. Elle consistait à demander à un groupe d'individus de remplir un questionnaire dans une pièce fermée ; au bout de quelques instants, de la fumée s'échappait d'un ventilateur, suggérant un péril imminent. Lorsque le sujet était seul dans la pièce et constatait le danger, il réagissait rapidement en quittant la pièce pour signaler le danger et chercher de l'aide. En

1. Intitulée « Group Inhibition of Bystander Intervention Emergencies » et publiée dans le *Journal of Personnality and Social Psychology*.

revanche, lorsque des complices, assis dans la même pièce que le sujet de l'expérience, restaient à leur place en continuant sagement à remplir le questionnaire, le sujet avait tendance à faire de même : la pièce pouvait être complètement enfumée au point qu'il ne soit plus possible d'y respirer convenablement ni de distinguer les autres participants, deux tiers des sujets restaient assis à cocher des cases, influencés par l'immobilisme du groupe, aux dépens même de leur intégrité physique.

Cette expérience offre un éclairage particulier sur nos comportements en société et sur la toxicité potentielle d'un certain type de conformisme : elle a d'ailleurs été réalisée dans le cadre d'un programme plus global de recherches à la suite du viol et du meurtre d'une jeune New-Yorkaise le 13 mars 1964 – sans qu'aucun des 38 témoins n'ait levé le petit doigt pour empêcher l'agression. La problématique de cet « effet du témoin » se retrouve dans notre paralysie devant le réchauffement climatique : pour paraphraser un célèbre discours, « Notre maison brûle et nous regardons ailleurs[1] ». Tant que nos voisins n'agissent pas, nous nous refusons à faire le premier pas, et nous comportons en suiveurs.

Maintenant que nous connaissons les tendances psychologiques et émotives dans lesquelles nous risquons de nous enfermer, tordons-leur le cou et ayons le courage d'aller plus loin !

1. Cette phrase fut prononcée par Jacques Chirac, président de la République française, en ouverture de son discours devant l'assemblée plénière du IVe Sommet de la Terre le 2 septembre 2002 à Johannesburg, en Afrique du Sud.

NE PLUS FERMER LES YEUX
SUR LA SOUFFRANCE DU MONDE

Soyez résolus de ne servir plus
et vous voilà libres.
ÉTIENNE DE LA BOÉTIE

Nous avons toutes et tous été un jour celui qui, au cours d'un repas entre amis ou dans une assemblée quelconque, tente d'alerter sur les dangers qui pèsent sur notre planète en vue de trouver des solutions. Et pour tout soutien, nous récoltons des dénigrements, des incitations à changer de sujet ou des moqueries visant à dédramatiser nos propos.

PARLER DE SOI POUR NE PAS AGRESSER L'AUTRE

Ce type d'expériences peut amener certain.e.s à se taire, afin de ne pas revivre les agacements de proches et de préserver la paix sociale. Pourtant, nous ne pouvons pas taire ces souffrances ni fermer les yeux sur ce qui est en train de se dérouler : nous devons y faire face et sensibiliser celles et ceux qui refusent de considérer l'urgence de la situation, ne serait-ce que pour exprimer ce que cette situation nous fait ressentir personnellement.

Le fait de se confier et de partager notre souffrance pour le monde permet d'exprimer toute l'importance qu'a cette réalité pour nous, sans nous mettre en opposition avec les autres. En insistant sur nos ressentis émotionnels plutôt que sur des éléments rationnels anxiogènes, nous permettons à l'empathie d'advenir et, avec elle, l'envie de se confier en retour.

ACCEPTER LA SOUFFRANCE : UN CHEMIN DIFFICILE MAIS NÉCESSAIRE

Sur notre route, nous avons, Caroline et moi, croisé beaucoup de gens qui ont radicalement changé de mode de vie pour être plus en accord avec leurs émotions : en analysant les déclencheurs de ce retour vers la Nature, on s'est aperçus que, souvent, ces personnes étaient passées par une phase de grand désespoir dans leur vie. Elles vivaient bien souvent une existence confortable dans la société avec de grands diplômes, de bons salaires, de belles maisons, des vacances exotiques à l'autre bout du monde, des familles modèles... Malgré toutes ces cases cochées, quelque chose n'allait pas, comme s'il y avait un vide dans leur existence.

Puis arriva un moment de rupture : voyage, accident, dépression, maladie, burn-out, licenciement, qui leur permit de faire un pas de côté dans leur quotidien bien rodé et de dégager du temps pour percevoir le monde différemment, pour mieux s'informer et finalement intégrer l'état catastrophique de notre humanité. Cette prise de conscience n'est pas sans heurts : elle entraîne une souffrance immense qui met à mal la totalité de nos certitudes.

Mais c'est cette souffrance, comme un passage obligé, qui induit le basculement à venir. Après le sentiment d'impuissance, la colère envers le système à l'origine de tout – la course à la croissance à tout prix – nous submerge. Cette phase sombre de notre histoire personnelle, où l'on vibre avec le monde et où nous ressentons tous les crimes commis contre la Nature est aussi celle où nous nous sentons le plus seuls.

Apprendre à percevoir puis à exprimer sa souffrance pour le monde est alors nécessaire pour nous sauver ; cela permet d'aller chercher en nous-mêmes toutes les ressources pour changer le cours des choses. Cette phase de désespoir pour le monde est bien souvent indispensable car elle participe à la résilience de nos tempéraments et donc à celle de la Terre[1].

LA FIERTÉ D'ÊTRE HUMAIN

Cette acceptation de la souffrance comme moteur de l'action et du renouveau est un séisme pour nos cultures occidentales, qui rejettent par principe la souffrance comme négative, nocive. C'est pourtant une étape inéluctable à laquelle nous devons nous confronter si nous voulons grandir : elle est la clé de voûte avant le nouveau départ ; elle seule, par la violence qu'elle nous inflige, peut nous donner la force de soulever des montagnes ; car elle sait réveiller notre humanité, au sens noble du terme.

Tout comme nous avons mis en péril l'équilibre du monde, notre espèce est la seule à pouvoir faire changer le cours

1. Joanna Macy et Chris Johnstone ont développé une théorie d'écologie profonde intitulée « Le Travail qui relie » selon laquelle il est important de passer par une phase de douleur pour le monde, afin de la transcender par la suite en actions concrètes.

des choses, aujourd'hui. Nous avons cette capacité, de par notre intelligence, notre conscience et notre savoir-faire. En acceptant de nous laisser imprégner par les effroyables dysfonctionnements du monde auxquels nous avons contribué jusqu'ici, nous devenons pleinement conscients de l'urgence et nous pouvons nous montrer à la hauteur de la situation.

Nous découvrons alors que nous pouvons prendre part au grand défi de notre avenir, guidés par la fierté d'être humains, précisément. Nous devons contribuer à cette aventure qui nous dépasse, qui donne du sens à nos vies et qui réveille une force jusqu'alors insoupçonnée en chacun.e de nous.

LA PHILOSOPHIE
DE LA
DÉSOBÉISSANCE
FERTILE

DEVENONS DES GARDIEN.NE.S DE LA TERRE

Il y a dans la vie deux catégories d'individus :
ceux qui regardent le monde tel qu'il est et se demandent :
pourquoi ? Et ceux qui imaginent le monde
tel qu'il devrait être et qui se disent : pourquoi pas ?

GEORGE BERNARD SHAW

Il nous faudra certainement un temps long avant de nous défaire du confort urbain acquis au siècle dernier et ainsi revivre dans la Nature. Néanmoins, nous n'avons pas à attendre de vivre au sein d'écosystèmes vivants pour agir en vue de les préserver et d'en régénérer les espaces. Plusieurs possibilités s'offrent à nous.

PRENDRE SOIN D'UN TERRITOIRE

Une chose est sûre : si l'on veut défendre une Nature vivante, il faut comprendre que nous ne pouvons nous dissocier d'elle. Il nous faut par conséquent apprendre à la connaître et à évoluer à son contact. Pour ce faire, rien de mieux que de se lier à une terre, à un territoire, pour en devenir le gardien. Cela peut être une terre dont on a hérité, une parcelle que l'on a achetée, ou tout simplement un espace auquel nous sommes liés par un souvenir, un ressenti ; quoi qu'il arrive, il faut nous sentir liés à un lieu.

Et ces espaces ont autant besoin de nous que nous d'eux ; on parle souvent de « jardin secret », comme d'un lieu symbolique qui n'appartient qu'à nous mais il s'agit désormais de le matérialiser, d'en avoir réellement un et d'en prendre soin, de le choyer ; considérer notre environnement comme une extension de nous, nourrir à son égard une relation de régénération mutuelle : on lui offre nos soins, nos chants, le rire de nos enfants ; en retour, ce lieu nous offre son abondance et ses vertus nourricières.

Ces terres nécessitent un engagement dans le temps et c'est bien d'engagements dont nous avons justement besoin dès à présent : aussi faites-vous la promesse de protéger ce territoire de toutes vos forces et de permettre à la vie de s'y déployer, d'y prospérer aussi longtemps que possible. À travers ce serment, vous devenez un gardien de la Terre et des êtres qui la peuplent ; vous liez votre existence à celle de tous les vivants ! Et si les aléas de la vie vous empêchent à terme d'honorer votre engagement, prenez soin de choisir autour de vous la personne qui prendra le relais de votre mission et initiez-la aux connaissances et aux joies que cet espace vous aura procurées. Si chacun sur Terre choisit un lieu abritant de la vie et fait vœu de le protéger, notre humanité montrera un visage bien plus souriant que celui qu'on lui connaît aujourd'hui.

Il existe deux sortes de terrain à préserver :

* ceux qui sont menacés de destructions futures, comme les forêts ;
* ceux qui ont déjà été détruits par l'agrochimie, les surproductions, les années de coupes rases et qu'il s'agit donc de régénérer : les champs et les prairies.

Il est absolument nécessaire de préserver ces deux types de terrain dans l'avenir !

Quant à nos installations, elles se feront sur les territoires à régénérer (champs, prairies...) plutôt que dans les forêts préexistantes, afin de laisser ces dernières se développer librement. Il y a déjà tellement de travail à effectuer dans l'aggradation des terres polluées pour en faire de futures jardins-forêts que nous n'avons pas à habiter les forêts – à moins qu'une occupation se justifie pour protéger une forêt d'un péril imminent – ; contentons-nous de nous y promener plutôt !

LE POUVOIR PHÉNOMÉNAL DES FORÊTS

Seuls 16 % des forêts françaises comportent plus de deux essences d'arbres, et constituent donc un terreau véritablement fertile pour abriter de multiples formes de vie. Les forêts sont primordiales à deux titres pour nous : d'une part, parce qu'elles sont des écosystèmes inégalés en matière de diversité du Vivant, et d'autre part parce qu'elles constituent un refuge pour nos corps et nos esprits.

LA SYLVOTHÉRAPIE

La sylvothérapie, avec ses bains de forêts, est de plus en plus pratiquée, de nombreuses études montrant qu'une balade dans les bois entraîne notamment une baisse du taux de cortisol dans le sang - l'hormone responsable du stress.
Les vertus de cet environnement ne s'arrêtent pas là : certains arbres sécrètent des molécules antibiotiques excellentes pour notre santé, on trouve trois fois plus de dioxygène dans les forêts que dans les prairies, par exemple. Quand on sait que la qualité de notre air est un des grands enjeux du futur, leur préservation devient une évidence.
Et puisqu'on parle d'avenir, les enfants sont particulièrement sensibles à la proximité des arbres ; les répercussions sur leur fonctionnement cognitif et sur leur créativité ne sont plus à prouver.

Prendre conscience de l'importance de la forêt sur Terre est absolument nécessaire pour nous amener à la protéger. La forêt constitue un habitat privilégié pour de nombreuses espèces animales et végétales, ce qui en fait de véritables puits de biodiversité à portée de main. Les racines, en s'enfonçant profondément, vont puiser dans les ressources dont dispose la Terre pour ensuite faire passer cette humidité dans les branches et les feuilles et enfin générer une humidité protectrice en surface qui nous préservera des sécheresses et des grosses chaleurs[1]. Ces mêmes feuilles restitueront ensuite l'humidité dans les racines, dans un cercle infiniment vertueux. De par leur constitution, les

1. Pour en savoir plus : https://www.greelane.com/fr/science-technologie-math%C3%A9matiques/animaux--nature/forest-transpiration-water-cycle-4117845/.

arbres jouent un formidable rôle de régulateurs thermiques dans nos écosystèmes : les forêts adoucissent considérablement nos climats.

Il suffit de se promener en forêt en temps de grandes chaleurs pour constater qu'il y fait bien plus frais : non seulement parce que les branches apportent de l'ombre mais aussi parce que les troncs absorbent la chaleur le jour pour la restituer le soir venu. Lors des épisodes de grand froid, il vaut bien mieux rester en forêt plutôt que dans des espaces découverts : la couverture végétale absorbe le froid, si bien que, quand les prés sont gelés, le gel ne pénètre que rarement à l'intérieur de la forêt ! De plus, la densité des arbres permet de limiter les effets des gros coups de vent.

Enfin, on sait que l'eau constitue un enjeu de taille pour notre siècle (le rapport réunissant 15 000 scientifiques[1] et étudiant neuf indicateurs majeurs conclut que les quantités d'eaux douces disponibles ont été divisées par trois en l'espace d'un demi-siècle) ; or, la forêt est un véritable allié dans la lutte pour économiser l'eau. Certaines essences d'arbres feuillus sont ainsi connues pour absorber et évaporer de grandes quantités d'eau : le bouleau peut évaporer jusqu'à 75 litres d'eau par jour, le hêtre jusqu'à 100 litres et le tilleul jusqu'à 200 litres d'eau par jour.

LES FORÊTS NOURRICIÈRES

La forêt nourricière est un modèle d'agroforesterie imitant les forêts sauvages : des arbres de différentes tailles sont liés les uns aux autres par des buissons,

1. Source : https://www.franceculture.fr/environnement/alerte-de-15000-scientifiques-leurs-9-indicateurs-de-degradation-de-la-planete-analyses.

des champignons et des lianes. Dans une forêt nourricière, « la vigne peut grimper sur le pommier, à côté du noisetier, des framboisiers, des fraisiers et des pleurotes », explique Damien Dekarz dans son livre *La Forêt comestible*[1]. Ces forêts nourricières – ou jardins-forêts – offrent de nouveaux modes de production alimentaire basés sur une collaboration avec la Nature.

NEUTRALISER LES MENACES FORESTIÈRES

Nous n'incitons pas à occuper spontanément les forêts ; ces dernières sont assez rares et précieuses sous nos latitudes pour que nous les laissions en paix. Nos actions d'occupation des forêts se portent exclusivement sur les forêts menacées de destructions, elles ont pour seul objectif d'empêcher ces destructions. De ce point de vue, la plus grosse menace vient des industriels du bois.

L'idée répandue selon laquelle il faudrait élaguer de temps à autre et couper les arbres pour mieux préserver la forêt est fausse. S'il est vrai qu'un gros arbre sur le point de tomber peut en entraîner d'autres avec lui, pour autant, ces arbres morts ne constituent nullement un obstacle à la biodiversité une fois au sol : ils se décomposent tout naturellement et servent à la fois d'engrais pour le sol et d'abris pour d'autres espèces. Aussi est-il conseillé de laisser faire la forêt[2] et d'agir uniquement lorsqu'un arbre sur le point de rompre met en danger la sécurité de ceux qui passent en dessous.

---

1. Damien Dekarz, *La Forêt comestible : Pour des récoltes abondantes en toutes saisons*, Terran, Escalquens, 2020.
2. Source : Office national des forêts : http://www1.onf.fr/gestion_durable/++oid++20a/@@display_advise.html.

Les autorités incitent à dénoncer[1] celles et ceux qui laisseraient un terrain non entretenu au prétexte que cela induirait la présence de « mauvaises herbes ou d'animaux nuisibles », mais à bien y réfléchir, les nuisibles ne sont pas ceux que l'on croit ; aussi gardons-nous bien de vouloir « nettoyer » la forêt, elle le fait très bien elle-même. Plutôt que de réfléchir à la façon juste de couper les arbres, réfléchissons plutôt à la façon juste d'en planter de nouveaux, qui s'adapteront au mieux à ces écosystèmes et qui enrichiront la forêt ; la vie aime la diversité : plus il y a d'espèces d'arbres dans une forêt, mieux cette dernière, comme tous ceux qui y habitent, s'épanouira et résistera aux changements.

Nous avons la chance, grâce à la pluralité et à la douceur des climats sous nos latitudes, d'avoir une très grande variété d'arbres – on dénombre 138 essences différentes sur le sol français[2] –, alors préservons-la en en plantant toujours davantage.

OBSERVATIONS SUR LA CHASSE

Une idée reçue voudrait que certaines espèces soient nuisibles et envahissantes : on pense surtout aux sangliers. Or, si les sangliers se multiplient autant, c'est avant tout parce qu'ils ont été élevés puis relâchés volontairement par les chasseurs pour constituer du gibier et aussi parce qu'ils n'ont pas d'autres prédateurs – ces derniers, à l'image du loup, ayant été éradiqués par ces mêmes chasseurs. Les partisans de la chasse se vantent d'agir en bons régulateurs de

1. Source : https://www.service-public.fr/particuliers/vosdroits/F1525.
2. Source : Office national des forêts : https://www.onf.fr/onf/forets-et-espaces-naturels/+/1f::comprendre-la-foret.html.

la biodiversité alors même qu'ils sont à l'origine du dérèglement.

Quant aux oiseaux, sur les 64 espèces qu'il est possible de chasser en France (un record en Europe), 20 espèces sont classées sur la liste rouge européenne des espèces menacées[1] avec, parmi elles, des espèces migratrices.

Face à ces pratiques qui régulent à coups de fusil, nous suggérons de rétablir un équilibre doux dans ces écosystèmes, en mettant en place progressivement des conditions pour qu'une chaîne alimentaire stable existe dans ces forêts – pourquoi pas à terme rétablir des espèces autrefois disparues dans ces territoires, sous le contrôle de spécialistes. Par exemple, il est possible de créer des mares[2] pour réintroduire une vie aquatique et permettre à d'autres animaux terrestres de s'y abreuver.

Jusqu'à présent, le lobby des chasseurs fait la pluie et le beau temps dans les institutions et les lois votées à l'Assemblée mais il est possible d'interdire la chasse sur les parcelles que nous détenons et de faire valoir les forêts (et les terres agricoles) comme des refuges abritant une biodiversité menacée.

Des associations comme la Ligue de protection des oiseaux[3] (LPO) ou l'Association pour la protection des animaux sauvages[4] (Aspas) peuvent aider à mettre en place des démarches et officialiser ces refuges. Nous en verrons les détails pratiques dans la prochaine partie consacrée à la mise en œuvre de ces préconisations.

---

1. « Les lobbies de la chasse mettent en grand danger d'extinction des espèces menacées », article de Laurie Debove paru le 5 novembre 2019 sur le site www.lareleveetlapeste.fr.
2. Nous verrons ceci en détail dans la troisième partie de cet ouvrage.
3. Pour plus d'informations sur la Ligue de protection des oiseaux : www.lpo.fr.
4. Pour plus d'informations sur l'Association pour la protection des animaux sauvages : www.aspas-nature.org.

Pour devenir des gardien.ne.s de ces forêts, l'idéal est de vivre à proximité et de s'assurer, au travers de promenades fréquentes, qu'elles ne sont pas mises en danger par des dégradations ou de futures prédations. Dans le cas de pollutions ou de dégradations déjà commises, on peut organiser des événements (culturels, festifs et/ou éducatifs) en vue de nettoyer les espaces. La plateforme cleanwalk.org permet d'organiser des marches collectives pour ramasser les déchets et dépolluer les territoires. 1 080 « *cleanwalks* » ont ainsi déjà été organisées en France. S'il s'agit de destruction de ces forêts, il faudra défendre les lieux tout d'abord en alertant la population et les médias locaux et en entreprenant des actions pour défendre physiquement ces forêts (s'enchaîner à un arbre, occuper un arbre en vivant dessus[1], s'interposer physiquement devant un engin ou le neutraliser durablement...).

Les actions potentielles sont multiples et infinies, il faudra surtout se préparer au mieux pour les anticiper. Pour cela, il est conseillé d'œuvrer avec d'autres habitantes et habitants et de constituer des groupes de soutien, d'actions et de réflexions pour protéger les forêts et mettre en place des actions futures. Il est possible également d'anticiper les menaces futures en rachetant les terres, soit individuellement, soit en constituant un collectif d'habitants et en rachetant les parcelles forestières pour en sanctuariser les espaces. De nombreuses associations de préservation de l'environnement se structurent sur le territoire, fruits de la volonté commune d'habitants résidant sur un même territoire pour agir ensemble en vue de préserver les forêts[2], par exemple.

---

1. Comme l'a fait la militante Julia Butterfly Hill en vivant continuellement durant deux ans sur une plateforme perchée en haut d'un arbre millénaire appelé Luna. Elle raconte son histoire dans le livre *De sève et de sang*, traduit aux Éditions Libre.
2. C'est le cas notamment de l'association « Faîte et Racines » : https://www.faite-et-racines.org qui est parvenue à sauvegarder plusieurs dizaines d'hectares dans son secteur d'activité en Corrèze.

La « bergerie », cabane que nous occupons avec notre famille.

RÉGÉNÉRER LES ZONES AGRICOLES ÉPUISÉES

Les méthodes d'agriculture modernes fondées sur les monocultures intensives, dans lesquelles la terre est fertilisée artificiellement mais surtout empoisonnée sans interruption, ont entraîné une destruction progressive de la biodiversité et épuisé toutes les ressources des sols. Le système agro-industriel a littéralement mené une guerre pour empêcher la vie de s'établir sur les parcelles cultivées et a pris soin de développer des produits toujours plus mortels pour s'assurer de l'éradication des espèces vivantes.

CHANGER DE VISION SUR LES ESPÈCES DITES « NUISIBLES ET INVASIVES »

Les espèces végétales que l'industrie agricole considère comme des espèces invasives apparaissent en fait en vue de rééquilibrer les sols : elles sont la conséquence des pollutions générées par les sociétés humaines et se multiplient dans une zone pour améliorer et protéger un milieu. On parle de plantes « bio-indicatrices » puisque leur présence va permettre de déterminer la composition d'un sol mais aussi ses manques et ses excès.

Avant de voir ces plantes comme des menaces lorsqu'elles apparaissent en quantité sur un terrain et de vouloir les exterminer, il vaut mieux questionner les pratiques et comprendre ce qui provoque leur présence massive car elles ne sont pas là pour nuire au jardin mais bien au contraire pour aider à en améliorer les apports. La présence massive de pissenlits par exemple exprime un excès de matière organique compacté[1].

Pour les animaux et insectes considérés comme nuisibles (les limaces, les escargots, les taupes, les campagnols, les mulots, les doryphores, les pucerons…), la situation est sensiblement la même : leur grand nombre survient après une intervention humaine ayant bouleversé les écosystèmes. Au lieu de vouloir éradiquer les espèces, il faut aider à reconstituer des équilibres dans les jardins : soit en rétablissant une chaîne alimentaire dans le cas des animaux, soit en plantant des espèces végétales qui nourrissent les « nuisibles » et préservent les potagers.

---

1. Pour plus d'informations : https://plandejardin-jardinbiologique.com/plantes-bio-indicatrices.html.

À titre d'exemple, le renard roux est considéré comme un nuisible à cause du lobbying exercé par les sociétés de chasse et a presque disparu de nos campagnes, alors même qu'il est un précieux allié dans la protection des cultures : en se nourrissant essentiellement de petits rongeurs[1], le renard permet de limiter la présence des campagnols et autres rats taupiers qui ont des régimes végétariens et se nourrissent des productions du jardin. Ces services rendus par les renards ont même été quantifiés pour prouver les apports de cet animal et convaincre les chasseurs d'en arrêter la traque. On estime ainsi que « le service agronomique rendu par un renard à l'agriculteur peut être estimé à 2 400 euros. 2 400 euros de dégâts économisés[2] ».
Concernant les plantes, on pourra insérer du thym au jardin dont la forte odeur repousse les limaces, du basilic pour protéger les tomates contre le mildiou, des capucines qui attirent pucerons et coccinelles et bien d'autres encore[3].

Les industriels ont littéralement trompé les paysans en leur faisant croire qu'ils obtiendraient de meilleures productions avec moins d'efforts[4]. Si les premières années leur ont donné

1. Selon une étude, on estime qu'un renard consommerait 180 kg de nourriture par an, ce qui représenterait 3 000 têtes, comme l'indique l'article de Christophe Gatineau, « Allié des agriculteurs, le renard est pourtant abattu : arrêtons le massacre ! », paru le 22 octobre 2019 sur le site de *Reporterre*.
2. Christophe Gatineau, « Le renard, nuisible ou utile ? », 8 novembre 2019, sur le site de *Sud-Ouest*.
3. Retrouvez toute une liste de plantes à privilégier dans vos jardins sur : https://toitsalternatifs.fr/conseils-pratiques/permaculture-plantes-utiles-pour-proteger-son-potager/.
4. Ces empoisonnements sont devenus la norme et, comble de l'ironie, ce sont ceux qui refusent d'utiliser ces produits de mort qui doivent justifier de leurs pratiques auprès de labels payants (label AB, Déméter...).

raison, la suite est bien plus triste[1] et les conséquences sont catastrophiques à toutes les échelles puisque ceux qui épandent ces produits s'empoisonnent; les espèces vivant sur ces terres meurent à grande échelle; en s'infiltrant, ces poisons contaminent les nappes phréatiques; et enfin ceux qui consomment ces produits développent des maladies.

Malgré ces conséquences désastreuses, les pratiques ne changent pas et pour la seule année 2014, 1 500 millions d'hectares (1 ha = 10 000 m²) d'écosystèmes naturels ont été convertis en terres cultivées[2]. Nombreuses sont les régions dans le monde où plus aucune espèce ne vit sur ces terres du fait des éradications opérées par les pratiques agro-industrielles.

Des études menées à grande échelle montrent la dangerosité induite par ces pratiques : près de 87 % des zones humides abritant de nombreuses espèces ont disparu dans le monde, selon un rapport de l'IPBES[3] ; une grande part des espèces vivant dans les sols menace d'être exterminée[4] et 3,2 milliards d'humains subissent les conséquences de ces pratiques dans leurs vies. Cette détérioration des milieux entraîne bien souvent des conflits armés du fait de la pression accrue sur les populations pour trouver de quoi se nourrir – conflits qui devraient pousser entre 50 et 700 millions de personnes à se déplacer dans les années à venir[5].

---

1. Lire à ce propos le rapport d'Olivier de Schutter, rapporteur spécial aux Nations unies et intitulé « Agroécologie et droit à l'alimentation », en téléchargement libre : http://www.srfood.org/images/stories/pdf/officialreports/20110308_a-hrc-16-49_agroecology_fr.pdf.
2. Source : https://www.actu-environnement.com/ae/news/degradation-mondiale-sols-humanite-migration-agriculture-ipbes-30916.php4.
3. Source : https://ipbes.net/news/Media-Release-Global-Assessment-Fr.
4. Selon l'étude de l'IPBES, d'ici à 2050, 38 à 46 % de la biodiversité que l'on connaît seront définitivement éradiqués.
5. Source : rapport de l'IPBES, cité dans un article de Fabrice Pouliquen, « La dégradation des terres, l'autre inquiétude du Giec de la biodiversité », 26 mars 2018, *20 minutes*.

Ces terres éprouvées, nous en croisons partout lorsque nous nous promenons en campagne : ce sont ces champs silencieux, tantôt exploités, tantôt abandonnés (moins de 25 % de la surface de la Terre ont échappé aux impacts substantiels de l'activité humaine ; les terres cultivées et les pâturages couvrent désormais plus d'un tiers de la surface terrestre). Ce sont ces territoires qui demandent le plus d'efforts pour les régénérer et ce sont eux, justement, pour lesquels nous souhaitons œuvrer. Bien qu'épuisées par la multiplication de pratiques industrielles dévastatrices, ces terres peuvent tout de même compter avec un allié de poids : la présence des espèces vivantes, qui tentent malgré tout de les garder en vie.

Grâce à cette résilience naturelle, nous pouvons constater des évolutions favorables bien plus rapides qu'on ne l'imagine. Pour celles et ceux que l'étendue de la tâche pourrait effrayer, n'oubliez pas que ces déserts agricoles étaient autrefois des forêts pleines de vie et qu'il est tout à fait possible qu'ils le soient de nouveau. Grâce à notre soutien.

DE QUOI RETROUVER ESPOIR

L'exemple du terrain de François (notre terre d'accueil au moment où nous écrivons) illustre parfaitement cette capacité de résilience infinie de la Nature éprouvée. En seulement quinze ans, cette parcelle – qui était initialement un pré sans arbres – est devenue une véritable oasis. Tout en laissant la Nature reprendre ses droits, François a accompagné ce processus de régénération en (ré)introduisant des espèces locales trouvées aux alentours.

Pour cela, il a réalisé des greffes, des boutures, a replanté des arbres à partir de graines, pépins et

noyaux récoltés. Il a pris soin de rétablir les cours d'eau autrefois bouchés (sources, ruisseaux) et a saupoudré l'ensemble de créations artistiques dont il a le secret.
Le résultat est spectaculaire : il a fait de ce pré exsangue une magnifique forêt ; pour qui ne connaît pas l'histoire de ce lieu, il est impossible d'imaginer que le terrain ait pu exister un jour sans tous ces arbres. On y trouve une grande diversité d'espèces animales et végétales qui habitent le territoire à nos côtés, si bien que les forêts alentour semblent bien silencieuses en comparaison.
C'est grâce à des aventures comme celle vécue par François qu'a germé en nous l'espoir d'une relation interespèces plus vertueuse que celle que notre époque nous inspirait, et c'est également ainsi que la notion d'aggradation humaine est née dans nos esprits.

François, fondateur des « Sources du Lavandou ».

Ces terres ont pour avantage d'être accessibles financièrement : étant beaucoup moins convoitées que les forêts, nous pouvons plus facilement les occuper pour les aggrader et les protéger des prédations futures. Et l'état si dégradé de ces terres peut même constituer un avantage pour notre projet de régénération en ce qu'il est possible d'y imaginer de nouveaux écosystèmes permettant de repenser complètement la cohabitation entre les espèces, comme le suggère la permaculture.

QUELQUES MOTS SUR LA PERMACULTURE

Pensée dans les années 1970 par Bill Mollison et David Holmgren, la permaculture est une démarche éthique et philosophique qui se fonde sur trois piliers :

* prendre soin de la Terre,
* prendre soin des humains,
* partager équitablement les ressources.

Pour y parvenir, la permaculture suggère la création de systèmes évolutifs intégrant les humains, en s'inspirant des écosystèmes naturels.
Un grand nombre de pratiques ont été inventées en vue d'obtenir des sociétés durables. On pense surtout aux techniques agricoles novatrices mais la permaculture inclut également des dimensions sociales à travers des méthodes de communication innovantes.
Réfléchir selon la permaculture permettra de mettre en place des méthodes s'inspirant d'écosystèmes naturels, pour assurer une autonomie aux humains tout en œuvrant à garantir une biodiversité toujours plus riche. De toutes petites surfaces suffisent à faire prospérer différentes espèces ensemble ; quelques mètres carrés peuvent permettre de recréer une forêt. Les travaux du botaniste japonais Akira Miyawaki

donnent ainsi naissance à des microforêts très riches en biodiversité, y compris dans des milieux urbains[1] ; pour ce faire, le botaniste s'inspire de l'écosystème naturel d'une forêt primitive.

Le travail d'aggradation de ces espaces entraînera la création de nouveaux écosystèmes forestiers, fruit d'une cocréation entre une pulsion de vie inhérente à la Terre et une impulsion humaine vertueuse qui met l'intelligence au service des vivants.

PARTAGER LES TERRES POUR SEMER PARTOUT DES MICROSOCIÉTÉS FERTILES

Notre hypothèse part d'un constat simple : il existe en France un certain nombre de terres laissées à l'abandon par leurs propriétaires d'un côté, et un certain nombre d'épargnants qui laissent dormir leur argent sur un compte en banque - on ne parle pas de sommes astronomiques ici, quelques milliers d'euros tout au plus - de l'autre. Tous ces gens – propriétaires terriens en mal de projets pour leurs terres et petits épargnants –, s'ils n'ont pas la capacité ou la volonté d'œuvrer par eux-mêmes à aggrader les territoires, peuvent pourtant devenir des gardiens en facilitant l'installation de collectifs qui préserveront les espaces : soit en achetant des parcelles[2] pour que d'autres s'y installent, soit en prêtant celles dont ils disposent déjà. Des milliers de personnes aspirent à vivre plus proches de la Nature sans pour autant avoir accès au foncier : prêter son terrain

1. Pour plus d'informations : www.arbre-patrimoine.fr/plantez-une-forêt-urbaine/.
2. Toutes les informations sur l'achat des parcelles seront détaillées dans la troisième partie de l'ouvrage.

permet de redonner vie à un espace abandonné en donnant la possibilité à un groupe d'individus d'en prendre soin et d'y vivre sereinement.

Ainsi, tout le monde est gagnant, car il n'est nullement question de spolier les propriétaires[1] : ils prêtent leur terrain durant un temps donné[2], en contrepartie de quoi ils pourront, s'ils le désirent, profiter de l'aggradation qu'ils auront rendue possible en rejoignant, le temps d'un week-end, de vacances ou pour la vie, les gardiens de leur terrain ! Nous avons créé des fiches techniques renseignant la démarche pour les propriétaires et pour les usagers sur la plateforme desobeissancefertile.com afin de mettre justement en lien les propriétaires de terrains désireux de mettre leurs parcelles à disposition de ces futurs gardiens de la Nature. Les personnes qui s'installent sur ces terres s'engagent à répondre à une charte pour aggrader les territoires et permettre aux propriétaires de profiter des bienfaits des lieux au même titre que les autres habitants[3]. C'est un moyen pour les propriétaires de s'initier pas à pas aux modes de vie alternatifs lors de vacances ou de week-ends sur place, de bénéficier des connaissances de personnes plus aguerries qui pourront par exemple leur apprendre à jardiner, à construire des cabanes et leur faire partager des surplus de récoltes et des moments de convivialité.

Acheter des parcelles pour les mettre à disposition est un moyen également de se sécuriser l'esprit quand on est

1. Nous proposons des prêts à usage très faciles à mettre en place et pour lesquels il est tout aussi facile de récupérer l'usage de sa parcelle. Tout est détaillé dans la troisième partie du livre.
2. Nous estimons qu'il faut dix ans pour permettre à de nouveaux écosystèmes de se stabiliser.
3. Un modèle de prêt à usage gratuit ainsi que davantage d'informations sont disponibles sur le site : https://desobeissancesfertile.com/gardiens et https://desobeissancefertile.com/proprietaires

citadin : le propriétaire sait qu'il existe un lieu auquel il peut appartenir qui développe une autonomie et, s'il devait arriver quoi que ce soit en ville (on dit que Paris ne dispose que de 48 heures d'autonomie alimentaire), que ce terrain aggradé peut constituer une bonne solution de repli.

LES << SOURCES >>, GRAINES D'ESPOIR DISSÉMINÉES PARTOUT SUR LE TERRITOIRE

Cette mise à disposition permet à terme l'émergence de nouvelles sociétés qui seront autant de lieux de ressourçement tant pour les espèces sauvages que pour les espèces dites « domestiquées » ; ces nouvelles sociétés, nous les avons ainsi baptisées les « sources ». En multipliant ces territoires fertiles, nous permettrons aux espèces vivantes de circuler librement sur de plus grandes étendues et de s'établir durablement sur des terres protégées.

Quant à nous autres humains, ces sources seront autant de lieux d'expérimentations de la vie sauvage ouverts sur le monde et interconnectés. Elles permettront à certains de se reconnecter au Vivant en apprenant à vivre en symbiose avec les autres espèces et à d'autres, encore indécis, d'assouvir leur saine curiosité en séjournant quelque temps sur place afin de faire l'expérience de cette vie en nature. Enfin ces sources constituent un réseau militant qui pourrait être activé si un territoire ou un groupe d'habitants se retrouvait menacés[1].

1. Retrouvez ces lieux d'accueil sur la plateforme : https://desobeissancefertile.com.

RETROUVER UNE RELATION SACRÉE À LA TERRE MÈRE

Apprenez à vos enfants ce que nous apprenons
à nos enfants, que la Terre est notre mère.

CHEF SEATTLE (1854)

Pour qui sait la sentir, la Nature est le vecteur d'un amour profond, viscéral, qui s'infiltre dans nos veines et nous offre ce sentiment d'appartenance indicible au Vivant... Mais il faut y être sensible, ce qui, on l'a dit, n'est pas donné à tous, pauvres de nous qui sommes si déconnectés – paradoxe insoutenable pour des *homines numericus* rivés à leurs écrans. Pourtant, il suffit de peu pour se connecter à cette mère protectrice et la ressentir pleinement.

RESSENTIR LA NATURE

Je me souviens que, peu de temps avant d'emménager dans notre cabane, avec Caroline, nous étions épuisés par la naissance de notre deuxième fille Mani ; nous devions à la fois nous occuper de notre famille sans aucune aide extérieure, mais aussi aménager notre prochaine maison dans la forêt. Chaque jour, nous allions sur le terrain, pleins d'enthousiasme mais aussi et surtout complètement exsangues à cause des réveils incessants de notre bébé. Aussitôt arrivés, nous plongions nos mains dans la terre pour enduire les murs de la cabane. Et chaque fois, quelque chose se passait : comme si nous avions bu la potion magique d'Astérix, nos corps refaisaient le plein d'énergie. Je peux l'affirmer : c'est bien la Terre qui nous revitalisait alors.

Chaque jour, pendant un mois, nous avons répété ce rituel : la terre nous permettait de réaliser nos travaux en toute légèreté et, à la fin, alors même que nous devions laisser sécher les murs, on ne pouvait s'empêcher de replonger les mains dans la glaise pour la palper et puiser cette énergie incroyable qui nous galvanisait. C'est à cette période que j'ai compris toute la joie que ressentent les jardiniers en plongeant leurs mains dans la terre ; quelque chose qu'on n'explique pas mais qu'on ressent au plus profond de soi.

VIBRER AVEC LA TERRE

Lorsque l'on vit avec elle, la Nature nous livre ses secrets au gré des saisons. C'est comme si elle nous soufflait à l'oreille la conduite à tenir, comme si elle se mettait en lien avec notre intuition pour nous guider. Est-il nécessaire de détailler toutes les odeurs et la multitude de couleurs dont elle nous gratifie chaque saison pour saisir le lien si puissant qui nous unit lorsque nous nous immergeons en elle ?

Enfants, nos premiers instincts nous poussaient vers cette communion, nous aspirions à cette relation avec la Nature. Nous étions curieux de la connaître, de la comprendre, de la toucher, de la goûter. C'est pourquoi tous, en replongeant dans nos souvenirs d'enfance, nous pouvons retrouver une expérience de cette communion, car ces sensations et la joie qu'elles nous ont procurée restent gravées dans nos mémoires - même si nous avons ensuite été coupés dans cet élan par le conditionnement social qui ne voit dans ce contact primordial avec la Nature que vêtements souillés et genoux écorchés. Prenons le temps de nous rappeler cet élan instinctif de l'enfant vers la Nature et goûtons à nouveau ce plaisir perdu. Car chaque jour est si différent en nature, nous offrant de nouveaux paysages, de nouvelles perceptions. On se sent petit, on se sent humble face à la vitalité qui nous entoure.

Mais plus que tout, en nature, on se sent profondément lié aux autres espèces ; chacune de nos actions s'en trouve modifiée dans son essence, teintée de respect pour nos semblables, car nous percevons alors notre cohabitation avec le reste du Vivant et ne pouvons donc plus agir sans un souci constant de nos voisins sur Terre. Il faut vivre dans la Nature pour la ressentir et la défendre, non pas avec nos cerveaux (même si on en a évidemment besoin) mais avec nos cœurs, il n'y a que de cette façon que nous pourrons vivre durablement sur Terre.

Puisse donc notre militantisme s'ancrer dans la Terre.

INFLUENCES AMÉRINDIENNES

La désobéissance fertile s'ancre dans une relation sacrée avec la Nature, avec la Terre Mère. Ce qui vient spontanément à l'esprit lorsque l'on évoque la culture amérindienne, c'est la relation de complicité que celle-ci entretient avec la Nature, fruit d'une cohabitation étroite depuis des millénaires. Pour ces peuples, derrière chaque plante se cache un esprit qui est en mesure d'enseigner quelque chose à qui saura l'entendre. Chaque espèce a sa place et occupe un rôle dans l'écosystème, dont les habitants s'inspirent.

Quand nous analysons notre environnement, eux le ressentent ; quand nous observons la nature au microscope, eux lui parlent intimement, comme l'illustrent les nombreuses cérémonies et autres rituels célébrant la vie et ses cycles dans la culture amérindienne. Aller à la rencontre de ces peuples, c'est se laisser émerveiller par l'incroyable vitalité de la biodiversité qui les entoure, résultat de cette cohabitation entre les espèces. Et si on observe une telle biodiversité végétale et animale qui s'épanouit dans le bassin amazonien, c'est aussi dû à l'activité humaine présente sur place.

Abondance fruitière (récolte de prunes).

Bien sûr, comme dans toutes cultures, rien n'est parfait et il ne faut pas « angéliser » toutes les pratiques mises en place mais nous devons reconnaître aux peuples autochtones leur capacité à préserver les écosystèmes de par la relation sacrée qu'ils entretiennent avec les esprits des autres espèces. Car, dans cette vision, la Nature n'est pas une ressource tout juste bonne à servir les besoins des humains ; elle dispose d'une existence propre. Elle s'enrichit des rapports fraternels entre les espèces et, au sein d'une même espèce, entre les individus.

BIOCENTRISME VS ANTHROPOCENTRISME

On qualifie ce rapport au monde de vision « biocentrée », en opposition à la vision « anthropocentrée » qui prédomine dans notre société et qui veut que tout ce qui existe soit évalué à l'aune de son rapport aux êtres humains. Le biocentrisme affirme que tout être vivant mérite le respect moral.

Loin de la notion d'individualité, toute-puissante en Occident, chaque membre de la communauté vit dans le but de maintenir l'équilibre de l'écosystème qui l'héberge et d'y pérenniser une vie abondante.

Ces peuples sont de véritables boucliers universels pour l'histoire vivante ; avec eux, c'est la mémoire de notre humanité qui lutte pour ne pas disparaître. Et leur tâche est immense face à l'avidité d'industriels qui détruisent ces territoires sans relâche pour les remplacer par des cultures de soja destinées à nourrir du bétail enfermé à l'autre bout du monde, ou bien pour breveter des savoirs ancestraux afin de s'en approprier les usages médicinaux.

EN TÊTE À TÊTE AVEC LES SANGLIERS

Jamais je n'oublierai mon premier face à face avec les sangliers : nous étions en mai, notre installation en eau était assez précaire – des morceaux de tuyau récupérés en déchetteries parcouraient les 200 mètres qui nous séparaient de la source.

Tous les deux jours, le robinet s'arrêtait de couler parce que des animaux passaient par là – que ce soit des vaches ou des sangliers – et piétinaient notre frêle installation. À chaque fois, c'était le même rituel ; il fallait remonter toute l'installation pour voir d'où venait la fuite. Un soir, en remontant le long du tuyau, j'ai entendu des grognements non loin de moi ; j'ai aussitôt relevé la tête et vu une harde de sangliers avec des petits ; une mère me hurlait dessus pour protéger sa tribu. Aussitôt je me suis figé comme tétanisé, j'ai senti mon cœur battre à en exploser ma poitrine et j'ai attendu qu'ils partent dans les bois pour poursuivre mon intervention.

Quelques mètres plus loin, sans les voir, j'ai entendu grogner tout aussi fort mais de l'autre côté de la forêt. Ils avaient fait le tour. Le sanglier était en train de m'observer pour déterminer si oui ou non je représentais une menace pour sa harde. Comprenant cela, j'ai essayé comme j'ai pu d'entrer en contact avec cette femelle. Le seul moyen que j'ai trouvé a été de grogner très fort à mon tour. Ce grognement avait pour but de signifier ma présence, que j'étais sur ce territoire autant qu'elle et ses petits, qu'on le partageait et que je ne leur voulais aucun mal. Il est évidemment plus facile d'en parler après coup pour parvenir à ces conclusions parce que sur le moment je ne faisais pas le fier et appréhendais fortement

les conséquences auxquelles je m'exposais à travers cette prise de contact sauvage.
La laie m'a répondu par des grognements qui se sont faits moins forts et, finalement, s'en est allée, rejoignant sa harde pour continuer leur chemin. J'ai compris qu'ils s'étaient installés non loin de là durant l'été en voyant les traces de pas recouvrir progressivement le sol mais je savais qu'ils avaient désormais compris que nous partagions le territoire.
Dès lors, à chaque fois que je me rendais à l'installation d'eau, je tapais des mains et parlais fort pour signifier ma présence aux autres habitants de la forêt. Et, à partir de cette rencontre, à chaque coup de feu tiré par les chasseurs dans nos vallées, c'est un peu de moi-même que je sentais mourir.

L'HYPOTHÈSE GAÏA

Regardez profondément dans la nature,
et alors vous comprendrez tout beaucoup mieux.

ALBERT EINSTEIN

Développée par le scientifique James Lovelock – spécialisé dans les sciences de l'atmosphère - et le biologiste Lynn Margulis en 1972, puis popularisée en 1979 avec la sortie du livre de Lovelock *La Terre est un être vivant*[1], l'hypothèse Gaïa postule que la Terre n'est pas simplement un support hébergeant la vie mais bien une entité vivante à part entière qui agit de façon à réguler l'environnement et à préserver les conditions favorables à la vie.

---

1. *La Terre est un être vivant : L'hypothèse Gaïa*, aujourd'hui disponible dans la collection « Champs » des éditions Flammarion.

Lovelock affirme ainsi que « la matière organique, l'air, les océans et la surface terrestre de la Terre forment un système complexe susceptible d'être appréhendé comme un organisme unique et ayant le pouvoir de préserver les caractéristiques vitales de notre planète ». À sa sortie, le livre essuya de nombreuses critiques[1] au sein des milieux scientifiques ; l'appellation Gaïa – du nom de la déesse grecque personnifiant la Terre Mère - serait teintée de mysticisme et cette personnification décrédibiliserait ce que les experts de l'époque nommaient la « biosphère ». Ce choix est parfaitement assumé par l'auteur pour appuyer sa théorie :

> La « biosphère », tout comme les autres groupements en biologie, est une entité dont les propriétés sont plus importantes que celles de la somme de ses parties. Même si elle n'est qu'hypothétique, une telle créature « globale » possédant la capacité de réguler la planète a besoin d'un nom.

Une autre critique récurrente vient du fait que l'hypothèse Gaïa s'inscrit dans une vision pluridisciplinaire des sciences, alors que de nombreux scientifiques, notamment Dawkins et Doolittle, défendent une approche réductionniste et une étude parcellaire des disciplines scientifiques ; selon eux, rien ne permettrait d'affirmer un « altruisme à grande échelle » imposant de lier les disciplines entre elles.

Pour répondre à ces critiques, James Lovelock enrichit son hypothèse à l'aide d'un modèle baptisé Daisyworld qu'il présenta en 1982. Ce modèle consistait en un outil mathématique et informatique qui permettait de mettre en évidence l'évolution d'un système simplifié en fonction des conditions

1. Pour aller plus loin, ces critiques et réponses apportées sont développées de façon éclairante ici : https://controverses.sciences-po.fr/archive/gaia/wordpress/index-23081.html.

Sculpture en terre, paille et bois, réalisée par Justine.

environnementales : les fameuses boucles de rétroaction entre climat et biodiversité furent ainsi mises en évidence, bien que de manière très simpliste. À partir de l'hypothèse Gaïa, Lovelock détaille un certain nombre de prédictions[1] :

* la Terre est en grande partie gérée par son écosystème bactérien ;
* le climat d'une région est couplé à la croissance des arbres - tant dans les régions tropicales que boréales ;
* la biodiversité est un élément nécessaire à l'autorégulation de la planète.

Dans son dernier livre[2], Lovelock se montre très alarmiste quant à l'avenir de l'espèce humaine :

> Même si nous cessions d'accaparer les terres et l'eau, même si nous cessions de polluer l'air, il faudrait à la Terre plus de mille ans pour se remettre des dommages que nous lui avons infligés ; il se peut qu'il soit déjà trop tard pour que cette mesure drastique nous sauve.

Il fait ainsi la distinction entre le danger encouru par l'espèce humaine afin d'assurer sa survie et la capacité de la Terre à se régénérer d'elle-même – cette distinction le place, en dépit du caractère alarmiste de son diagnostic, parmi les chercheurs les plus optimistes de son temps.

Laissée de côté par la communauté scientifique pendant une vingtaine d'années, l'hypothèse Gaïa connaît un regain d'intérêt dans les géosciences modernes : les experts sont convaincus que c'est en considérant la Terre comme un organisme agissant de façon à réguler

---

1. Ces prédictions sont détaillées dans son article « Reflection on Gaïa », publié en 2004.
2. *La revanche de Gaïa : Pourquoi la Terre riposte-t-elle ?*, Paris, 2006, Flammarion.

la vie qu'il sera possible de prédire les bascules climatiques, océanographiques et écologiques que les activités humaines font peser sur le monde.

Avec la désobéissance fertile, nous croyons profondément à cette vision du monde. Nous pensons que le seul moyen de réagir vite passe par la reconnaissance de Gaïa – et par l'attribution de droits aux espèces qui vivent sur Terre, indépendamment de leur rapport avec l'espèce humaine.

MÉDITATIONS POUR SE CONNECTER À LA TERRE

On a compris l'importance de se reconnecter à la Nature pour en ressentir les bienfaits infinis. Mais comment ressentir concrètement la Nature? Comment retrouver le chemin de nos ressentis perdus?

Une chose est sûre, on ne nous a pas enseigné ce chemin, les valeurs occidentales préférant la rétention des émotions et la rationalité de l'analyse froide. Nous avons délaissé l'univers fabuleux des sensations; or, c'est dans ce monde que nous avons besoin de nous replonger impérativement : maintenant que nous avons connaissance des données quantifiables concernant l'état de notre planète, observons les données récoltées par nos cœurs.

Pour y parvenir, voici quelques propositions permettant de s'imprégner de l'énergie de la Terre; quel que soit l'endroit où nous nous trouvons - à condition de reposer sur une matière vivante (excluez par là le béton) -, nous pouvons développer notre aptitude à ressentir. Ce chapitre vise à se reconnecter au Vivant à travers deux exercices méditatifs. Voyez plutôt...

S'unir à un arbre

Partez en forêt faire une promenade silencieuse.
Marchez assez longtemps pour changer complètement d'environnement : vous devez véritablement plonger dans la forêt alors sortez des sentiers battus.
Au fil de vos pas, prenez soin d'abandonner progressivement les préoccupations de votre quotidien pour ne vous concentrer que sur vos sens : la marche est un formidable outil pour calmer nos esprits.
Pour déconnecter le mental, vous pouvez focaliser votre attention sur votre respiration et l'utiliser pour venir relâcher les mâchoires, les épaules et les bras.
En adoptant une cadence relativement lente, vous pourrez aisément entrer dans un état de pleine conscience et utiliser tous vos sens pour vous relier à ce qui vous entoure. Prendre le temps d'observer la magie d'un rayon de soleil qui traverse la canopée, de sentir la mousse des arbres, de regarder le frémissement des branches et d'écouter la musique du vent dans les feuilles.
Quand vous êtes suffisamment enfoncé.e dans la forêt, cherchez un endroit accueillant pour vous arrêter un moment. Quand vous l'avez trouvé, regardez tout autour de vous ; écoutez les sons qui percent le silence apaisant de la forêt ; il peut y avoir des chants d'oiseaux, quelques bruissements de feuilles ici ou là, des bourdonnements ou laissez simplement le calme absolu qui y règne vous envahir.
Fermez les yeux et imprégnez-vous de ces sons quelques instants.
Quand vous le sentirez, rouvrez les yeux doucement et choisissez un arbre. Peu importe sa taille ou sa forme, allez vers un arbre qui vous attire.
Pour trouver votre arbre, abandonnez votre mental et laissez votre intuition vous guider. Chaque essence d'arbre

dispose de caractéristiques particulières et d'apports différents. Faites-vous confiance, l'arbre que vous choisirez sera nécessairement le bon... Parce que vous l'aurez choisi ! Positionnez-vous près de votre élu et retirez vos chaussures. Peu importe la saison ou les conditions climatiques ; enlevez vos chaussures pour entrer en contact directement avec la Terre et laissez vos pieds nus ressentir pleinement ce contact avec le sol : il se peut que la terre soit froide, humide, que le sol soit sec ou boueux, qu'il soit rocailleux ou doux comme une moquette.

Cette terre que vous ressentez sous vos pieds offre un maillage énergétique que vous partagez à cet instant précis avec tous les êtres qui peuplent cette forêt. Prenez conscience de cette appartenance commune, de ce refuge commun, de cet accueil infini qu'offre cette forêt, ici et maintenant.

Méditation d'ancrage.

En cela, vous devenez un membre de cette forêt et les arbres, qui ressentaient votre présence à l'instant où vous y êtes entrés, peuvent désormais communier pleinement avec vous grâce à vos pieds ancrés dans le sol : en étant directement au contact de la terre, vous leur transmettez vos informations et recevez les leurs[1].

Rapprochez-vous de l'arbre que vous avez choisi et positionnez-vous face à lui, debout, dans une position assez confortable pour rester immobile quelques instants sans bouger vos pieds.

Fermez les yeux. Prenez de longues inspirations en gonflant votre poitrine ainsi que votre ventre et sentez l'air pur entrer dans votre nez, traverser ensuite chaque partie de votre corps pour en régénérer les cellules. Expirez lentement avec la bouche et répétez cette respiration cinq fois.

Comme un arbre, vous allez déployer vos racines.

Placez votre attention sur vos pieds et visualisez des racines sortant progressivement de la plante de vos pieds pour entrer dans le sol. Ces racines s'enfoncent de plus en plus profondément dans la terre.

En plantant vos racines, vous commencez à percevoir celles des autres arbres qui se joignent aux vôtres et les enlacent. Vous n'êtes pas seulement un nouvel arbre qui s'enracine mais bien la forêt tout entière.

Prenez plusieurs minutes pour laisser ces racines entrer délicatement dans la terre et communier avec elle.

Il se peut que votre attention s'écarte par instants ; si c'est le cas, revenez sur votre respiration en prenant soin de faire trois grandes inspirations avec le nez et d'expirer lentement ; replacez ensuite votre attention sur les racines que vous avez déployées.

---

1. Cette communication à travers les pieds s'expliquerait même scientifiquement, mais laissons nos cerveaux de côté quelques instants.

Une fois que vous êtes bien ancré.e dans la Terre, posez vos mains à la surface de l'arbre de façon à l'effleurer sans vraiment le toucher. Gardez les yeux fermés.
Vous allez placer maintenant toute votre attention dans vos mains et les déplacer doucement autour de l'arbre.
En effleurant l'arbre, vous allez ressentir son champ vibratoire, une chaleur va progressivement gagner le creux de vos mains. Peut-être ressentirez-vous même des pulsations.
Par ce contact léger, vous ressentirez l'énergie subtile de l'arbre. Prenez quelques minutes pour profiter de cette chaleur. Là encore, prenez de grandes inspirations de façon à maintenir toute votre attention sur vos sensations et empêcher que votre esprit vagabonde.
Lorsque vous vous sentez prêt.e, enlacez l'arbre de tout votre corps ; sentez votre tête et votre cœur contre cet arbre et offrez-lui (et à vous) un long câlin. Donnez-lui toute la tendresse, tout l'amour que vous offririez aux personnes qui comptent le plus dans votre vie.
Prenez le temps aussi de vous libérer de toutes les mémoires que votre corps et votre esprit ont emmagasinées et déchargez-vous de votre tristesse, de vos douleurs et des basses énergies que vous portez. Déposez-les dans la Terre, elle saura les transmuter.
En vous libérant de vos tensions, vous faites de la place pour laisser entrer tout l'amour que l'arbre souhaite vous apporter : votre tête, vos bras et votre cœur et même votre ventre, berceau des émotions, se laissent recharger par l'énergie que déploie cet arbre – et, à travers lui, toute la forêt – pour vous.
Toute la sève qui circule à l'intérieur de l'arbre se concentre autour de vos membres pour réaliser ce transfert d'énergie. Sentez cette sève se déplacer à l'intérieur de l'arbre et entrer dans votre corps depuis les paumes de vos mains. Laissez la sève entrer dans vos veines et fusionner avec

votre sang pour qu'elle se diffuse progressivement dans tout votre corps.
Sentez votre cœur s'apaiser, devenir léger et centrez votre attention sur vos pulsations cardiaques jusqu'à vibrer au même rythme que celles qui font circuler la sève de l'arbre.
Vous êtes sur la même fréquence.
Votre esprit, quant à lui, est désormais capable d'entrer en communication avec l'arbre. Faites le calme en vous et prenez le temps de l'écouter ; il a toujours un message à vous transmettre, une réponse à vous donner. Portez ici et maintenant toute votre attention sur cet échange privilégié.
Dans votre tête, exprimez tout ce que vous ressentez, tout ce que vous avez à dire à l'arbre ; à lui mais aussi à toute la forêt. Elle vous écoute, vous vibrez avec elle.

De par votre présence et l'intensité de ces instants, vous êtes désormais lié.e à cette forêt pour toujours ; à chaque fois que vous le voudrez, vous pourrez revenir pour réactiver ce lien ; quand vous serez triste, fatigué.e, quand vous chercherez des solutions, elle sera toujours là pour vous apporter du réconfort et de l'énergie.
Tout doucement, vous allez décoller vos bras, puis votre corps de l'arbre et vous allez prendre le temps de rouvrir lentement les yeux.
Vous êtes là où vous devez être.
Prenez le temps de voir de nouveau cet arbre, de le remercier ainsi que toute la forêt pour cet instant de magie qu'elle vous a offert.
Reprenez ensuite votre chemin et votre existence ; vous conserverez toujours une part de cette forêt en vous.

Enlacer un arbre pour se régénérer.

Devenir une graine

Aussi triste que cela soit, il n'est pas évident de trouver des forêts selon l'endroit où on se situe et tout le monde n'a pas la chance de pouvoir bénéficier de ces bains de forêt.
Voici donc une autre proposition permettant de se connecter à l'énergie de la Terre et de grandir avec elle. Il est possible d'effectuer ce rituel simplement sur un bout de terre vivante comme un coin de jardin[1].
On l'appelle l'exercice de la graine.
Tout d'abord, trouvez un endroit agréable et suffisamment propre et dégagé pour pouvoir vous allonger au sol, face contre terre.

1. Il est important que le sol sur lequel vous vous installez soit vivant.

Une fois que vous vous serez positionné.e dans cet endroit accueillant, allongez-vous sur le ventre et posez votre tête contre le sol. Ce n'est pas très commode de s'allonger de cette façon, on craint de salir ses vêtements, de se mouiller, d'avoir affaire aux micro-organismes qui peuplent ces sols et auxquels on n'est pas habitués.
Prenez un temps pour affronter toutes ces appréhensions et vous en défaire.
Les taches sur vos vêtements sont celles de la terre qui vous nourrit, l'humidité qui s'imprégnera en vous sera celle de l'eau dont votre corps est principalement composé, quant aux petits êtres qui vivent dans cette terre, ce sont eux qui font vivre la terre en lui apportant des nutriments.
En mettant votre corps tout entier dans le sol, c'est l'expérience de l'humilité que vous réalisez avant tout.
Une fois ces craintes dépassées, prenez le temps de vous étirer pleinement tout contre cette terre pour retirer toutes les tensions acquises au fil de votre journée.
Étirez-vous de tous vos membres comme si vous cherchiez à vous grandir et respirez profondément pendant que vous effectuez ces quelques étirements.
Une fois détendu.e, prenez quelques instants pour sentir l'odeur de cette terre que vous avez l'habitude de fouler avec vos pieds.
Aviez-vous déjà senti l'odeur de la terre jusqu'ici ?
Prenez de la terre dans chacune de vos mains pour en sentir la composition, voir sa couleur se mélanger à votre peau.
Portez-la à votre bouche pour en découvrir le goût.
Imprégnez tous vos sens de cet élément.
Là, allongé.e au sol, vous devenez cette terre.
Tout en gardant la tête au sol, levez les yeux en direction du ciel et voyez comme nous paraissons petits, comme notre perception du monde change selon notre position.
Voyez comme vous êtes vulnérable ainsi étendu.e.

Imaginez l'appréhension que ressentent tous les petits êtres qui vivent dans ce sol en vous voyant arriver avec vos gros sabots, prêts à les piétiner sans même vous en rendre compte.
Prenez quelques instants pour penser à eux.
Transmettez-leur toute votre gratitude pour leur existence, votre pardon pour ces piétinements que vous faites sans en mesurer les conséquences mais ne vous blâmez pas, ce n'est pas votre faute si vous marchez dans la nature, vous n'êtes qu'un rouage dans cette grande mécanique de la vie qui effectue sa propre danse.
Maintenant, fermez les yeux.
Placez votre oreille directement au contact de la Terre.
Prenez de longues inspirations avec votre nez et écoutez les sons qui émanent de cette terre. Il s'y passe toujours quelque chose. Imaginez tous les êtres qui s'y déplacent, toutes les racines qui y poussent et portez votre attention sur ce flot de la vie qui s'écoule à l'intérieur de cette terre. Écoutez toute la vie s'y déployer comme un témoin silencieux.
Allez plus profondément dans la Terre et sentez son cœur battre ; comme votre cœur, la Terre émet des pulsations permanentes faisant circuler la vie et amenant la sève dans tous les végétaux.
Pour vous aider à sentir ces vibrations, placez les paumes de vos mains tout contre la terre et sentez l'énergie de cette terre entrer en vous à travers vos mains.
Laissez cette énergie fusionner avec la vôtre et parcourir tout votre corps.
Vous êtes la Terre et vous sentez cette sève vous imprégner.
Grâce à cette sève qui coule désormais dans vos veines, vous allez trouver la force pour articuler très lentement les membres de votre corps de façon à vous recroqueviller sur vos genoux.
En prenant le temps de laisser chaque membre agir un à un, vous allez vous contracter pour vous mettre en boule

et placer la tête à l'intérieur de vos genoux comme si vous deveniez une graine prête à être plantée dans le sol.
Restez dans cette position fœtale quelques instants et plongez-vous dans vos souvenirs aussi loin qu'ils puissent vous amener ; que vous a-t-il manqué pour être la personne que vous rêveriez d'être ?
Tout en restant dans cette position, pensez à des caractéristiques que vous souhaiteriez acquérir pour être celui ou celle qui vous permettra de vous déployer pleinement pour vivre selon vos valeurs et défendre de justes causes.
Imaginez que vous avez toutes ces caractéristiques et visualisez cette personne que vous souhaitez incarner. Donnez vie à cette personne ; en cela, visualisez ses comportements, pensez aux actions qu'elle ferait. Prenez un temps pour laisser votre imagination aller aussi loin qu'elle le peut dans la réalisation de ce rêve éveillé.
Maintenant que vous avez une image précise de qui vous voulez être, revenez à cet état de graine que suggère votre position. Pensez à toutes ces graines qui doivent trouver la force de se défaire de leur coquille pour se déployer et aller creuser la terre pour chercher la lumière.
Ces graines font un travail formidable et parviennent à trouver l'énergie nécessaire au fond d'elles-mêmes pour avancer vers la vie.
Vous aussi vous êtes une graine et vous aussi allez vous défaire de cette coquille qui vous a longtemps paralysé.e pour déployer tout votre être et vous réaliser pleinement.
Cette coquille était là pour vous protéger et elle a fait de son mieux pour maintenir intacte la graine qui est en vous : il est maintenant temps de vous en défaire pour exprimer tout votre potentiel !
Visualisez mentalement cette coquille protectrice qui recouvre tout votre être, commencez à bouger tout doucement vos bras grâce à l'énergie de la Terre qui circule en vous.

Allongez-les lentement et commencez à redresser votre colonne vertébrale.
Ce redressement vous demande beaucoup d'efforts, comme si vous étiez enseveli.e dans la terre et qu'il fallait doucement vous défaire de tout ce poids sur vos épaules pour tendre le haut de votre corps vers le soleil.
Voyez en agissant ainsi avec vos bras et votre buste qui se déploient comme vous arrivez à percer cette coquille et vous frayer un chemin à l'air libre.
Dépliez une jambe, puis l'autre, et commencez à vous redresser tout en continuant à bouger les autres membres de votre corps, comme si vous dansiez au rythme de la vie.
Dégagez-vous complètement de votre coquille et, une fois debout, étirez tous vos membres comme si vous cherchiez à rapprocher vos branches du soleil pour bénéficier de sa lumière.

Lia en plein exercice de respiration.

Revoyez tout le travail que vous venez d'accomplir pour ouvrir votre graine au monde, sentez comme vous êtes vivant.e.
À présent, vous avez en vous toutes les caractéristiques qui vous manquaient pour vous épanouir dans votre milieu.
Repensez à cette personne que vous rêviez d'être quelque temps auparavant, vous voilà uni.e à elle maintenant.
Dans cette graine, il y a tout ce que vous souhaitez incarné et de par votre force, vous voici nouveau-né.e.
Déployez vos branches en direction du monde pour rayonner et revenez à la Terre chaque fois que le doute s'emparera de vous pour renaître de nouveau, encore et toujours.
Ainsi est faite la vie : on meurt pour mieux renaître.

RÉHABILITER LA FIGURE DU SAUVAGE

> Un jour viendra où l'on jugera notre société
> non à la manière dont elle a dominé la nature,
> mais à la part de sauvage
> qu'elle aura été capable de sauvegarder.
>
> **ROBERT HAINARD**

Connaissez-vous l'étymologie du mot « sauvage » ? Voyez plutôt : du latin « silvaticus », « silva », la forêt. Le sauvage est étymologiquement « l'être de la forêt ».

UN PEU DE LINGUISTIQUE

Le dictionnaire *Le Robert* définit le sens premier de sauvage comme « celui qui vit en liberté dans la nature ». Il est étrange de constater comme le sens que l'on donne au mot peut varier selon les cultures et les temps ; aujourd'hui, le mot « sauvage » fait appel à un imaginaire très particulier, en décalage des mœurs communément admises. Le sauvage est celui qui n'est pas « civilisé », autrement dit celui qu'on ne peut pas domestiquer. Cela vaut aussi bien pour les humains que pour les animaux ou les végétaux. Enfin, le sauvage fait peur ; parce qu'il ne dispose pas des mêmes codes que les civilisés : on ne le comprend pas.

Alors on le craint, on lui attribue toutes sortes de pouvoirs tortueux et de légendes fantasmagoriques visant à le diaboliser pour mieux justifier son élimination « pour le bien de la société » - car les issues les plus certaines sont la mort ou l'enfermement pour celui ou celle qui ne peut s'intégrer en société et dont le comportement inquiète.

POURQUOI LE SAUVAGE FAIT PEUR

Le sauvage représente une menace pour l'ordre établi et pour une partie des êtres domestiqués qui s'accommodent dans les systèmes en place ; par sa présence, il rappelle l'origine commune de tous les êtres et peut susciter des envies de retour à l'essentiel chez un grand nombre d'individus. Pour empêcher cela, on le rayera de la carte, tout simplement ; puis, pris de remords et face à l'extinction de son peuple, on le parquera dans des réserves dites « naturelles » qu'on prendra bien soin de clôturer.

Car le danger ultime serait que le sauvage disparaisse complètement ; de par son existence, il permet aux êtres civilisés de s'en dissocier ; c'est à travers son reflet que la société peut se structurer, par opposition ; il constitue un repoussoir. Si les sauvages étaient purement et simplement éradiqués, les individus adhérant aux sociétés domestiquées pourraient questionner la morale de leur propre communauté, les sauvages deviendraient alors ceux qui voulaient s'en préserver. Or, faire face à leur propre nature meurtrière, c'est tout ce que les bien-pensants veulent éviter. Alors on contraint le sauvage à l'exil, à une fuite qui l'écartera toujours plus loin de ses terres d'origine, convoitées par les gens civilisés. Son espace se réduira inlassablement et il devra préserver son existence en se cachant des menaces d'une société incarnée par des chasseurs qui font de ces individus des proies privilégiées et qui rêveraient d'en voir cloués pour en faire des trophées au-dessus de leurs cheminées, symbole ultime d'une domination dégénérée.

Mais qui est-il, ce sauvage, pour qu'on cherche tant à l'éliminer ? N'est-ce pas celui qui justement aspire à vivre en harmonie avec la Nature et à coupler son existence avec celles des autres êtres vivants ? N'est-ce pas celui qui vit dans la gratitude et la jouissance de chaque instant et qui parvient à profiter des bienfaits de la Nature tout en la préservant ?

Totem protecteur.

TROUVER LE SAUVAGE EN CHACUN DE NOUS

Si nous changions de perspective sur le sauvage pour le considérer selon un prisme libéré de nos croyances culturelles, nous verrions alors que ce qui nous étonne dans le comportement de ce sauvage n'est en réalité qu'une disponibilité, un rapport au monde auquel on peut tous appartenir – et qu'il nous faut aujourd'hui impérativement retrouver. Pour cela, nous devons apprendre à nous reconnecter aux éléments au lieu de les craindre, à percevoir ce langage primitif et mélodieux que nous portons tous au plus profond de nos cellules. Car voilà ce qui nous lie à chaque être, quelle qu'en soit son appartenance : nous faisons partie des vivants ; c'est la vie qui nous lie tous les uns aux autres.

À vouloir standardiser à tout prix nos modes de vie – ou plutôt à nous laisser réduire à des consommateurs –, nous avons laissé de côté notre essence même. Nos bonnes manières et nos conduites exemplaires nous ont peut-être permis de briller en société mais elles nous ont aussi éloignés de nos propres sensations, de nos propres ressentis ; car à vouloir éternellement nous conformer à des normes, nous n'avons fait que nous domestiquer, et c'est finalement la société qui nous assujettit à son bon vouloir. Et le travail est long pour nous défaire de ces vicissitudes ancrées en nous ; c'est pourtant le choix qui s'offre aux aventuriers de la vie : écouter leur voix intérieure, celle qui les invite à percevoir qui ils sont profondément afin de se rapprocher de leur conscience véritable ; revenir à la source et réacquérir la noblesse des êtres primitifs dont ils ont voulu se défaire. Car la Nature n'est pas polie et elle n'obéit à aucune hiérarchie pour s'épanouir.

L'enjeu est là : nous pourrons parler le même langage que les peuples de la Nature quand nous aurons développé ce langage en nous-mêmes. C'est ce langage qui fera que nous cesserons de consommer une nourriture sans âme et transformée pour revenir à une alimentation vivante que nous gratifierons[1], qui nous fera développer une empathie pour les êtres qui sont morts afin qu'on se nourrisse de leur chair – et qui nous amènera à terme à refuser de les sacrifier sur l'autel de notre gourmandise carnassière.

Qui est le plus primitif : celui qui tue par nécessité ou celui qui institutionnalise la mort pour satisfaire un appétit toujours plus grand pour la chair, jusqu'à commettre des massacres grâce à la complicité silencieuse de tous ? On a associé l'instinct primitif à nos plus bas instincts, ceux qui nous rendraient prédateurs et menaçants alors même que ces instincts primaires entretenus par les esprits sauvages n'ont fait que maintenir et favoriser l'épanouissement de la vie en se connectant aux autres espèces.

À l'inverse, les bas instincts et les prédations se retrouvent dans les sociétés où les êtres se prétendent « civilisés », ces sociétés qui cherchent à puiser toutes les ressources pour satisfaire leurs désirs, tels des vampires assoiffés de matières premières. Parce qu'il existe un principe fondamental à tous les êtres qui peuplent les forêts et les océans et qui les distinguent des peuples prétendument civilisés : c'est la coopération, l'intelligence qu'il y a derrière chaque être qui se déploie pour servir un ensemble et cet ensemble lui renvoie la pareille en lui permettant de trouver sa place et de se déployer pleinement.

Si l'on sort des schémas parcellaires et qu'on observe l'évolution dans son ensemble : le maintien de la vie n'est

1. Manger en conscience, avoir de la gratitude pour les aliments que nous ingérons nous apporte une énergie supplémentaire.

que le fruit d'une coopération permanente des individus pour permettre à des systèmes tout entiers de s'adapter aux différentes conditions de vie. Mais encore faut-il sortir de cette segmentation pour aller vers une vision plus globale ; il nous faut percevoir le monde dans sa globalité et sortir des laboratoires pour développer des connaissances sensorielles.

À une vision matérielle faite d'atomes assemblés et de cellules recomposées, le sauvage propose d'adopter une approche holistique nous invitant à considérer le Vivant comme un ensemble uni, interconnecté, où le plus petit des êtres sert avec autant de mérite le dessein commun. C'est vers cette vision sauvage que nous tendrons je l'espère. Elle nous conduira à prendre nos décisions avec plus d'affection et d'humilité : nous verrons alors si nous nous comportons comme des gens réellement civilisés ou des sauvages à l'égard des vivants...

DES DROITS POUR LES VIVANTS

Aussi longtemps que les lions
n'auront pas d'historiens,
les récits tourneront toujours
à la gloire du chasseur.

PROVERBE AFRICAIN

Jusqu'à présent, les humains ne sont pas parvenus à vivre naturellement en harmonie avec les autres espèces présentes sur Terre. Comme dans de nombreux domaines, on peut toutefois espérer pacifier nos rapports en nous obligeant culturellement à respecter la Nature : en légiférant et ainsi en nous rendant responsables de nos actes – et de nos destructions – vis-à-vis de la Nature, on peut imaginer avancer dans la bonne voie. Mais, pour cela, il faut des droits. Et des droits pour la Nature, il n'en existe pas de reconnus. Pas de droits, cela veut dire pas d'existence aux yeux de la loi. Cette constatation en dit long sur l'idée que nous nous faisons de la Nature au sein de nos sociétés.

L'ARTICLE L214

Pour être tout à fait exact, il existe un droit pour les animaux popularisé par une célèbre association de défense des droits des animaux qui a pris pour nom celui de cet article du Code rural[1] : les animaux y sont désignés comme des êtres sensibles – c'est-à-dire capables de ressentir le plaisir, la souffrance et les émotions – mais qui dans le même temps, sont soumis au régime des biens mobiliers. Ils sont assimilés, en droit, à nos tables et nos chaises, mais ne sont pas considérés comme des êtres à part entière…

LES CONSÉQUENCES DRAMATIQUES DE L'ABSENCE DE DROITS DE LA NATURE

On comprend bien la logique sous-tendue derrière le fait de ne pas attribuer de droits aux animaux ni au Vivant dans son ensemble : tant qu'il n'y a pas de droits, il ne peut y avoir de crimes commis, donc pas de causes à juger. Par conséquent, ceux qui détruisent et pillent à des fins personnelles ou économiques peuvent continuer à le faire sans risquer d'être inquiétés pour leurs actes. De fait, si on reconnaissait des droits aux espèces vivantes, nombreuses seraient les organisations à se succéder sur le banc des accusés et les tribunaux seraient submergés par le nombre de dossiers à traiter. C'est aussi la raison pour laquelle cette revendication, bien que défendue depuis de nombreuses années par différentes organisations environnementales[2] et soutenue très largement par les populations subissant des destructions, n'a jamais obtenu de reconnaissance de la part des États : il existe une complicité tacite entre les industries destructrices des vivants et les politiques institutionnelles qui les cautionnent ; des droits pour les vivants remettraient en question tout le système capitaliste.

1. « Tout animal étant un être sensible doit être placé par son propriétaire dans des conditions compatibles avec les impératifs biologiques de son espèce. »
2. On pense notamment au mouvement « End Ecocide » ainsi qu'aux nombreuses ONG qui travaillent à la reconnaissance de ces droits.

LA DÉCLARATION UNIVERSELLE DES DROITS DE LA TERRE MÈRE

Des droits ont pourtant été définis pour donner une existence juridique à la Terre et à ses occupants ; et cette Constitution est d'autant plus intéressante qu'elle a été pensée de façon à sortir de l'anthropocentrisme (tous les droits jusqu'à présent dans les pays occidentaux ont été pensés à partir des interactions avec les humains). Ces droits apportent une reconnaissance et une existence juridique véritable aux êtres vivant sur la planète. Voici donc les premiers articles de la Déclaration universelle des droits de la Terre Mère, adoptée en 2010, lors de la Conférence mondiale des peuples contre le changement climatique, à l'initiative des peuples amérindiens qui demandent leur adoption par l'Assemblée générale des Nations unies :

PRÉAMBULE

Nous, peuples et nations de la Terre :
Considérant que nous faisons tous partie de la Terre Mère, communauté de vie indivisible composée d'êtres interdépendants et intimement liés entre eux par un destin commun ;
Reconnaissant avec gratitude que la Terre Mère est source de vie, de subsistance, d'enseignement et qu'elle nous prodigue tout ce dont nous avons besoin pour bien vivre ;
Reconnaissant que le système capitaliste ainsi que toutes les formes de déprédation, d'exploitation, d'utilisation abusive et de pollution ont causé d'importantes destructions, dégradations et perturbations de la Terre Mère qui mettent en danger la vie telle que nous la connaissons aujourd'hui par des phénomènes tels que le changement climatique ;
Convaincus que, dans une communauté de vie impliquant des relations d'interdépendance, il est impossible de reconnaître des droits aux seuls êtres humains sans provoquer de déséquilibre au sein de la Terre Mère ;

Affirmant que pour garantir les droits humains il est nécessaire de reconnaître et de défendre les droits de la Terre Mère et de tous les êtres vivants qui la composent et qu'il existe des cultures, des pratiques et des lois qui reconnaissent et défendent ces droits;
Conscients qu'il est urgent d'entreprendre une action collective décisive pour transformer les structures et les systèmes qui sont à l'origine du changement climatique et qui font peser d'autres menaces sur la Terre Mère;
Proclamons la présente Déclaration universelle des droits de la Terre Mère et appelons l'Assemblée générale des Nations unies à l'adopter comme objectif commun de tous les peuples et nations du monde, afin que chaque personne et chaque institution assument la responsabilité de promouvoir, par l'enseignement, l'éducation et l'éveil des consciences, le respect des droits reconnus dans la Déclaration, et à faire en sorte, par des mesures et des dispositions diligentes et progressives d'ampleur nationale et internationale, qu'ils soient universellement et effectivement reconnus et appliqués par tous les peuples et États du monde.

PROPOSITIONS ET RÉSUMÉS

Article 1er : La Terre Mère

1) La Terre Mère est un être vivant.
2) La Terre Mère est une communauté unique, indivisible et autorégulée d'êtres intimement liés entre eux, qui nourrit, contient et renouvelle tous les êtres.
3) Chaque être est défini par ses relations comme élément constitutif de la Terre Mère.
4) Les droits intrinsèques de la Terre Mère sont inaliénables puisqu'ils découlent de la même source que l'existence même.
5) La Terre Mère et tous les êtres possèdent tous les droits intrinsèques reconnus dans la présente Déclaration, sans

Serre d'agrumes et bananiers, fruits de la Terre Mère.

aucune distinction entre êtres biologiques et non biologiques ni aucune distinction fondée sur l'espèce, l'origine, l'utilité pour les êtres humains ou toute autre caractéristique.
6) Tout comme les êtres humains jouissent de droits humains, tous les autres êtres ont des droits propres à leur espèce ou à leur type et adaptés au rôle et à la fonction qu'ils exercent au sein des communautés dans lesquelles ils existent.
7) Les droits de chaque être sont limités par ceux des autres êtres, et tout conflit entre leurs droits respectifs doit être résolu d'une façon qui préserve l'intégrité, l'équilibre et la santé de la Terre Mère.

Article 2 : Les droits inhérents de la Terre Mère
1) La Terre Mère et tous les êtres qui la composent possèdent les droits intrinsèques suivants :
- le droit de vivre et d'exister ;
- le droit au respect ;
- le droit à la régénération de leur biocapacité et à la continuité de leurs cycles et processus vitaux, sans perturbation d'origine humaine ;
- le droit de conserver leur identité et leur intégrité comme êtres distincts, autorégulés et intimement liés entre eux ;
- le droit à l'eau comme source de vie ;
- le droit à l'air pur ;
- le droit à la pleine santé ;
- le droit d'être exempts de contamination, de pollution et de déchets toxiques ou radioactifs ;
- le droit de ne pas être génétiquement modifiés ou transformés d'une façon qui nuise à leur intégrité ou à leur fonctionnement vital et sain ;
- le droit à une entière et prompte réparation en cas de violation des droits reconnus dans la présente Déclaration résultant d'activités humaines.

2) Chaque être a le droit d'occuper une place et de jouer

son rôle au sein de la Terre Mère pour qu'elle fonctionne harmonieusement.
3) Tous les êtres ont droit au bien-être et de ne pas être victimes de tortures ou de traitements cruels infligés par des êtres humains.

Article 3 : Obligations des êtres humains envers la Terre Mère
1) Tout être humain se doit de respecter la Terre Mère et de vivre en harmonie avec elle.
2) Les êtres humains, tous les États et toutes les institutions publiques et privées ont le devoir :

- a) d'agir en accord avec les droits et obligations reconnus dans la présente Déclaration ;
- b) de reconnaître et de promouvoir la pleine et entière application des droits et obligations énoncés dans la présente Déclaration ;
- c) de promouvoir et de participer à l'apprentissage, l'analyse et l'interprétation des moyens de vivre en harmonie avec la Terre Mère ainsi qu'à la communication à leur sujet, conformément à la présente Déclaration ;
- d) de veiller à ce que la recherche du bien-être de l'homme contribue au bien-être de la Terre Mère, aujourd'hui et à l'avenir ;
- e) d'établir et d'appliquer des normes et des lois efficaces pour la défense, la protection et la préservation des droits de la Terre Mère ;
- f) de respecter, protéger et préserver les cycles, processus et équilibres écologiques vitaux de la Terre Mère et, au besoin, de restaurer leur intégrité ;
- g) de garantir la réparation des dommages résultant de violations par l'homme des droits intrinsèques reconnus dans la présente Déclaration et que les responsables soient tenus de restaurer l'intégrité et la santé de la Terre Mère ;

- h) d'investir les êtres humains et les institutions du pouvoir de défendre les droits de la Terre Mère et de tous les êtres ;
- i) de mettre en place des mesures de précaution et de restriction pour éviter que les activités humaines n'entraînent l'extinction d'espèces, la destruction d'écosystèmes ou la perturbation de cycles écologiques ;
- j) de garantir la paix et d'éliminer les armes nucléaires, chimiques et biologiques ;
- k) de promouvoir et d'encourager les pratiques respectueuses de la Terre Mère et de tous les êtres, en accord avec leurs propres cultures, traditions et coutumes ;
- l) de promouvoir des systèmes économiques qui soient en harmonie avec la Terre Mère et conformes aux droits reconnus dans la présente Déclaration.

Article 4 : Définitions

Le terme « être » comprend les écosystèmes, les communautés naturelles, les espèces et toutes les autres entités naturelles qui font partie de la Terre Mère.

Rien dans cette Déclaration ne limite la reconnaissance d'autres droits intrinsèques de tous les êtres ou d'êtres particuliers.

Ce texte nous invite à repenser intégralement nos interactions avec les autres espèces et à considérer chacune de nos décisions et actions en fonction des conséquences induites pour les autres espèces. Ce biocentrisme nous oblige à nous responsabiliser pour prendre soin de la Terre et de ses occupants (comprenant bien sûr les humains).

L'instauration de droits pour la Nature ne doit pas attendre d'être légitimée par les États pour exister dans nos quotidiens. Aussi, cette déclaration peut-elle servir de référence pour les aventures qui se mettent en place au sein de la désobéissance fertile. Nous suggérons d'en imprimer les articles et de les disposer dans les lieux de vie et d'échanges, pour en retenir les fondements et nous habituer aux changements de comportements à réaliser. En établissant ces droits et en travaillant à leur application quotidienne, à l'image des rares nations ayant adopté ces droits dans leur Constitution[1], nous pourrons faire évoluer durablement nos sociétés vers un symbiocène – une ère dans laquelle les humains vivront en symbiose avec les autres espèces vivantes.

RETROUVER SA SOUVERAINETÉ PERSONNELLE

À quel monde souhaitons nous appartenir ? Celui auquel on nous a contraint en nous imposant une identité à notre naissance ou celui auquel nous choisissons sciemment d'appartenir ?
À cette question, nous tendons évidemment vers la deuxième option et nous estimons que la première des émancipations à réaliser est celle envers nous-mêmes, car nous avons toute la légitimité pour disposer de nos êtres. En cela, aucun pouvoir extérieur ne devrait définir notre identité à notre place et aucune institution ne devrait nous représenter sans notre accord. Or, c'est bien ce qui se passe lorsqu'un État nous force à adopter des usages sans que nous n'ayons notre mot à dire.
Nous n'avons jamais signé de contrats pour céder nos droits et nos libertés fondamentales à de quelconques garants mais nous agissons comme si tel était le cas. Si certains se sont arrogés un droit sur nos vies, il nous appartient de le leur retirer et de retrouver une souveraineté en nos forts intérieurs et en nos agissements.

1. La Bolivie, l'Équateur et plus récemment le Bhoutan ont accordé des droits constitutionnels à la nature et aux vivants.

Pour retrouver cette autodétermination, plusieurs moyens s'offrent à nous et la première des choses, avant de redéfinir son identité, est de rompre avec la précédente.

Pour cela, nous proposons de rédiger et d'envoyer une lettre proclamant la sécession de notre être à l'égard des autorités qui jusqu'alors nous gouvernaient – autorité qui dispose d'une immatriculation[1] au même titre qu'une entreprise classique.

Dans cette lettre, nous informons de notre refus de vivre dans le cadre de cette société et d'être complice des destructions et extractions commises sur les êtres vivants ; les documents justifiant d'une appartenance passé à la société deviennent dès lors caducs.

S'adjoint à la proclamation de sécession, une autre lettre portant sur la souveraineté individuelle. Celle-ci explique que nous nous réservons le droit de représenter notre propre personne juridique ; que notre consentement ne peut être obtenu par de quelconques manœuvres, tromperies, chantages ou menaces et que les silences de notre part ne valent jamais comme accord.

Nous attestons bénéficier des droits universels relatifs à chaque personne vivant sur cette planète, à savoir le droit à la vie libre et souveraine que nous offre notre existence ; ces droits sont sacrés et inaliénables et l'on ne consent à aucune restriction ni privation de ces libertés inconditionnelles.

Une fois cette réappropriation amorcée, nous pouvons définir notre propre identité et choisir librement à quelle société nous souhaitons appartenir ; en l'occurrence, celles qui considèrent pleinement les êtres vivants !

---

1. Le SIREN de la « Société République Française » est le 100000017.

DU RÊVE ET DU SENS
DANS NOS EXISTENCES

Tant que nous ne nous engageons pas,
le doute règne, la possibilité de se rétracter
demeure et l'inefficacité prévaut toujours. [...]
Dès le moment où l'on s'engage pleinement,
la providence se met également en marche. [...]
L'audace renferme en soi génie, pouvoir et magie !

GOETHE

Nous manquons cruellement de rêve et de sens dans nos vies. Jamais nous n'avons été encouragés, depuis notre plus tendre enfance, à faire de nos vies des récits chevaleresques, à devenir les acteurs de réalités nouvelles que l'on souhaite voir advenir.

Dans un sens, tout cela est normal : toute autorité se légitime à travers la reconnaissance de principes existants, qu'elle a elle-même énoncés pour ses sujets. Aussi, quelle que soit cette autorité, elle n'aura jamais intérêt à souhaiter notre émancipation puisque cette dernière signifierait la fin de son règne. Pour autant – et c'est là une clé nécessaire à l'entreprise de grandes aventures humaines –, il est de notre devoir de nous défaire de ces chaînes qui nous empêchent de déployer nos ailes car nous pouvons à chaque instant, dans chacune de nos décisions, influer sur le cours du destin !

UNE HUMANITÉ EN PANNE DE RÊVE

Je ne souhaite pas m'inscrire ici dans un registre de développement personnel et encore moins parler comme un gourou. Ce que j'aimerais que vous reteniez, c'est surtout le fondement de cette exhortation : la nécessité de rêver à d'autres futurs pour notre civilisation et d'œuvrer à les mettre en place. Sans cet espoir, il n'est point de salut, et donc point d'énergie de vie : nous ne pouvons œuvrer pour le futur sans y croire ! Les récits dystopiques[1] sont légion : romans, films, séries, on ne compte plus les fictions anxiogènes sur un futur déshumanisé, à tel point qu'il nous est impossible de trouver un film d'anticipation dans lequel l'humanité sorte gagnante des défis écologiques actuels et vive en harmonie sur la planète[2].

Face aux trop nombreux récits désillusionnés, nous devons créer les nôtres. Ces réalités doivent être le fruit de nos rêves : car l'avenir n'est ni plus ni moins que ce que nous décidons d'en faire. C'est pourquoi il nous faut imaginer des visions inspirantes pour influencer nos choix futurs ! Et pour croire en l'influence de nos choix, la seule solution est d'accorder de l'importance à nos aventures humaines ; nous devons réaliser le poids que peuvent exercer nos existences sur le futur. Le simple fait d'être là, vivants et conscients, à cette étape cruciale pour les habitants de la Terre, montre toute l'importance que nous devons attribuer à nos existences. Nous pouvons et devons peser dans la balance du

1. La dystopie est l'inverse de l'utopie : c'est le récit d'un monde futur plutôt sombre.
2. Si l'on excepte *La Belle Verte* de Coline Serreau, sorti en salles en 1996 !

destin pour assurer un avenir souhaitable à notre espèce ; et cela, il n'y a que nous qui puissions le décider !

Dès lors, chacune des actions que nous entreprenons a son importance et chacune de nos existences revêt une importance pour le futur de notre planète et de notre humanité.

NOTRE EXPÉRIENCE DE LA FORCE DES RÊVES

> Ils ne savaient pas que c'était impossible,
> alors ils y sont arrivés.
>
> **MARK TWAIN**

Ce qui caractérise nos personnalités à Caroline et moi, c'est notre volonté permanente de croire en nos rêves. Toutes nos attitudes et actions s'articulent autour de la réalisation de ces rêves, de façon à les matérialiser pour ne pas qu'ils se perdent dans des discours trop vite oubliés.

Durant notre voyage en van à travers la France pour chercher le lieu où nous concrétiserions notre utopie, de nombreuses personnes ont tenté de nous influencer, voire de nous dissuader de poursuivre notre aventure au motif que d'autres se sont essayés par le passé à concrétiser ces villages utopiques sans succès. Il était important pour ces gens-là de nous ramener dans leur réalité et, en agissant de la sorte, ils ne voulaient que notre bien.

Toutefois nous ne souhaitions pas être influencés par leurs désillusions passées : nous préférions de loin être encouragés, aidés, ou même simplement renforcés par leur confiance en nous, en notre projet. Car selon nous, chaque aventure est unique et jamais aucune situation

n'est figée. À force d'entendre des récits extérieurs pessimistes, nous en venions à douter de la fiabilité de notre aventure avant même de l'avoir initiée.
Quand nous nous sentions trop abîmés dans notre volonté d'y croire, nous nous appliquions à nous remémorer tous les signes que nous avions rencontrés sur notre route, les nombreuses fois où nous avions reçu de l'aide, fait des rencontres nous permettant d'avancer dans notre projet ; cela nous permettait de nous recharger et de maintenir notre cap.
Enfin, nous avons élaboré un rituel afin de nous protéger de ces ondes négatives qui engendrent des moments de questionnements et de doutes : ce rituel consiste à fermer les yeux en visualisant une bulle de protection tout autour de nous. Cette boule, une fois visualisée, constitue un bouclier et renvoie l'énergie de nos interlocuteurs sans nous atteindre.
Si nous laissons les conjonctures actuelles influencer nos projets, nous ne pourrons jamais avancer là où nous souhaitons arriver. À l'inverse, en déployant toute notre énergie pour construire et matérialiser nos rêves, nous créons une réalité nouvelle à laquelle s'agglomèrent toutes les aides que la vie nous offre. C'est le principe de la loi d'attraction auquel nous croyons fermement. Laissons l'opportunité à la magie de s'insinuer dans nos aventures, pour que l'invisible et l'imprévisible puissent opérer et œuvrer à nous aider !
Pour finir sur notre histoire : en un an, nous avons sillonné la France à la recherche de notre lieu de vie, trouvé notre oasis, donné naissance à un second enfant, aménagé un espace pour habiter dans la forêt, le tout au sein d'un collectif dans lequel nous nous épanouissons. Une succession de synchronicités, de chances et d'actions confiantes nous a permis d'ancrer ce projet dans la matière et d'en faire notre réalité.

Notre balancelle enchantée.

EN QUÊTE DE SENS[1]

À cœur vaillant, rien d'impossible
JACQUES CŒUR

Aujourd'hui plus que jamais, nous sommes nombreux à nous questionner sur le sens profond de nos existences et ces questions existeront à chaque étape de nos vies. Le risque consiste à être paralysé par le non-sens, alors que précisément, ces questions doivent être des moteurs pour nous, elles ne doivent pas nous empêcher d'agir. C'est à travers nos agissements que nous grandissons et c'est en agissant que nous répondrons à nos questions sur le sens de l'existence !

À celles et ceux qui doutent, qui ne trouvent pas leur place ou qui n'osent donner de l'importance à leur vie, sachez une chose : nous avons besoin de vous dans ce combat pour la Vie !

Forts de cette conscience de notre importance et du poids de nos actes, nous devons cheminer pas à pas : il ne s'agit pas d'abandonner soudainement tout ce que l'on a entrepris jusqu'ici, de bouleverser toutes nos habitudes. Non, il faut plutôt se demander chaque soir, en faisant le bilan de la journée passée, ce que nous pourrons faire le lendemain pour favoriser la Vie, en nous promettant de faire un peu plus que la veille et en maintenant un cap ; engager une mue progressive et continue, vers un mieux pour nous et pour le monde. Qui que vous soyez, où que vous viviez et quelle que soit la fonction que vous occupez, chaque jour est l'occasion d'affirmer votre volonté et de faire de votre vie une quête absolue vers un monde meilleur et d'avancer toujours plus en accord avec votre éthique profonde.

---

1. Je vous invite à découvrir le superbe documentaire éponyme réalisé par Nathanaël Coste et Marc de la Ménardière en 2014.

L'IMPORTANCE DE DÉSOBÉIR ET L'AFFIRMER

Ne doutez jamais qu'un petit groupe de personnes conscientes et engagées peut changer le monde. En fait, ça ne s'est jamais passé autrement.

MARGARET MEAD

Les expériences sociologiques rappelées dans la première partie du livre nous montrent à quel point nous pouvons nous révéler obéissants et dociles lorsqu'une autorité en émet le souhait. Nous avons une forte capacité à nous conformer aux attentes du plus grand nombre et à adhérer au groupe que nous avons identifié comme le plus fiable à nous garantir un avenir.

AVOIR LE COURAGE DE NAGER À CONTRE-COURANT

Si nous voulons agir pour un monde meilleur et défendre une Nature sacrifiée par des lois immorales, nous devons nécessairement changer nos pratiques et désobéir aux injonctions et aux codes admis en société. Il faut donc forcer notre nature profonde, lutter contre notre envie d'appartenir au groupe, de nous conformer à l'ordre établi.

Et ce positionnement est crucial au moment où nos esprits constatent les injustices : soit nous laissons ces injustices se faire par peur d'intervenir, en prétextant que des lois régulant la vie en société existent pour rétablir la justice, soit nous agissons selon l'éthique que nous avons choisie et nous donnons vie à cette petite voix qui nous intime de nous mettre en mouvement à chaque fois que nous nous retrouvons face à des situations injustes : notre conscience !

Nul besoin de préciser les enseignements à tirer lorsqu'on applique la première option puisque nous avons déjà pu en constater les conséquences à travers les destructions, les pollutions et les massacres commis sous nos yeux depuis que nous sommes en âge de raisonner. Ces crimes n'ont pu être commis qu'à travers l'approbation silencieuse de toutes celles et ceux qui ont constaté ces injustices mais qui ont laissé faire sans agir. Ceci ne nous en rend pas coupables, entendons-nous. Mais nous en partageons la responsabilité : nous n'avons pas réussi à nous élever contre, nous n'avons pas trouvé les moyens de faire entendre notre voix pour empêcher l'injustice d'advenir.

Si le but n'est aucunement de nous flageller, il convient pour autant d'être conscients de nos faiblesses : nous devons nous faire violence pour entrer en résistance, pour nous élever contre l'impensable et cela même quand l'issue des situations est incertaine. Pour nous aider à opérer cette mue nécessaire, il faut redonner toute sa valeur à la notion de courage. Nous devons être fiers d'avoir eu le courage de nous opposer quand la situation le nécessitait et rien ni personne ne pourra nous ôter ce sentiment de courage lorsque nous nous retournerons sur nos existences. Agissant ainsi, et même si nous avons à en subir les conséquences, nous aurons le sentiment d'être justes et nous serons en paix avec nous-mêmes. C'est armés de ce courage que nous pourrons influencer les actions, les décisions et par là même changer le cours de nos destins.

Pour permettre à notre cause d'avancer, enfin, il faudra proclamer haut et fort nos actes de désobéissance, afin que ces actes ne soient plus le seul fait d'individus isolés mais figurent les germes d'une société nouvelle ; afin que ces actes déploient leurs racines jusqu'à venir caresser le désir ou la curiosité d'autres de faire comme nous et qu'un vent de courage se propage au sein des foyers. Car il n'y a qu'en devenant légion que nous pourrons changer durablement les normes.

NE PLUS SE CACHER : L'EXEMPLE DE L'HABITAT ALTERNATIF

Seuls les poissons morts nagent avec le courant.

PROVERBE CHINOIS

Depuis quelques années, une grande vague[1] d'urbains fait le choix de quitter les villes pour vivre plus près de la nature. Parmi ces gens-là, de plus en plus s'installent en habitat léger (dans des yourtes, des roulottes, des kerterres ou des cabanes). Ces habitats sont souvent établis sur des terres déclarées non constructibles, en forêt ou en zone agricole[2].

Dans la grande majorité des cas, l'administration tolère la présence de ces foyers et leur mode de vie, bien que

1. Selon l'Insee, en 2014, les communes faiblement peuplées ont gagné 104 000 habitants. À l'inverse, celles qui sont un peu plus grosses ont perdu 114 000 habitants.

2. Nous consacrons un chapitre entier à l'habitat alternatif dans la dernière partie du livre.

la loi ne les autorise pas à vivre ainsi officiellement. Ils sont donc tolérés par l'ordre établi, et eux sont reconnaissants à l'ordre établi pour cette tolérance. Du fait de la précarité de leurs situations, ces habitants se gardent bien de faire des vagues en réclamant que leurs droits soient réellement inscrits dans la loi.
Or, sans droits acquis, la situation ne peut pas changer durablement. Car comment tolérer davantage que des administrations refusent d'acter officiellement la présence de ces habitats alors même que ces modes de vie respectent infiniment plus la Terre que les constructions industrielles – qui sont quant à elles bien soutenues par les autorités ?
On voit bien ici le glissement entre une résistance marginale, discrète et tout juste tolérée, et la revendication d'un changement de société massif, exigeant une (r)évolution dans la manière de penser le droit, en accord avec les principes naturels et le respect des écosystèmes.
J'invite chacune et chacun d'entre nous à clamer haut et fort les injustices et à lutter, chaque fois qu'une commune entamera une procédure d'expulsion sous prétexte que la façon de vivre des habitants ne serait pas permise par la loi. Car c'est en revendiquant des idées justes et en luttant par tous les moyens pour défendre ces idées, que nous permettrons à la honte de changer de camp !

S'AFFIRMER, ENSEMBLE

Nous n'avons pas à rougir de nos aspirations : nous défendons une cause noble et n'exigeons rien d'autre que ce à quoi nous devrions tous avoir accès. Bien au contraire, c'est à ceux qui nous pourchassent au nom de la loi de se sentir à côté de la justice comme de la justesse : il ne faut pas confondre moral et légal. Et pour appuyer nos positions, ne soyons plus seuls : engageons des rapports de force en obtenant les faveurs des médias qui relaieront nos positions. Car, même si les lois jouent en notre défaveur, l'opinion publique – consciente des réponses radicales à apporter aux crises actuelles – est de notre côté.

Faisons comprendre à ceux qui s'intéresseront à notre cause que nous faisons partie de cette Nature que nous défendons et que, si nous agissons ainsi, c'est aussi dans l'intérêt de celles et ceux qui nous attaquent ! Comment, dès lors, peut-on s'opposer à des individus qui œuvrent à préserver la vie tout entière ? Je ne vois pas ce qu'il est possible de reprocher à cette philosophie qui prend soin de toutes les espèces. Sollicitons donc l'aide de toutes celles et ceux qui seront des alliés et qui, comme nous, résisteront à leur tour pour faire évoluer la loi. Sentons le poids du nombre accompagner nos actions et montrons de cette façon notre détermination à tous ceux qui, par lâcheté bien plus que par conviction, nous empêchent de vivre dignement au cœur du Vivant.

PRATIQUER LE TAI-CHI POLITIQUE : UTILISER LA FORCE DE L'ADVERSAIRE

Comment parvenir à solliciter les médias et inverser les rapports de force avec les autorités quand nous ne disposons ni de la notoriété nécessaire, ni d'une quelconque expertise en communication ? En prenant la force que notre adversaire déploiera contre nous et en nous en servant pour la retourner contre lui : ce sont les actions intentées contre nous qui nous offriront la plus belle des tribunes.

Plus l'adversaire sera déterminé à nous contraindre, mieux nous pourrons retourner sa force en notre faveur.

Prenons l'exemple d'un procès contre l'implantation d'un habitat alternatif : cet événement constituera une tribune formidable pour faire valoir notre position médiatiquement (au moins avec la presse locale) et obtenir du soutien de la part des habitants. Capitalisons sur cette médiatisation en informant le plus largement : pétitions, actions dans la commune, rassemblements devant le tribunal... Chaque information doit déboucher sur une action de manière à induire un mouvement permanent dans notre actualité, et ainsi à faire de notre combat le combat du plus grand nombre. Le tout étant de savoir utiliser l'énergie déployée contre nous pour en faire un atout.

Pour comprendre toute la stratégie à déployer et la puissance qu'il est possible de mobiliser, nous allons observer un cas concret qui s'est déroulé il y a quelques années et qui concerne l'association Kokopelli.

LE TAI-CHI POLITIQUE DE KOKOPELLI

> L'opinion publique est la clé. Avec l'opinion publique, rien ne peut faillir. Sans elle, rien ne peut réussir. Celui qui manipule les opinions est plus important que celui qui applique les lois.
>
> **ABRAHAM LINCOLN**

Kokopelli est une petite association qui milite pour préserver les semences paysannes en vendant et distribuant gratuitement des graines aux jardiniers ainsi qu'aux maraîchers alors même que la loi le leur interdit. En effet, la production de semences est strictement réglementée à travers des normes dites « DHS » qui excluent d'office l'utilisation des semences traditionnelles ou paysannes car ces dernières ne peuvent s'y conformer dans la mesure où ces critères sont tout simplement contre-nature (voir encadré ci-dessous)... Seules les graines standardisées, et pour la majorité détenues par une poignée d'acteurs industriels[1], peuvent donc être commercialisées.

Cette situation entraîne une disparition progressive des semences paysannes contre laquelle lutte Kokopelli, l'association faisant le choix de défendre la biodiversité cultivée au détriment de la loi. Constatant ce comportement hors la loi, Baumaux, un gros semencier français, a décidé de poursuivre en justice l'association pour concurrence déloyale.

LES NORMES DHS

La production des semences est soumise à des normes strictes dites « DHS » pour « Distinction, Homogénéité et Stabilité » : « Distinction » signifie que l'on doit pouvoir distinguer clairement les variétés, « Homogénéité » que tous les individus au sein d'une même variété doivent être semblables (en d'autres termes qu'ils soient des clones en série), et « Stabilité » que la variété n'évolue pas et par conséquent que tous les individus au sein de la variété soient semblables d'une année sur l'autre.
Des normes contraires à l'évolution et à l'adaptation des espèces végétales, en somme...

1. Qui œuvrent dans les Assemblées parlementaires pour ne surtout pas faire évoluer les normes DHS, comme le montre le film *Des clics de conscience*.

David contre Goliath

Nous avions donc d'un côté une petite association avec très peu de moyens financiers pour se défendre juridiquement – d'autant plus qu'elle était effectivement hors la loi sur cette action précise – sur un sujet qui à l'époque était parfaitement méconnu du grand public. Et de l'autre, une grosse entreprise industrielle avec une armée de juristes et d'avocats à sa disposition, prête à déployer tout l'arsenal juridique nécessaire pour écraser l'association.

Que se serait-il passé dans une situation classique? La petite association, se sachant dans l'illégalité, aurait essayé de minimiser l'empreinte de son action afin de montrer qu'elle ne représentait pas un risque réel pour le marché des semences. L'affaire aurait été vite étouffée, et le tout se serait soldé par une amende suffisante pour signer l'arrêt de mort de l'association. Dans 99 % des cas, les choses se passent ainsi : l'association est broyée par la partie adverse et laissée exsangue. Oui, mais Kokopelli en a décidé tout autrement : elle a décidé de jouer de ce rapport de force parfaitement déséquilibré pour nous rappeler le mythe de David et Goliath.

Jouer le rapport de force sur le terrain médiatique

Les militants ont remué ciel et terre pour alerter les médias et faire connaître leur combat, de manière à informer le grand public de l'injustice que couvrait la loi. Par ailleurs, ils ont affirmé haut et fort qu'ils ne céderaient pas, quelle que soit la décision de justice.

Cette prise de position aussi spectaculaire qu'héroïque leur a valu un soutien inconditionnel de la part de la population et des médias qui, à travers cette situation, se sentaient les chantres d'une résistance juste et opprimée. Aussi l'opinion publique était acquise à cette noble cause. Et alors même que la loi était contre eux, les membres de Kokopelli ont remporté leur procès face au gros semencier, la cour ayant rejeté la charge de concurrence déloyale liée à l'absence d'enregistrement des variétés distribuées par Kokopelli[1]. Baumaux, de son côté, a perdu bien plus gros dans l'affaire : cette histoire a sérieusement entaché l'image de l'entreprise qui a par la suite été boycottée par de nombreux acheteurs, ce qui a entraîné une baisse considérable de son chiffre d'affaires.

La « grange » cabane de stockage et le potager collectif.

1. Devant la cour d'appel de Nancy le 9 septembre 2014. Lire à ce sujet l'article « Procès Kokopelli c. Graines Baumaux : Après 10 ans de procédure, la cour d'appel de Nancy donne enfin raison à Kokopelli ! » disponible sur le site de l'association : https://blog.kokopelli-semences.fr.

Mieux encore, la médiatisation de cette affaire a permis à des millions de personnes jusqu'alors ignorantes de la situation, de prendre connaissance des ravages causés par l'industrie semencière qui s'approprie un patrimoine alimentaire jusque dans les assiettes et qui travaille à faire dégénérer les semences pour empêcher les jardiniers et maraîchers d'en replanter les graines (et donc les obliger à en racheter chaque année)[1] !

C'est donc parce que Kokopelli a été attaquée que la société civile a pu se mobiliser pour faire évoluer la loi dans le bon sens : sans attaque, pas de procès, sans procès, pas de tribune, sans tribune, pas d'opinion publique mobilisée.

Les petits succès permettent les grandes victoires !

Aujourd'hui, alors que les lobbies font la pluie et le beau temps dans les commissions parlementaires, jamais plus un semencier ne se risquera à poursuivre en justice une association œuvrant à la défense des semences paysannes. Tout ça grâce à une minuscule association qui, bien qu'ayant agi dans l'illégalité, s'est dressée afin d'affirmer son droit à défendre une cause environnementale juste... Enfin, grâce au travail de fond réalisé par l'association, la loi a pu évoluer une première fois en 2016[2] avec l'autorisation pour les agriculteurs d'utiliser librement les semences paysannes, puis récemment en 2020, le droit pour les associations de vendre les semences du domaine public aux jardiniers amateurs[3].

---

1. Vous pouvez découvrir à ce sujet la websérie documentaire *Jardiniers, levez-vous !* réalisé avec Alexandre Lumbroso et disponible librement sur Internet.
2. Et qui fait l'objet du travail de lobbying que nous avons effectué avec Alexandre Lumbroso, raconté dans le documentaire *Des clics de conscience* que l'on peut visionner librement sur la plateforme Imago TV.
3. À travers l'article 10 de la loi relative à la transparence de l'information sur les produits agricoles et alimentaires, qui permet la vente de semences de variétés non inscrites au catalogue à des utilisateurs non professionnels. Cette évolution a été permise grâce au travail acharné de l'avocate Blanche Magarinos-Rey.

Voilà ce que nous pouvons espérer en prenant position et en déployant des stratégies au service du Vivant pour modifier les comportements induits par des lois injustes : peut-être pas systématiquement changer les lois face aux lobbies industriels mais faire en sorte que plus aucune administration ne s'attaque à ceux qui font ces choix de vie dans la Nature, de peur d'être traînée dans la boue !

Pour autant, ces luttes juridiques et législatives demandent beaucoup de temps et d'énergie : il aura fallu attendre seize années entre l'accusation de Baumaux et l'évolution favorable de la loi. Et la question est de savoir si nous disposons de tout ce temps pour faire évoluer les pratiques sociétales...

LA GRANDE QUESTION
DES LOIS ET DE LEUR INTERPRÉTATION

Il faut savoir que les choses sont sans espoir.
Et tout faire pour les changer.
RAINER MARIA RILKE

Lorsque l'on choisit de désobéir, c'est avant tout parce que l'on ressent une profonde dissonance entre ce que disent les lois et ce que nous jugeons essentiel pour nous-mêmes. Il est évident que ce type de raisonnement peut faire le lit de tous les désordres sociaux, et qu'il est donc nécessaire de tenter d'en poser le cadre, notamment en rappelant les différents attendus du droit, de la loi et du pacte social.

COMPRENDRE LES LOIS : UN DÉFI DE CHAQUE INSTANT

Il est communément admis que « nul n'est censé ignorer la loi ». Par conséquent, au moment d'entreprendre une action, nous sommes censés connaître toutes les lois ainsi que leur évolution.

Pourtant nous en sommes bien loin : chaque semaine, au Sénat comme à l'Assemblée nationale, ce sont des centaines d'amendements qui sont adoptés. Il paraît donc bien difficile de connaître parfaitement la législation, et ce même dans notre secteur d'activité ou nos centres d'intérêt ; seuls les juristes spécialisés effectuent ce travail de veille minutieux et sont de fait informés des évolutions constantes des textes de loi. Mais il ne suffit malheureusement pas d'une veille rigoureuse pour être au fait des lois, puisque les comprendre s'avère être un exercice extrêmement délicat : tout semble fait pour que rien ni personne en dehors de ce cercle fermé de juristes experts puisse en comprendre le sens.

Si des individus lambda avaient des velléités de se plonger dans des textes juridiques ou législatifs, ils seraient aussitôt refroidis par l'étrangeté du vocabulaire utilisé et la complexité des phrases dont la formulation rappelle celle d'un autre temps. Comme si on ne voulait pas que le citoyen moyen se saisisse de la chose juridique. Ce langage quasi mystique écartant la population d'une compréhension éventuelle n'est pas sans rappeler celui qui fut utilisé par l'Église pendant des centaines d'années, elle qui imposait la lecture de la Bible lors des messes dans une langue que personne, si ce n'est une élite, ne comprenait. Il en est de même pour les lois et nous faisons face actuellement à une nouvelle église qui cherche à éloigner les sujets d'une compréhension profonde des principes énoncés.

Si nous les comprenions finement, sans doute pourrions-nous en déjouer les mécanismes – comme le font celles et ceux qui se jouent des lois grâce aux conseils avisés d'avocats « éclairés » – et peut-être ainsi ne plus les craindre. Voyons donc déjà comment gagner en compétence et en confiance dans ce domaine.

SAISIR LA DISTINCTION ENTRE JURIDIQUE ET LÉGISLATIF

Les lois sont votées au terme d'un processus législatif qui énonce des principes que tous les citoyens doivent respecter. C'est au titre du respect de ces lois et de leur application que des recours sont susceptibles d'être engagés devant des tribunaux à l'issue de quoi des décisions sont rendues. Ces décisions de justice forme la jurisprudence. Le citoyen pourra se prévaloir des solutions jurisprudentielles dégagées par les tribunaux notamment quand la loi est imprécise ou incomplète.
Aussi, il est tout aussi fondamental de chercher du côté des lois que du côté des jurisprudences pour ceux qui ont affaire à la justice. Car s'il existe de nombreuses lois pour se défendre juridiquement, il faut aussi avoir connaissance des très nombreuses jurisprudences existantes, qui peuvent nous être d'un grand secours dans des cas particuliers. Un des objectifs de la désobéissance fertile est d'obtenir gain de cause dans un maximum d'affaires impliquant l'habitat réversible pour que, à terme, la loi puisse évoluer favorablement en s'appuyant sur ces jurisprudences.

LA QUERELLE DU DROIT CONTRE LA LOI

Nombreuses sont les confusions lorsqu'il s'agit d'évoquer nos droits : quels sont ceux auxquels nous devons nous référer ? Ceux qui nous semblent assurer une dignité à nos existences ou ceux dictés par la loi ? Quels droits devraient primer sur les autres ?

Il est effectivement compliqué de s'y retrouver entre, d'un côté, des droits humains qui nous semblent fondamentaux et selon lesquels tout être humain dispose de droits « inhérents à sa personne, inaliénables et sacrés » - comme le droit de vivre dignement[1] et d'assurer une continuité à l'existence humaine – et, de l'autre, des lois qui ne permettent pas à ces droits de s'exercer[2]. Les droits humains sont définis selon des conceptions universalistes et égalitaires que l'on retrouve souvent dans les Constitutions mais qui s'avèrent incompatibles avec les systèmes et les politiques mis en place par les institutions.

Dans *Actes et paroles : Avant l'exil*, Victor Hugo nous éclaire infiniment sur cette rude scission entre droit et loi :

> Toute l'éloquence humaine dans toutes les assemblées de tous les peuples et de tous les temps peut se résumer en ceci : la querelle du droit contre la loi.
> [...]
> Le droit et la loi, telles sont les deux forces ; de leur accord naît l'ordre, de leur antagonisme naissent les catastrophes. Le droit parle et commande du sommet des vérités, la loi réplique du fond des réalités ; le droit se meut dans le juste, la loi se meut dans le possible ; le droit est divin, la loi est terrestre. Ainsi, la liberté, c'est le droit ; la société, c'est la loi. De là deux tribunes ; l'une où sont les hommes de l'idée, l'autre où sont les hommes de fait ; l'une qui est l'absolu, l'autre qui est le relatif. De ces deux tribunes, la première est nécessaire, la seconde est utile. De l'une à l'autre, il y a la fluctuation des consciences.

1. Caractérisé par le fait de respirer un air sain, définir librement son habitat, se nourrir sainement...
2. Comme c'est le cas actuellement des pollutions, des destructions et des extinctions que nous constatons, mais aussi de conditions de vies humaines souvent indignes au sein de nos sociétés.

> L'harmonie n'est pas faite encore entre ces deux puissances, l'une immuable, l'autre variable. La loi découle du droit, mais comme le fleuve découle de la source, acceptant toutes les torsions et toutes les impuretés des rives. Souvent la pratique contredit la règle, souvent le corollaire trahit le principe, souvent l'effet désobéit à la cause ; telle est la fatale condition humaine. Le droit et la loi contestent sans cesse ; et de leur débat fréquemment orageux, sortent tantôt les ténèbres, tantôt la lumière. Dans le langage parlementaire moderne on pourrait dire : le droit, chambre haute, la loi, chambre basse. [...]
> La chose jugée, c'est la loi ; la justice, c'est le droit.
> Mesurez l'intervalle.
> La loi a la crue, la mobilité, l'envahissement et l'anarchie de l'eau, souvent trouble ; mais le droit est insubmersible. Pour que tout soit sauvé, il suffit que le droit surnage dans une conscience.
> On n'engloutit pas Dieu.

Dans cet écrit extraordinairement instructif, Victor Hugo clarifie tous les maux qui submergent nos esprits lorsque nous essayons de comprendre les droits dont nous disposons : il existe une différence fondamentale entre les droits des êtres vivants - pour la plupart inaliénables - et les règles imposées par les sociétés.

Ainsi, la vie au sein d'une société sera toujours remuée par le flux entre des droits imprescriptibles censés être protégés par la justice et des lois évolutives résultant des changements du droit. Et comme le dit très bien Victor Hugo pour terminer son exposé : « Obéir à sa conscience est la règle ; règle qui n'admet pas d'exception. » Quand bien même les lois seraient injustes, il faut toujours agir selon sa conscience et désobéir aux lois lorsqu'elles sont injustes.

LES LOIS ET LEUR INTERPRÉTATION

À la maxime célèbre selon laquelle : « Nul n'est censé ignorer la loi », nous préférons largement celle qui précise : « Il n'y a pas de lois, il n'y a que des interprétations. » En effet, on peut tout faire dire à un texte de loi : c'est la raison pour laquelle les personnes accusées des plus grandes corruptions sortent bien souvent blanchies des tribunaux. Car si les lois permettent de réguler la vie en société, leur libre interprétation doit pouvoir profiter à tous – il suffit de savoir s'y prendre ! C'est pourquoi toutes les causes se plaident et les lois sont en évolution permanente. Rien n'est jamais figé. Et c'est parce que les habitudes changent au sein d'une société que les décisions de justice évoluent avant que les lois suivent.

Dans le cas de Kokopelli[1], c'est parce que l'opinion publique s'est saisie de l'affaire – frappée par l'injustice sur le point d'être commise contre l'association - que la décision de justice a pu ensuite être favorable, quand bien même la décision allait contre la loi. Et c'est à partir de cette décision de justice que la loi a pu ensuite évoluer favorablement pour les semences paysannes.

Les lois d'intérêt général partent toujours d'évolutions de la société civile pour ensuite être adoptées par la société politique. C'est donc en bousculant les lois existantes que nous les ferons bouger. À nous de faire du carcan des lois existantes un allié pour plaider la cause des vivants. Dans un contexte comme le nôtre – à savoir l'effondrement des ressources sur Terre –, nous pouvons aisément plaider notre cause et justifier par les faits notre désobéissance fertile. On en revient alors aux droits universels, ceux auxquels peuvent aspirer tous les êtres humains et à la fameuse querelle magnifiée par Victor Hugo entre le droit et la loi.

1. Affaire abordée longuement au chapitre précédent.

DÉSOBÉISSANCE CIVILE
ET DÉSOBÉISSANCE FERTILE

Le gouvernement n'a aucun pouvoir en dehors
de la coopération volontaire ou forcée du peuple.
La force qu'il exerce, c'est notre peuple
qui la lui donne entièrement.
La question que nous avons devant nous
est par conséquent d'opposer
notre volonté à celle du gouvernement
ou, en d'autres termes, de lui retirer
notre coopération.

GANDHI

L'attitude qui consiste à désobéir publiquement lorsqu'une action ou une loi nous semble injuste est évidemment empruntée à la désobéissance civile et au geste symbolique de son auteur Henry David Thoreau, qui, en 1846, refusa ouvertement de payer ses impôts sur le revenu arguant que cet argent servirait à financer la guerre contre le Mexique, et un gouvernement esclavagiste[1].

---

1. Cette position politique lui a valu de passer une nuit en prison et son geste a été à l'origine du mouvement que l'on connaît.

UN TERREAU COMMUN MAIS UNE FINALITÉ DIFFÉRENTE

La revendication de l'acte de désobéissance constitue la base commune entre désobéissance civile et désobéissance fertile. Le but recherché est également semblable puisque les actions de désobéissance sont chaque fois motivées par un souci de justice. C'est néanmoins dans la finalité que la différence est notable entre les deux courants de pensée :

- Dans la désobéissance civile, l'acte de désobéissance vise à corriger une anomalie au sein de la société ; en ce sens, le désobéissant civil reste à l'intérieur du système en vue de l'améliorer.
- L'acte de désobéissance fertile se caractérise par le pas de côté qu'il effectue par rapport à la société ; le but n'est pas de corriger une injustice mais de proposer une autre société régie par d'autres lois, partant du principe que la société actuelle est bien trop corrompue pour espérer être changée véritablement.

La fertilité revendiquée est dans la création de nouveaux écosystèmes et de sociétés fondées sur les principes de régénération des espèces, sans prise en compte des lois sociétales existantes qui empêcheraient cela.

Pour autant, d'autres lois régissent les sociétés fertiles : ce sont celles qui sont énoncées par la Terre, par les climats et les saisons, par les autres espèces déjà présentes. Ces lois-là, nous ne les choisissons pas et nous devons nous y conformer si nous souhaitons inscrire nos actions dans la durée, en vue d'assurer un avenir meilleur pour les vivants.

Une désobéissance fertile est absolument nécessaire pour répondre aux enjeux écologiques auxquels nous devons faire face mais une désobéissance civile l'est également pour changer le système de l'intérieur. Aussi nous inscrivons notre pensée dans une convergence des approches et des luttes ; et il incombe à chacun.e de savoir où il souhaite placer son énergie.

S'INSPIRER DE L'HISTOIRE POUR RÉINVENTER L'AVENIR

Lorsqu'il s'agit de trouver des moyens pour agir en vue de préserver l'environnement, nous disposons d'un grand nombre d'exemples pour nourrir nos imaginaires.

Nous pensons souvent à des figures mythiques tels Gandhi, Mandela ou Martin Luther King. Tous ont eu comme dénominateur commun la désobéissance civile et la non-violence. Par ce biais, le premier obtint l'indépendance de son pays, le deuxième permit la fin de l'apartheid, et le dernier fit avancer considérablement la cause de la communauté afro-américaine par l'obtention de droits civiques. Ces exemples et ces hommes ont construit tout un imaginaire de lutte non violente et héroïque qui a depuis été utilisé par des générations de militants en vue de faire évoluer favorablement les sociétés.

C'est le cas notamment d'organisations telles que ANV-COP21 ou Extinction Rébellion qui se sont ouvertement inspirées de la désobéissance civile pour organiser des actions médiatiques et symboliques de grande ampleur et bloquer des infrastructures polluantes (sièges sociaux de banques et d'entreprises pétrolières, aéroports, centres commerciaux, centres-villes...). Ces actions avaient pour but de contraindre les gouvernements à écouter les revendications en s'appuyant sur leur retentissement médiatique et leur impact supposé sur l'activité économique.

Mais pour quels résultats ? Aucun, si ce n'est la diffusion de leurs revendications et de leurs actions auprès du grand public.

QUESTIONNER L'EFFICACITÉ DES STRATÉGIES ACTUELLES

> Vient un temps où protester
> ne suffit plus.
> **VICTOR HUGO**

Comment expliquer que les revendications de ces mouvements écologistes ne soient pas prises en compte ? Parce qu'ils n'exercent pas de rapport de force suffisamment contraignants avec les autorités en revendiquant d'emblée l'usage de la non-violence comme moyen ultime d'action. En initiant des actions de désobéissance civile exclusivement non-violentes, les militants d'ANV-COP21 et d'Extinction Rébellion priorisent les moyens sur les objectifs à atteindre.

Le débat n'est pas de savoir si ces militants ont raison ou non d'être pacifiques, la question est plutôt de savoir si tous les moyens sont bons pour défendre une cause. En posant la non-violence en principe d'action absolu, les militants se privent de tout un champ d'action qui pourrait contraindre les autorités à écouter leurs revendications. Je ne veux pas dire par là que les stratégies non violentes sont inefficaces, loin de là ! Mais elles gagneraient sans doute à s'inscrire dans un champ d'action plus vaste, permettant de graduer l'intensité des actions si la situation – en l'occurrence l'absence de considération des actions sur le plan politique – le nécessite.

À l'inverse, en établissant la non-violence comme une finalité, on signifie aux autorités une limite indépassable dans le rapport de force qui leur laisse la possibilité d'ignorer les revendications.

Le temps de la non-violence revendiquée est révolu

Il est nécessaire de recontextualiser les mouvements non violents de l'époque. L'utilisation des *sit-in* non violents et des actions de désobéissance civile du temps de Martin Luther King et de Gandhi étaient des formes de protestations innovantes auxquelles les États n'étaient absolument pas préparés ; la non-violence revendiquée par les mouvements pacifistes a entraîné une gestion politique catastrophique usant d'une violence disproportionnée qui a discrédité les autorités aux yeux de la population. La fraîcheur et la créativité de ces actions de désobéissance civile ont véritablement désarmé les autorités, au sens où elles ont rendu caduques, ridicules, hors de propos les démonstrations de force des gouvernements.

Mais aujourd'hui, les autorités sont parfaitement préparées à gérer ce type de manifestations, elles savent en minimiser l'impact ; l'effet de surprise est passé. Et l'opinion elle-même n'y est plus sensible, habituée qu'elle est à des manifestations en tout genre.

Enfin, ceux qui participent aujourd'hui aux actions de désobéissance civile sont menacés en agissant à visage découvert : il s'exposent à des sanctions alors même que leurs actions n'ont pas nécessairement d'impacts significatifs.

LA CELLULE DEMETER

La création de la cellule Demeter est le signe d'une volonté du gouvernement de faire pression sur les associations qui agissent pour faire cesser les aberrations et la cruauté du système agro-industriel envers le Vivant. Les autorités tentent ainsi l'intimidation à outrance des militants, même quand ceux-ci restent parfaitement pacifistes.

Contraindre quoi qu'il en coûte

Les succès des mouvements revendiqués comme non violents appartiennent au passé. Nous devons nous renouveler et agir de manière à prendre de court les autorités. Car seule la contrainte amène une autorité à céder : pour exercer ces contraintes, il faut mettre en place des stratégies.

Nelson Mandela disait : « Un combattant de la liberté apprend de façon brutale que c'est l'oppresseur qui définit la nature de la lutte, et il ne reste souvent à l'opprimé d'autres recours que d'utiliser les méthodes qui reflètent celles de l'oppresseur. » Ce sont toujours les autorités qui déterminent les résistances les plus appropriées. Aussi, il faut toujours adapter nos stratégies selon leur efficacité. En ce sens, de nombreux projets d'occupation contre des projets destructeurs pour la Nature ont abouti[1] ces dernières années et prouvent que l'occupation permanente des territoires permet d'empêcher l'aboutissement de projets destructeurs.

---

1. Je pense notamment aux ZAD de Notre-Dame-des-Landes, Sivens, Roybon...

N'oublions jamais que nous agissons en vue de faire cesser les destructions et extinctions et que les moyens mis en œuvre doivent être au service de ces objectifs. Si le choix des méthodes à employer prend le dessus sur les objectifs établis, alors nous ne pourrons réussir. C'est la raison pour laquelle les mouvements écologistes ne sont jamais parvenus à empêcher ces destructions alors même que la prise de conscience écologique est de plus en plus massive depuis cinquante ans.

L'usage systématique de la non-violence et les compromissions pour s'inscrire dans les lois en place ont été autant de faiblesses pour préserver durablement les écosystèmes.

> Vous ne pouvez pas persuader un psychopathe, un dictateur ou une entreprise grâce à des arguments moraux ou grâce au pacifisme. Mais, et c'est très important, vous ne pouvez pas non plus les persuader grâce à la violence. La distinction ne doit pas se faire entre violent et non-violent mais entre efficace et inefficace. La tâche d'un résistant n'est pas de changer la mentalité des personnes au pouvoir mais de mobiliser un mouvement qui exerce une force économique et politique, en choisissant les tactiques et stratégies qui rendent ce mouvement efficace.
> [...] Pour le dire simplement, si un mouvement ne constitue pas une menace, il ne peut pas changer un système fondé sur la coercition et la violence centralisées, et si ce mouvement ne distingue pas et n'exerce pas le pouvoir qui lui permet de devenir une menace, il ne peut pas détruire un tel système[1].

1. Peter Gelderloos, *Comment la non-violence protège l'État : Essai sur l'inefficacité des mouvements sociaux*, Éditions Libre, Paris, 2018.

L'inefficacité des manifestations

Les marches pour le climat existent depuis un demi-siècle[1] et ont mobilisé des millions de personnes le temps d'une journée, mais pour quels résultats ? Aucun, si ce n'est la satisfaction de constater que l'on n'est pas seul à vouloir que les choses changent. Ces grandes manifestations populaires permettent bien souvent de déculpabiliser les participants qui, après avoir marché, peuvent reprendre leur vie avec l'impression d'avoir fait entendre leur voix. Faites l'expérience : souvenez-vous des grandes manifestations auxquelles vous avez participé et réfléchissez ensuite à ce à quoi elles ont abouti en termes de changement politique concret : quels résultats avons-nous obtenus quand nous étions des millions dans les rues à demander l'annulation d'une réforme injuste ?

Le poids du nombre permet effectivement de prendre conscience du fait que nous sommes nombreux à porter une même revendication, mais ces rassemblements ne doivent être que des prérequis pour des actions futures car en l'état, elles ne permettent pas d'exercer une réelle pression sur nos gouvernants.

1. La première marche pour le climat organisée en 1970 aux États-Unis (appelée « Earth Day »), avait réuni 20 millions de personnes dans les rues.

RECONSIDÉRER NOS IMAGINAIRES POLITIQUES

Il est temps de prendre au sérieux nos rêves
et d'en faire une stratégie.
PATRICK VIVERET

Che Guevara excepté, rares sont les exemples qui glorifient l'action directe. Pourtant, en cherchant bien, nous retrouvons certaines figures historiques - pourtant associées aux luttes non-violentes, Nelson Mandela en tête - qui recoururent aux actions concrètes.

UN RAPPORT DE FORCE NÉCESSAIRE

Bien que profondément pacifiste, Mandela avait compris que seul un rapport de force réel avec les autorités contraindrait ces dernières à négocier avec l'organisation qu'il représentait. Et c'est ce qui advint : après avoir organisé des marches pacifiques, des appels aux boycotts, des grèves et des actions de désobéissance civile, les membres de l'ANC ont décidé de changer de stratégie pour être enfin écoutés et ont entrepris de recourir à des actions de guérilla ce qui eut pour conséquence d'inquiéter le gouvernement et au bout d'un certain temps - le temps pour ce dernier de comprendre que l'emprisonnement d'un trop grand nombre de militants n'entamait pas la détermination de la population – permit d'entamer un processus de négociation de paix.

On retrouve de nombreuses autres actions semblables dans l'Histoire : la plupart des grandes avancées sociales et économiques dont nous bénéficions aujourd'hui ne purent voir le jour qu'après un rapport de force armé. Un des exemples les plus significatifs en termes de progrès social est celui du programme du Conseil national de la Résistance[1] qui fut adopté sous l'occupation, le 15 mars 1944, et qui comportait des mesures à appliquer dès la libération du pays : rétablissement de la démocratie, du suffrage universel et de la liberté de la presse, nationalisations, rajustement des salaires, rétablissement d'un syndicalisme indépendant, instauration de la Sécurité sociale et d'un système de retraite... Une grande partie de ce programme a pu être appliquée dès la fin de la guerre parce que les armes et l'opinion étaient du côté des résistants qui contribuèrent à renverser le régime politique de l'époque.

Nous ne connaissons que trop peu l'histoire de ces programmes résistants, dont nous devrions pourtant nous inspirer, afin d'ouvrir de nouveaux rapports de force et de faire valoir la défense des intérêts communs. D'autres épisodes, tout aussi évolutionnaires, ont quant à eux été violemment réprimés[2] et leurs auteurs diabolisés par les institutions afin que leurs exemples n'inspirent pas de nouveaux candidats.

---

1. Qui regroupait à la fois des mouvements de résistance, des confédérations syndicales et des membres issus de partis politiques reconnaissant la France libre.
2. Je pense notamment à la Commune de Paris qui vit, au printemps 1871, le peuple chasser le gouvernement pour s'auto-organiser. Durant un peu plus de deux mois, une aventure extraordinaire eut lieu au sein des murailles parisiennes, jusqu'à ce que le gouvernement exilé encercle finalement Paris avec la complicité de l'armée et réprime la rébellion dans le sang.

Aussi, dans un temps où nous sommes abreuvés de fictions en tout genre, prenons soin d'éveiller de nouveaux imaginaires, fruit de luttes citoyennes anonymes et héroïques.

ANALYSE D'UN EXEMPLE D'ACTION CONCRÈTE : LES « VALVE TURNERS[1] »

Si nous analysons les actions directes sous le prisme de leur efficacité, on constate qu'elles parviennent à des résultats significatifs sans nécessiter un déploiement inconsidéré de moyens et d'individus. Un exemple peut illustrer l'efficacité de l'action concrète lorsqu'elle est bien coordonnée : celui des « Valve Turners », ce groupe de cinq personnes qui, en 2016, parvint à arrêter simultanément les cinq plus gros pipelines acheminant des sables bitumineux depuis l'Alberta jusqu'aux États-Unis.

Un plan d'action clair pour atteindre un objectif défini

Ensemble, les éléments du groupe ont identifié où se situaient les vannes d'arrêt des pipelines, ces dernières étant simplement protégées par des clôtures cadenassées. Il leur a suffi d'apporter le matériel approprié pour qu'en quelques minutes, ils se retrouvent à tourner les manivelles pour arrêter l'acheminement de pétrole. De cette façon, ils réussirent à stopper l'écoulement de 30 barils par seconde.

Si l'opération peut sembler facile ainsi résumée, elle a bien sûr nécessité une grande préparation – la première et non des moindres étant émotionnelle car personne n'est préparé

1. Source : https://www.vert-resistance.org/strategies/comment-arreter-un-pipeline-en-fermant-les-vannes/.

à commettre un délit et à en assumer les conséquences. Si ce petit groupe composé de personnes âgées de 50 à 64 ans a décidé d'en venir à réaliser une action de désabotage[1], c'est parce qu'il a conclu que le désabotage constituait le meilleur moyen de répondre à son objectif final : réduire la production et l'acheminement de pétrole dans le pays.

En agissant ainsi, ces cinq personnes espéraient mettre en lumière la production croissante d'énergies fossiles et les conséquences écologiques que cette dernière induit pour inspirer d'autres militants à agir de la sorte : « Nous avons montré que cela peut et doit être fait, encore et encore, jusqu'à ce que les sociétés de combustibles fossiles comprennent qu'elles ne tireront plus aucun profit de la destruction de la planète sur laquelle nous vivons. »

Dans le cas des Valve Turners, leur objectif principal n'était pas d'empêcher l'acheminement des sables bitumineux (même s'ils sont parvenus à des résultats plus qu'honorables) mais de sensibiliser l'opinion publique : la campagne présidentielle américaine 2016 battait alors son plein et les militant.e.s espéraient que leurs actions obligeraient les candidats à se positionner clairement sur les enjeux écologiques. Pour faire parler de leur action, ils décidèrent d'agir à visage découvert, de prévenir les autorités et les médias avant le sabotage et d'attendre que ces derniers arrivent avant de se faire arrêter. Ils voulaient se servir de leur procès comme tribune médiatique.

Un bilan mitigé mais ô combien inspirant !

Mais cette stratégie n'eut pas les effets escomptés : d'une part parce que les candidats à l'élection présidentielle de

1. Cette notion de désabotage sera expliquée un peu plus loin dans ce chapitre.

l'époque n'ont absolument pas parlé de cette affaire ni remis en question l'utilisation des pipelines ; d'autre part, parce que finalement la partie la plus coûteuse et la plus éprouvante de cette aventure fut, pour les militants, le procès. Ils s'en tirèrent avec des peines de prison symboliques mais des frais de justice astronomiques, et une dépense de temps et d'énergie comparable.

Les Valve Turners ont agi selon les méthodes de l'action directe dans une optique de désobéissance civile : en intervenant à visage découvert et en affirmant la légitimité de leur acte. Côté résultat, le bilan est positif puisque leur action provoqua l'arrêt de l'acheminement de 767 000 barils de pétrole, soit environ 7,5 % des importations quotidiennes des États-Unis ! En revanche, leur stratégie de dénonciation à visage découvert les desservit puisqu'elle entraîna une mise en cause de l'État à leur encontre.

Médiatisation de notre manière de vivre pour encourager les vocations.

Si l'objectif des Valve Turners avait simplement été de stopper l'acheminement d'énergies fossiles, ils auraient pu multiplier leurs opérations en toute discrétion à travers le pays durant plusieurs mois et seraient parvenus à des résultats bien plus opérationnels dans le temps. Toutefois, cette action, de par son aura symbolique, a inspiré bon nombre de militant.e.s et a ouvert la voie de l'action directe en montrant qu'un petit nombre d'individus sans gros moyens financiers mais déterminés et bien organisés, pouvaient perturber des infrastructures destructrices et ainsi accélérer le changement vers de nouveaux mondes.

L'INSUFFISANT COLIBRI

Une spiritualité qui nous permet de rester confortablement installés dans le monde, et de penser que nous contribuons à un monde meilleur parce que l'énergie qui émane de nous suffit à créer un changement social, me met extrêmement mal à l'aise. Au contraire, j'ai confiance dans une spiritualité qui prépare les gens à agir et à transformer le monde, qui ne se contente pas de cette belle image d'une énergie rayonnante. Je veux voir cette énergie se traduire par des actions, des projets concrets.

MARSHALL ROSENBERG

Qui, dans les milieux écologistes, ignore encore la fable du colibri, introduite par Pierre Rabhi et ayant donné naissance au mouvement éponyme? Personne ou presque. Dans cette fable africaine, un village est en train de brûler, déclenchant la désolation de tous les animaux dans la forêt voisine. Tous, sauf le colibri qui enchaîne les allers et retours entre un petit ruisseau et le village afin de tenter d'éteindre le brasier en versant les quelques gouttes que son petit bec peut contenir sur les flammes. Le voyant faire, les autres animaux interpellent le colibri et lui disent : « Voyons, colibri, tu ne crois tout de même pas que ce sont ces quelques gouttes d'eau qui permettront d'arrêter les flammes ? » À cela, le colibri répond : « Peut-être pas, mais au moins je fais ma part. »

Cette histoire a longtemps servi de philosophie pour les défenseurs de l'environnement, conscients que les changements se feraient pas à pas et nécessiteraient l'engagement de chacun. En agissant sur nos territoires et en faisant toutes et tous notre part, nous pouvons espérer que le monde change. Je trouve que cette posture est magnifique car elle est pleine d'humilité et d'espoir. En effet, si nous faisions tous des efforts pour changer nos façons d'habiter la Terre, nous parviendrions sans aucun doute à vivre en symbiose avec les autres espèces.

Mais l'hypothèse est biaisée parce que les actions individuelles ne suffiront jamais à changer réellement les pratiques meurtrières en cours au sein d'industries dont l'intérêt économique justifie à lui seul les destructions environnementales que l'on sait. Les plus gros pollueurs ne sont pas les habitants mais les industriels et ces derniers n'ont aucune envie de cesser leurs activités. Si bien que nous pouvons tous appliquer des écogestes au quotidien et tendre vers un respect des vivants dans nos pratiques, rien ou presque ne changera, faute de volonté des plus pollueurs à prendre part à l'effort général. Car mon grand regret dans la fable du colibri, c'est que les gouttes d'eau n'empêchent pas le village de brûler. Si la posture du colibri est aussi peu critiquée dans la sphère politique et médiatique, c'est bien parce qu'elle n'inquiète pas les pratiques industrielles en place ! Or, ce sont elles qu'il faut neutraliser...

Aussi formidable que soit la posture du colibri – et je m'en inspire au quotidien –, il faut compléter ces actes individuels par des actions collectives significatives à l'encontre des gros pollueurs pour sauver les vivants. Se changer soi-même ne suffit pas pour changer le monde.

QUESTIONNER LA VIOLENCE

> Ne pouvant faire qu'il soit forcé d'obéir à la justice on a fait qu'il soit juste d'obéir à la force. Ne pouvant fortifier la justice, on a justifié la force.
>
> **MONTAIGNE**

Nous exécrons l'usage de la violence, fruit pourri d'un passé guerrier qui a vu des nations en dominer d'autres par le glaive et célébrer ces conquêtes meurtrières. Force est de constater que nos conditionnements et identités collectives sont le résultat de violences permanentes : celle qui amène un peuple à s'approprier une terre, celle qui impose des décisions impopulaires aux populations, celle qui légitime des conditions de travail, de détention et de répression inhumaines, celle enfin à l'encontre des autres espèces vivantes.

Nous sommes tellement habitués à ces violences sociales et environnementales que leur augmentation constante ne nous inquiète même plus. Pourtant, nul ne peut nier que le système capitaliste fondé sur l'extraction de ressources, la pollution et la destruction d'écosystèmes est violent à l'égard de la Nature. Les concepts de « développement durable » ou de « capitalisme vert » tentent vaguement de masquer l'horreur des destructions opérées et d'apporter une légitimité au système, en vain : rien ne peut excuser ce que les systèmes en place font subir à la Nature ; c'est une guerre véritable qui est menée contre les espèces vivantes. Le capitalisme et le Vivant ne peuvent cohabiter : l'un ou l'autre devra capituler.

NEUTRALISER CE QUI NOUS TUE

Il est évident que la pérennisation ou la régénération des espaces va se heurter à des pratiques qui n'auront de cesse de détruire les écosystèmes ; nous ne pouvons nous contenter d'aggrader çà et là des territoires et de laisser d'autres espaces mourir sans agir.

Jusqu'à présent, les recours légaux entamés par les défenseurs de l'environnement pour empêcher l'empoisonnement et la destruction des territoires ont toujours donné raison aux pollueurs, soutenus par des lobbies puissants œuvrant sur les plans législatif et judiciaire. Les médiations, pétitions, arrêts municipaux et autres actions engagées pour empêcher les destructions ont prouvé leurs limites par leur inefficacité et pour empêcher que des pratiques mortifères continuent, il faut changer de stratégie et faire preuve de dissuasion. Les conciliations et autres recours pacifiques seront toujours nécessaires pour avancer en bonne intelligence entre toutes les parties ; mais s'ils se révèlent insuffisants, soyons prêts à neutraliser les installations qui nous tuent.

Le désabotage, un mode d'action à privilégier

Il s'agit de diversifier les stratégies pour être les plus efficaces possible et répondre à notre objectif de préservation de la vie. Le débat ne porte pas sur l'usage supposé ou non de la violence ; comme toutes les personnes défendant les vivants, nous sommes non violents par essence. Néanmoins, nous privilégions les méthodes les plus pertinentes pour atteindre nos objectifs – en l'occurrence la préservation des écosystèmes vivants. Nous sommes ainsi déterminés à « désaboter »[1] les installations qui mettent en danger la survie des espèces.

En neutralisant ce qui nous tue, nous faisons systématiquement le choix de nous en prendre au système et non aux individus. Aussi, nous ne porterons jamais atteinte à l'intégrité humaine dans les actions entreprises. Cette précision au sujet de nos intentions est importante parce qu'elle déterminera la façon dont nous agirons pour mettre hors d'état de nuire les outils et engins qui détruisent le Vivant. En neutralisant ce qui nous tue, nous signifions tout notre amour pour la Vie !

VERS UN ACTIVISME SACRÉ

L'activisme sacré vise à agir tout à la fois sur les plans matériel et immatériel afin de défendre tous les êtres vivants. Cet activisme ambitionne de réconcilier deux visions qui se sont longtemps opposées : d'un côté un militantisme de terrain agissant concrètement contre les exactions commises ; de l'autre une spiritualité axée sur un non-agir, estimant que la vibration suffit à influencer le cours des choses. Ces visions détiennent toutes deux des clés mais elles se dépouillent également d'une part de vérité en rejetant l'autre ; nous pensons qu'en fusionnant la dimension sacrée avec le militantisme d'action, nous pourrons déployer une puissance inconnue jusqu'alors.

---

1. Les saboteurs étant ceux qui polluent et détruisent les écosystèmes, les désaboteurs sabotent les installations des saboteurs.

S'inspirer des Amérindiens

La position de certaines tribus amérindiennes nous semble très inspirante à cet égard : leurs membres sont des fervents défenseurs de la non-violence - cette posture est incarnée dans leur quotidien par le respect voué aux entités vivantes, qu'elles soient humaines ou non humaines. Durant des siècles, alors même que leurs terres étaient convoitées par des colons assoiffés de conquêtes, alors même qu'elles étaient pourchassées, stigmatisées, sacrifiées, ces tribus ont privilégié le dialogue pour tenter de ramener à la raison leurs frères et leurs sœurs qu'ils pensaient possédés et aveuglés par leurs désirs de domination. Toutes ces tentatives non violentes se sont soldées par des échecs, et les destructions ont continué encore et encore, entraînant des déplacements massifs de population ; lorsqu'une voix s'élevait plus fort pour tenter de se faire entendre, son propriétaire était souvent purement et simplement assassiné, aucune forme de contestations au sein de ces tribus n'étant tolérée par leurs oppresseurs.

Face à ce triste constat, nombreuses sont les populations amérindiennes à avoir fait le choix des armes pour défendre leurs territoires. Quand bien même ces armes étaient proscrites par leur philosophie, elles paraissaient seules capables de les aider à atteindre leur ultime objectif : défendre la Nature à laquelle ils appartenaient. Toutes proportions gardées car nous ne subissons pas les mêmes massacres que ces peuples, nous faisons le choix de défendre la Nature et de nous donner les moyens de servir cet objectif, par la discussion comme par la dissuasion.

Le désabotage et la neutralisation volontaire ne visent qu'à mettre hors d'état de nuire des outils de mort pour le Vivant.

L'EMPLOI DE L'INTIMIDATION ET DE LA DISSUASION DANS LES RAPPORTS DE FORCE

Bien que nous privilégiions le dialogue, nous savons que les grands changements de société ont été le fruit de rapports de force entre un groupe de personnes et les détenteurs de l'autorité ; menaces, dissuasions et intimidations sont de mise lorsqu'il s'agit de faire évoluer l'ordre établi.

Lorsque l'on a épuisé les recours pacifiques pour faire entendre sa voix, il peut être nécessaire de recourir à des méthodes plus dissuasives, visant à instiller une crainte dans l'esprit de celles et ceux qui agissent en toute impunité car ils ont l'autorité de leur côté.

Nous avons pleinement conscience qu'en agissant ainsi, nous nous soumettons aux règles d'un monde vicieux, commandé par la terreur et la menace, mais nous faisons le choix de ne plus nous laisser réprimer et de répondre à cette violence permanente dont nous subissons les conséquences lorsque les cours d'eau sont souillés par les intrants chimiques, lorsque les animaux sont chassés, lorsque les insectes sont exterminés, lorsque nos arbres sont décimés par des engins de mort et que nos vallées sont polluées par des antennes relais.

Nous répondrons par les moyens les plus adaptés pour agir en vue de préserver les vivants et faire cesser les violences qu'ils subissent – toujours en nous refusant d'attaquer directement les responsables, mais en neutralisant les outils qui servent leurs intérêts.

Il faudrait être fou pour ne pas avoir peur au moment de réaliser un acte de désabotage ; mais il faudrait être encore plus fou pour laisser cette peur dominer nos comportements et nous empêcher d'agir selon notre morale.

L'INSTALLATION EN NATURE

AGGRADER ET RÉGÉNÉRER
LES TERRITOIRES

C'est en se plantant
qu'on devient cultivé.
PROVERBE YIDDISH

Nous pouvons et devons aggrader les espaces dans lesquels nous évoluons. De cette façon, nous devenons des véritables gardiens de la Vie. De nombreuses actions peuvent être réalisées dans ce sens, tant du côté de la préservation des forêts que de la régénération des terres ravagées par les cultures intensives - qui constituent la majeure partie de nos territoires.

Pour permettre à ces terres de se régénérer, nous pouvons évidemment laisser le temps agir et les espèces réapparaître progressivement, ou bien travailler à cette régénération en y favorisant la réapparition de nombreuses formes de vie. Dans ce deuxième cas de figure, il nous faut raisonner comme un organisme qui souhaite se maintenir en vie en nous demandant de quoi n'importe quel être a besoin pour ressusciter... : de matière vivante !

VALORISER NOS DÉCHETS

Une chance : nous en produisons tous énormément dans nos déchets : un tiers de ce que nous jetons quotidiennement est de la matière organique. Ces déchets constituent une ressource inestimable, à condition de savoir les valoriser et qu'ils n'aient pas pour origine des produits empoisonnés. Ainsi, nos composts de matières organiques à partir de végétaux, de déjections, de bois morts et d'herbes fauchées sont autant de nourritures pour des sols éreintés. Prenez l'habitude de déposer votre compost avec amour sur les sols que vous souhaitez faire renaître : ils vous le rendront au centuple !

LA RECETTE DU PARFAIT COMPOST

Il suffit de distinguer tout ce qui est végétal du reste (pas de viande ni de poisson !) et de laisser reposer tout cela ensemble. Le mieux et le plus simple est de faire du compostage en surface directement sur les surfaces désirées : ce que l'on nomme le mulch[1]. Le *mulch* est un couvert végétal réalisé avec des déchets végétaux qui permet de nourrir la terre. Ce couvert végétal peut être fabriqué tout au long de l'année, que ce soit avec du compost extérieur ou avec les végétaux présents sur place (légumes cultivés ou pousses spontanées) ; il permet de maintenir de la vie dans les sols[2]. La recette idéale pour un bon compost, c'est 50 % de « matière brune[3] » – à savoir les branches, les feuilles mortes, la paille, les écorces et autres copeaux de

1. Le *mulch* est un terme anglais signifiant paillage ou couvert végétal.
2. Il faut toujours veiller à ce que le sol puisse respirer et éviter par conséquent des paillis trop denses ou trop épais.
3. Les déchets qui apportent du carbone.

bois – et 50 % de « matière verte[1] » – donc tout ce qui est épluchures de fruits et légumes, coupes ou tontes d'herbe, filtres à café et sachets de thé (sans étiquette), coquilles d'œuf. Attention : il est important que ces composts restent humides.

Quant aux déjections humaines, elles s'incluent évidemment dans le compost et permettent d'en enrichir la matière mais elles nécessitent au préalable de passer par un composteur : après chaque passage dans des toilettes sèches, nous recouvrons nos déjections avec de la sciure de bois, de la mousse végétale, de la terre ou de la fibre végétale[2]. Cette matière organique mettra un peu plus de temps à se décomposer : il faut compter un an chez nous, en sachant que la décomposition des déjections est directement dépendante du climat – d'où le traitement à part de ces déchets organiques humains.

Apporter toute cette matière organique entraînera l'apparition de lombrics et autres petits êtres qui transformeront nos déchets pour en faire une terre fertile ; ces petits invertébrés serviront à leur tour de nourriture pour la petite faune – comme les hérissons ; ces couverts végétaux serviront également de nourriture en hiver pour certains oiseaux insectivores comme le merle, le rouge-gorge et le petit troglodyte. Ajoutez à cela votre urine (dissoute dans l'eau[3] si vous l'utilisez au jardin) ou directement sur le compost et vous obtiendrez un sol naturellement fertilisé grâce aux nombreux nutriments qui lui auront été ainsi apportés[4].

---

1. Les déchets qui apportent de l'azote.
2. Joseph Jenkins vous dira tout sur le fumier humain dans son livre autoédité paru en 2016 : *The Humanure Handbook: a guide to composting human manure.*
3. Il faudrait un rapport de 1 pour 10 soit un litre d'urine pour 10 litres d'eau.
4. Il est important d'associer des déchets bruns (carbone) à l'urine pour ne pas qu'elle se transforme en ammoniaque.

À noter que, sans surprise, la qualité de votre compost dépend de la qualité des aliments que vous mangez... Aussi vaut-il mieux limiter la prise de médicaments et d'aliments non biologiques pour assurer une matière plus saine.

PLANTER DES BOUTURES D'ARBRE

Il existe des arbres dont les branches, une fois plantées, ont l'incroyable capacité de donner de nouveaux arbres. On pense notamment aux branches de saule[1], aux branches de noisetier, de peuplier, de sureau... Pour réaliser des boutures, il suffit de vous rendre dans les espaces alentour, d'observer les arbres qui poussent le plus abondamment (en dehors des exploitations agricoles forestières qui ne plantent que des espèces à croissance rapide et pas forcément adaptées à leur environnement) et d'en couper quelques branchages que vous planterez ensuite aux endroits où vous avez épandu votre compost.

Ces boutures s'effectuent le plus souvent durant la saison hivernale (de novembre à février), lorsque la sève des arbres est redescendue dans la terre (on appelle cela « la dormance »). Une fois le printemps revenu, la sève remontera à la surface et donnera vie à ces jeunes branches qui progressivement grandiront pour devenir de nouveaux arbres. Si vous souhaitez multiplier vos chances, pensez à planter les boutures lorsque la Lune est descendante, c'est-à-dire là encore lorsque la sève redescend en terre selon le calendrier lunaire. Toutes les plantations s'effectuent selon un calendrier solaire bien connu de tous à travers des saisons distinguables à l'œil nu mais aussi

1. Rendez-vous au chapitre « Habiter le monde autrement » pour y voir les cabanes vivantes réalisées à partir de ces boutures.

selon un calendrier lunaire qui indique les périodes les plus favorables !

Pour planter, vous pouvez couper vos jeunes branches en biseau pour leur permettre de mieux s'enfoncer en terre et vous munir d'une barre à mine pour réaliser un trou dans le sol qui soit long et fin afin d'y planter la branche de façon à enfoncer dans le sol entre 10 et 30 centimètres et laisser une partie de la branche en surface. Vous pouvez réaliser un couvert végétal autour de vos boutures afin de les protéger des températures trop extrêmes (gel et/ou sécheresse).

Si vous voulez donner toutes les chances à vos arbres de pousser, protégez-les tout d'abord en plantant ou semant des espèces pionnières[1] à croissance rapide à proximité : ces espèces résistantes, une fois grandies, permettront ensuite aux autres boutures d'être protégées du soleil direct en offrant de l'ombre à vos protégées plus fragiles – en effet, 90 % des végétaux ne supportent pas la lumière directe. Pensez également à planter à proximité des arbres indigènes ou des plantes épineuses capables de repousser les rongeurs et les herbivores qui pourraient les manger[2] : les ronces et les arbrisseaux de manière générale font office de pouponnières pour les arbres ! Une fois que les arbres auront grandi et seront forts, les arbrisseaux disparaîtront d'eux-mêmes...

1. Une espèce pionnière est une espèce capable d'occuper un milieu instable, très pauvre en matière organique et aux conditions climatiques difficiles : sol très fin ou inexistant, absence d'eau, forte chaleur, etc.
2. Par exemple, nous disposons en abondance de prunelliers aux longues piques sur nos terrains ; nous nous en servons ainsi comme tuteurs pour protéger nos jeunes arbres. Sinon, nous plantons les boutures d'arbres directement dans les ronciers.

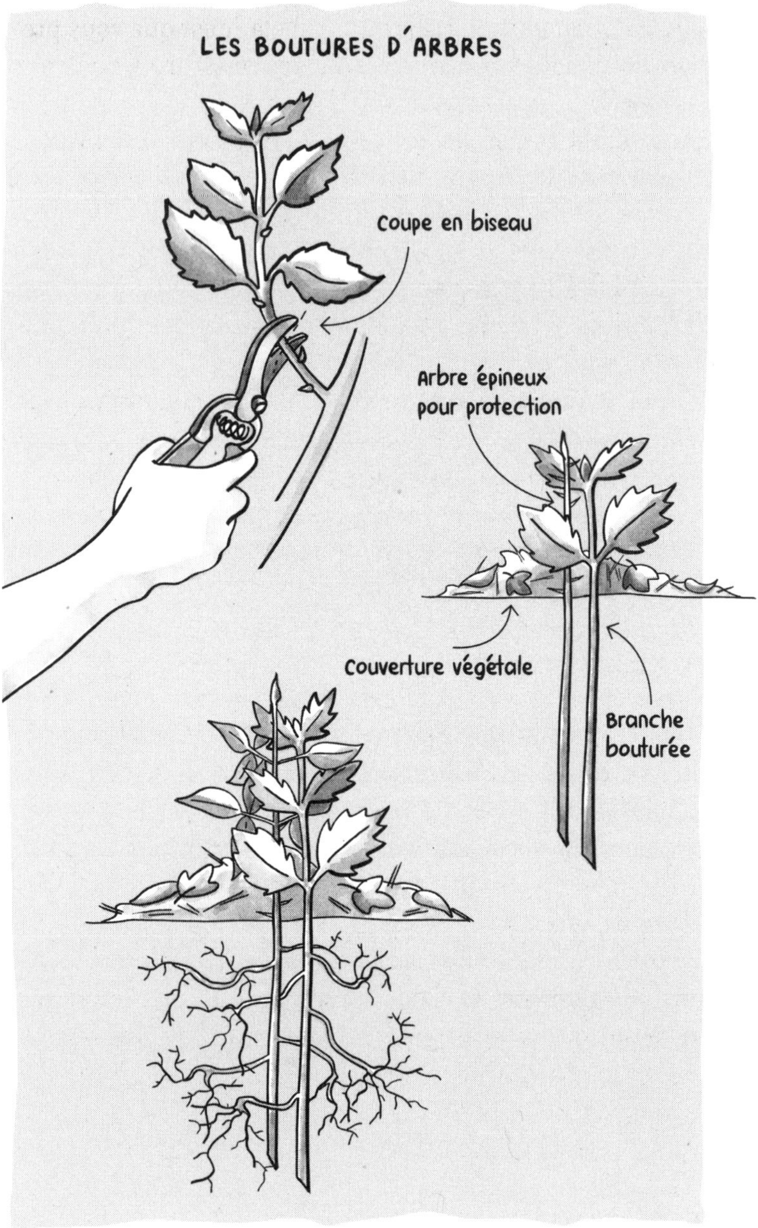
LES BOUTURES D'ARBRES
Coupe en biseau
Arbre épineux
pour protection
Couverture végétale
Branche
bouturée

Il y a évidemment un risque à tout cela : c'est que vous preniez un plaisir fou à voir vos arbres grandir et que vous ayez envie d'en planter éternellement de nouveaux... C'est une joie indescriptible de constater que nous contribuons à l'épanouissement des espèces !

UTILISER LES GRAINES, PÉPINS ET NOYAUX

Un point que l'on tend à oublier lorsque nous mangeons des fruits et des légumes, c'est que bien souvent leurs pépins, leurs graines et leurs noyaux sont la promesse de vies nouvelles. Aussi, au lieu de les jeter, nous pouvons les conserver précieusement et les mettre en terre aux moments appropriés.

De nombreuses espèces fruitières requièrent des conditions particulières quant à la conservation puis à la germination de leurs graines : on peut les mettre dans un contenant qu'on laissera reposer dehors dans un endroit peu ensoleillé (souvent au nord de l'habitat), que l'on arrosera une fois de temps en temps si la pluie ne s'en charge pas de façon que le tout reste bien humide. Pour réaliser ces contenants, utilisez un pot que vous remplirez avec de la terre de votre terrain[1] ; posez ensuite vos pépins et noyaux à la surface[2] et recouvrez ces graines en déposant de la litière forestière[3] afin de favoriser la reproduction d'un cycle forestier. Il est important que

1. Que vous pouvez mélanger avec du sable siliceux : celui que l'on trouve dans les rivières.
2. On vous conseille à ce propos de les lancer en l'air, ils trouveront par eux-mêmes la disposition optimale pour s'insérer dans la terre.
3. Il s'agit d'un mélange de feuilles d'arbres et de branches tombées au sol, c'est-à-dire de matière carbonée.

les graines soient disposées dans un endroit froid pour qu'elles puissent connaître une période de vernalisation, nécessaire à la germination des graines. Ensuite, à la fin de l'hiver, on disposera ces pots au soleil pour accélérer la germination[1].

À travers la plantation de ces graines et pépins, c'est aussi votre autonomie alimentaire que vous préparez ! Une fois que ces graines auront commencé à germer, on les replantera en terre : réalisez un trou suffisamment grand pour que le système racinaire puisse se déployer et que les racines soient bien en contact avec la terre. Arrosez ensuite copieusement, recouvrez de terre et réalisez enfin un *mulch* épais de cinq à dix centimètres.

PENSEZ BIO ET LOCAL !

Si vous voulez accroître vos chances de voir apparaître des fruits depuis vos pépins, noyaux et graines, privilégiez les fruits bio évidemment mais aussi et surtout ceux qui proviennent de petits producteurs locaux. En effet, les industriels ont tendance à utiliser des graines dites « hybrides F1 » (même en bio) qui ont pour particularité de faire dégénérer précocement les graines issues des fruits – compromettant donc le résultat de vos plantations.

1. Certaines espèces issues des graines et noyaux peuvent toutefois nécessiter d'être greffées pour avoir des fruits. D'autre part, certains noyaux ont besoin de transiter par le tube digestif d'un oiseau ou d'un mammifère pour lever leur dormance. On pourra faire tremper les graines et noyaux dans du vinaigre blanc et de l'eau pendant plusieurs heures voire jours pour simuler cette digestion.

Gland de chêne germé.

OBTENIR DES ARBRES À PARTIR DES NOYAUX, PÉPINS ET GRAINES
ENTERREMENT DES NOYAUX, PÉPINS ET GRAINES DANS LA TERRE DANS UN ENDROIT EXPOSÉ AU FROID
Gland
Noyaux d'abricot
Noyau de pêche
Noyaux de cerise
GERMINATION DE CERTAINS NOYAUX, PÉPINS ET GRAINES APRÈS LA VERNALISATION (QUELQUES MOIS)
APPARITION DES JEUNES POUSSES (QUELQUES SEMAINES APRÈS LA GERMINATION)

Au final, toutes ces préconisations sont données en vue d'accroître vos chances de réussite, mais vous pouvez tout aussi bien disposer vos graines, pépins et noyaux directement sur la terre et laisser la nature faire avec du *mulch* ; ces graines ne germineront évidemment pas toutes mais au moins serviront de nourriture aux oiseaux comme aux habitants des sols. Semer une graine est toujours bénéfique !

PENSER LE *DESIGN* DE SON TERRAIN

En fonction des caractéristiques propres à votre terrain et de vos besoins, vous aménagerez les espaces en vue d'y laisser tour à tour des forêts comestibles, des espaces en régénération libre, des écosystèmes aquatiques et des lieux de vie. Pour cela, il vaut mieux imaginer ces espaces en amont, avant de vous lancer dans de vastes chantiers. La permaculture permet cela ; elle fonctionne par zones, selon la fréquence d'interaction que vous avez avec les lieux :

- Zone 0 : le centre de l'activité (l'habitat).
- Zone 1 : l'environnement immédiat ; on y trouve ce qui nécessite le plus de visites et d'entretien de notre part (composteur, potager, stockage des outils…).
- Zone 2 : les lieux nécessitant un peu moins de visites comme les serres, le poulailler…
- Zone 3 : les parcelles agricoles qui ne nécessitent pas ou peu d'entretien (les arbres fruitiers, les céréales et certaines variétés maraîchères).
- Zone 4 : les endroits nécessitant peu d'intervention de notre part, comme les espaces où vous pouvez loger des animaux autonomes (chevaux, ânes…) et les forêts en création.
- Zone 5 : les lieux laissés sauvages, en développement totalement libre et autonome.

CRÉER DES MARES

La création de mares peut sembler anecdotique. Pourtant, ces petits espaces aquatiques sont de véritables sources de biodiversité. En effet, ils permettent à la fois de recréer une vie aquatique et de servir d'abreuvoir à toutes les espèces terrestres. Ces zones humides sont absolument nécessaires pour permettre aux espèces animales telles que les grenouilles, les crapauds, les libellules ou les tritons de prospérer. Quant aux oiseaux, ces bassins sont une bénédiction pour eux : ils leur permettent aussi bien de se rafraîchir que de trouver une multitude d'insectes à portée d'ailes. Toutes les mares sont utiles, même les plus petites : aussi au lieu de mettre en place un bassin stérilisé dont vous serez les seuls à profiter, optez plutôt pour une mare naturelle !

Pour créer une mare, il suffit tout d'abord de creuser un trou de 30 centimètres de profondeur. La tâche suivante est la plus compliquée puisqu'il s'agit d'en assurer l'étanchéité : vous pouvez opter pour de l'argile que vous compacterez et que vous appliquerez en plusieurs couches (laissez sécher chaque couche avant d'en poser une autre) jusqu'à vous assurer qu'il n'y a plus aucune infiltration – cette technique reste la solution la plus naturelle et la plus conseillée[1]. Sinon, il est également possible de couvrir le trou avec une bâche étanche en caoutchouc type EPDM. Ensuite, laissez l'eau de pluie remplir progressivement le bassin ou remplissez-le vous-même avant de planter dans la mare et autour des plantes aquatiques que vous aurez prélevées autour des point d'eaux et zones humides existant autour de chez vous : jonc, menthe aquatique, iris,

1. Vous pouvez vous procurer facilement des sacs d'argile compacte dans le commerce si vous n'en disposez pas sur votre terrain.

Mare naturelle au pied d'une cabane.

massette... Enfin, laissez la Vie faire sans plus intervenir, et vous ne tarderez pas à constater les effets incroyablement bénéfiques de votre bassin sur la faune et la flore qui vous entourent !

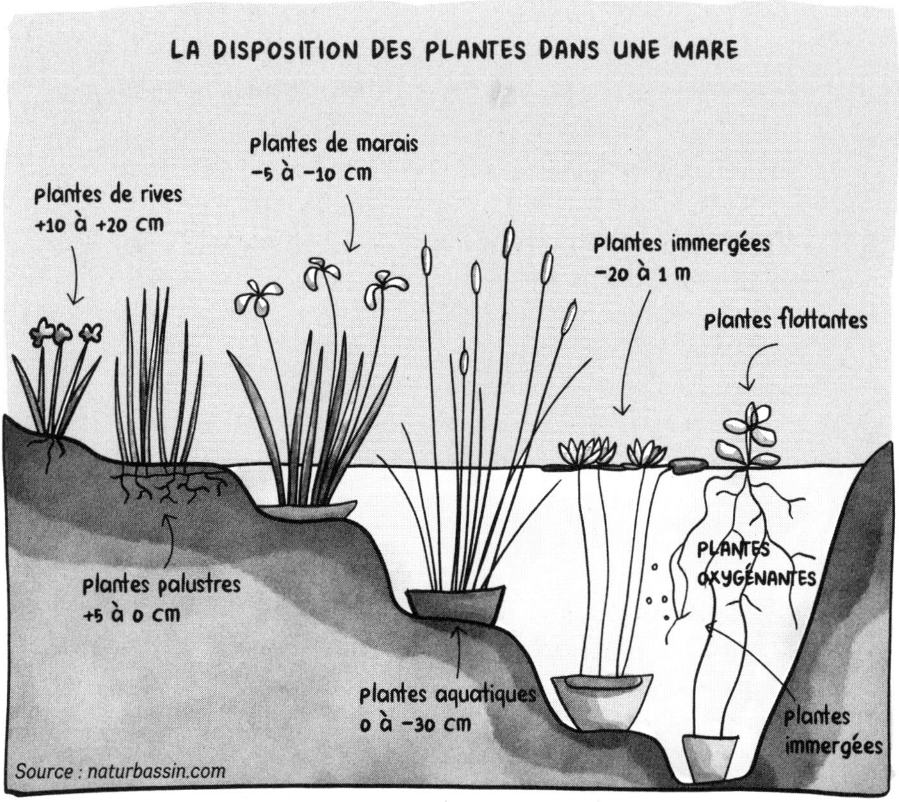

CRÉER DES HABITATS POUR LA FAUNE TERRESTRE

Il est possible de reconstituer des habitats terrestres pour inciter les espèces à réinvestir les territoires comme le fait une mare pour un certain nombre d'espèces terrestres et aquatiques. Construire des petits nichoirs permettant d'abriter des insectes ou des petits oiseaux, ou encore des ruches pour permettre à des abeilles sauvages de nidifier peut sembler anecdotique, mais cela peut faire la différence pour certaines espèces menacées, surtout si nous sommes des milliers à proposer ces refuges !

Gardons à l'esprit que les meilleurs abris sont ceux réalisés par les insectes et animaux eux-mêmes lorsque les espèces végétales plantées sont suffisamment denses et diversifiées. En cela, semer et planter des arbres sont votre meilleure contribution à l'émergence de nouveaux habitats pour les autres espèces.

Les nichoirs à oiseaux

Il est important de reconstituer des abris sur les territoires n'en proposant plus naturellement. Les oiseaux, par exemple, ont pour habitude de faire leurs nids dans des arbres ou des bois morts le long des haies ; or, ces derniers ont bien souvent été détruits par les activités humaines. Aussi, avant que nous contribuions à faire réapparaître ces haies, nous pouvons permettre aux oiseaux de nidifier à partir de constructions réalisées à leur intention.

Plusieurs types de construction et de taille sont envisageables selon les espèces d'oiseaux que vous pensez attirer[1]. Prenez surtout garde à utiliser du bois non traité ; vous pouvez l'enduire d'huile de lin afin de garantir à votre nid une meilleure résistance dans le temps contre l'humidité ;

1. Les mésanges ont besoin de tout petits nids individuels tandis que les moineaux évoluent en groupe, il faudra donc des nichoirs à plusieurs chambres… Renseignez-vous sur Internet pour plus de détails !

en revanche, gardez-vous de peindre ou de décorer vos nichoirs car cela pourrait inquiéter les oiseaux... Pensez enfin à orienter autant que possible ces nichoirs en direction du sud.

Nichoir à mésange.

Les ruches

Les épandages toujours croissants de poisons dans les champs menacent effroyablement les abeilles. Avec elles, c'est notre survie qui est en jeu, puisque le pouvoir pollinisateur de ces ouvrières silencieuses les rend absolument nécessaire à la préservation de la vie sur Terre.

Ainsi, réimplanter des ruches est un geste fort autant que nécessaire, à condition de vous assurer que les abeilles ont à proximité des plantes (mellifères) à butiner. Si vous êtes implanté dans un désert agricole, il vaut mieux attendre que des espèces végétales se réinstallent avant d'envisager l'implantation de ruches. Comme tous les animaux, elles ont besoin de points d'eau à proximité, d'évoluer dans un espace tranquille et d'avoir de quoi se nourrir tout au long de l'année. Si vous craignez de ne pouvoir leur offrir ce dernier point, sachez qu'il existe des plantes qui offrent du pollen ou de la résine même en hiver : du mimosa dès le mois de janvier, du saule et du noisetier pour les premiers pollens, des lauriers-tins pour l'arrière-saison, des mahonias, de la bruyère, du chèvrefeuille et de la fausse roquette pour un nouvel hiver... Et des peupliers pour fournir de la propolis[1].

Les abris à insectes

Les insectes aussi ont besoin d'abris pour s'épanouir. Pour les attirer, nous pouvons installer des refuges qui favoriseront leur installation dans le temps.

L'URGENCE DE PRÉSERVER LES INSECTES

Les populations d'insectes s'effondrent à travers le monde[2] et les études se multiplient[3] pour alarmer du danger qui pèse sur notre civilisation si nous poursuivons cet écocide.

---

1. Pour accroître vos connaissances en la matière, je vous conseille les chroniques de Maurice Chaudière sur le site liberterre.fr.
2. Plus de 40 % des espèces d'insectes sont en déclin ; leur taux de mortalité est huit fois plus rapide que celui des mammifères, oiseaux et reptiles.
3. La revue scientifique mondiale *Biological conservation* parle d'un « effondrement catastrophique des écosystèmes naturels » dans une étude parue en avril 2019.

Rappelons la fameuse citation d'Hubert Reeves : « Nous menons une guerre contre la Nature. Si nous la gagnons, nous sommes perdus », que nous avons mise en exergue du premier chapitre de cet ouvrage. Au rythme où vont les choses, d'ici à dix ans nous aurons encore 25 % d'insectes en moins, dans cinquante ans nous aurons éradiqué la moitié des insectes restants et d'ici à un siècle il n'y en aura plus du tout[1].

Or, les insectes sont essentiels au bon fonctionnement des écosystèmes ; ce sont eux qui pollinisent les plantes, recyclent les nutriments et ils sont au tout début de la chaîne alimentaire : ce sont eux qui nourrissent de nombreux animaux. S'ils venaient à disparaître, c'est la survie même de l'humanité qui serait menacée[2].

Cette chute dramatique des populations d'insectes est principalement le fait de pratiques agricoles intensives qui aspirent à produire de la nourriture (et donc de la vie) en se fondant sur la mort des autres espèces ; les insectes sont perçus comme des espèces nuisibles dans les champs et une multitude de produits est ainsi déversée sur les cultures dans le simple but de les tuer. Or, les conséquences de ces épandages dépassent très largement les champs auxquels ils sont destinés puisqu'une enquête menée par une équipe de recherche internationale dirigée par des scientifiques de l'université technique de Munich (TUM) et publiée en octobre 2019 dans la revue *Science Daily* montre un déclin de 75 % des insectes vivant dans les zones avoisinant les champs en culture intensive – prairies mais aussi forêts et réserves naturelles.

---

1. Selon les propos du chercheur Francisco Sanchez-Bayo de l'université de Sydney qui a collecté les données de l'étude parue dans *Biological conservation*.
2. Toujours selon les propos du chercheur Francisco Sanchez-Bayo.

Nous pouvons opter pour le non-agir en laissant volontairement quelques fagots de branches, des tas de pierres et des herbes hautes mais aussi en créant de petits hôtels abritant différentes familles : les abeilles solitaires raffolent des tiges creuses de bambous pour s'établir (on peut en mettre plusieurs ensemble) ; les bourdons et les guêpes choisiront des bûches de bois dur et sec dans lequel nous aurons pris soin de faire des petits trous sans traverser complètement les bûches ; les perce-oreilles opteront pour des espaces avec de la paille et les coccinelles pour des planchettes rapprochées entre elles. Pensez à fermer un côté de votre abri pour ne pas que les insectes soient dérangés par les vents et à cloisonner les différents espaces au sein de l'abri pour permettre une tranquillité à chaque espèce. Veillez à l'orienter au sud-est.

Comme pour les abeilles, il ne suffira pas que les insectes disposent d'abris pour vivre : il leur faudra aussi s'alimenter ; c'est pourquoi il vaut mieux prévoir l'installation de ces abris une fois qu'un certain nombre de plantes indigènes se sont déjà implantées sur votre terrain. En constituant ces habitats, nous deviendrons des promoteurs immobiliers de la vie sauvage ! Pour nous récompenser, bien mieux qu'un loyer : la Nature nous offrira toute l'abondance dont elle est capable !

PRÉFÉRER LES HAIES VÉGÉTALES AUX CLÔTURES

Nous tenons à remercier ici Daniel Mathieu pour son texte « Éloge de la haie, la mal aimée ![1] », qui nous a beaucoup inspirés dans cette section.

---

1. Ce texte a été publié sur le site : www.tela-botanica.org.

Poussant naturellement depuis la nuit des temps, les haies végétales n'ont pas besoin de nous pour exister. Malheureusement, elles ont été pour la plupart détruites ces dernières années. Les raisons invoquées pour justifier leur destruction sont la perte de visibilité occasionnée par ces arbres et arbustes sur les routes ou la gêne due à leur présence sur les installations électriques ; certains les trouvent malpropres, voire sales, les accusent de créer des zones d'ombre peu amènes. Autant d'arguments saugrenus pour quiconque s'intéresse un tant soit peu à ces haies et aux pouvoirs dont elles disposent. La destruction accélérée de ces haies a d'ailleurs facilité le passage de machines de plus en plus puissantes et destructrices qui épandent d'autant plus efficacement les pesticides tueurs dans nos champs. Parce que, en réalité, l'éradication de ces haies[1] dénote un mépris profond pour les espèces qui y résident, une volonté grandissante de domination sur les milieux naturels et une intolérance à l'inconnu ayant amené à remplacer ces espacements naturels par des clôtures métalliques empêchant les animaux de circuler et de s'abriter.

Alors que les haies - présentes bien souvent entre deux champs pour les séparer ou en bordure de route – peuvent paraître anecdotiques dans le paysage, elles occupent en fait un rôle absolument fondamental dans la préservation de la vie dans les terrains agricoles. En effet, elles constituent des zones préservées pour certains insectes et animaux qui trouvent à s'y nourrir : les fleurs de certains arbres - comme celles de l'aubépine et du prunellier par exemple - nourrissent les insectes à la sortie de l'hiver ; leurs fruits, avec ceux des ronces et de l'églantier,

1. Au même titre que les tontes excessives dans les jardins, d'ailleurs, qui feront l'objet d'un point plus loin dans ce chapitre.

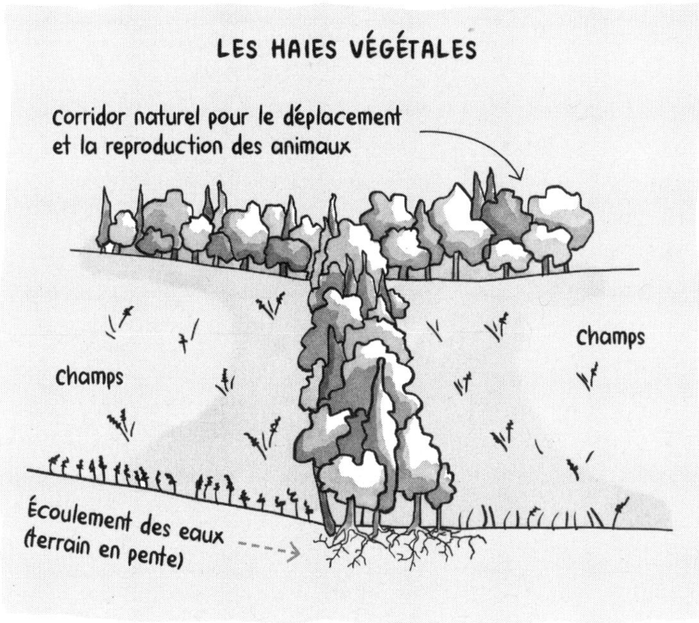
LES HAIES VÉGÉTALES
Corridor naturel pour le déplacement
et la reproduction des animaux
Champs
Champs
Écoulement des eaux
(terrain en pente)

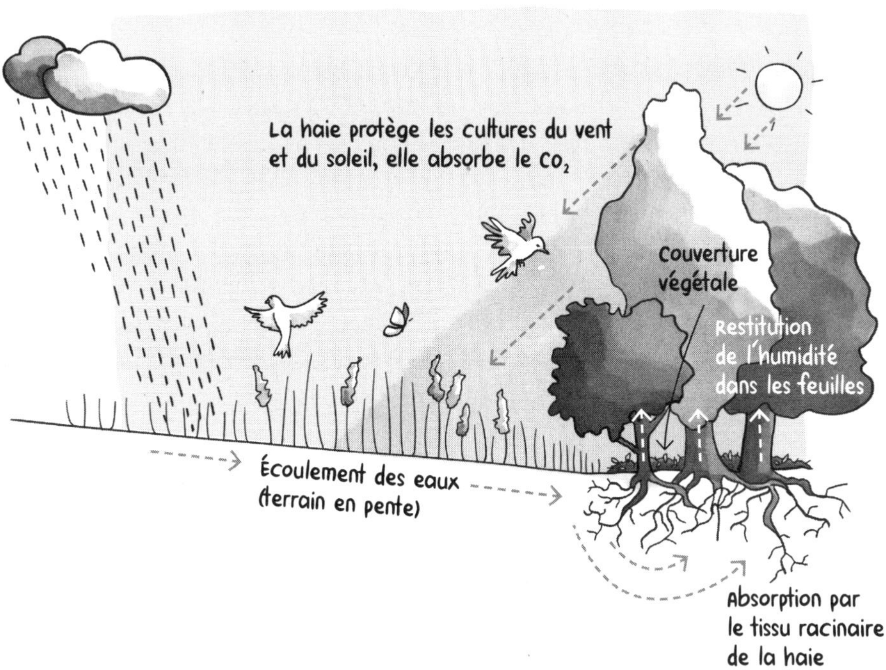
La haie protège les cultures du vent
et du soleil, elle absorbe le CO_2
Couverture
végétale
Restitution
de l'humidité
dans les feuilles
Écoulement des eaux
(terrain en pente)
Absorption par
le tissu racinaire
de la haie

nourriront également les oiseaux. De plus, les haies offrent des voies sécurisées pour permettre aux animaux de se déplacer à couvert. Il est très important d'en maintenir pour permettre aux espèces de se rencontrer et de se reposer. Ces espaces leur servent aussi à établir des nids et à se reproduire sereinement, à tous les étages : au sol pour les animaux et insectes rampants, plus haut pour les oiseaux. La présence de cette couverture végétale composée d'arbres et d'arbustes permet également de réguler les températures et sert de refuge pendant les périodes de gel et de sécheresse. Elles freinent l'écoulement de l'eau lors de fortes pluies et limitent ainsi les inondations en absorbant le flot. Enfin, même pour nous, humains, elles contiennent des ressources aussi bonnes pour le corps que pour le cœur – le pouvoir réjouissant des mûres cueillies au bord du chemin n'est plus à démontrer ! Bref, il nous suffit de laisser faire la vie pour bénéficier des innombrables avantages de ces haies naturelles !

À présent que vous connaissez leurs vertus, n'attendez plus et travaillez à leur redonner leur vitalité : plantez des arbres et ajoutez des plantes grimpantes comme le rosier sauvage[1], le lierre, le bambou, le laurier ou encore le thuya. Là aussi, il faut penser à semer dense et diversifié : plus ces plantes et ces arbres seront plantés proches les uns des autres, plus ils choisiront de croître en hauteur, en se soutenant mutuellement. Et n'hésitez pas à favoriser parfois des espèces comestibles, histoire de joindre l'utile à l'agréable…

1. Les rosiers horticoles ne favorisent pas la biodiversité.

ARRÊTER DE TONDRE !

Voilà un geste à la portée de tous qui peut vraiment faire la différence ! Nos jardins jouent un rôle primordial dans la lutte pour préserver la biodiversité : ne pas tondre est le plus beau cadeau que l'on puisse faire à la terre comme à ses habitants !

La tonte systématique de nos jardins est assez significative du rapport que nous entretenons avec le Vivant : globalement, nous souhaitons que tout soit bien propre, qu'aucune herbe ne dépasse, comme si laisser ces herbes pousser pouvait nous mettre en danger, comme si leur prolifération s'apparentait à une colonisation d'un nouveau genre risquant à terme d'ensevelir nos habitats et avec eux notre civilisation...

Ne pas tondre signifie, à l'inverse, respecter l'intelligence de la Terre afin qu'elle puisse se déployer à son rythme et livrer ses bienfaits en régénérant les sols et en alimentant les autres espèces – dont l'humain. Repenser la tonte du jardin entraîne un rapport nouveau à l'espace occupé pour redéfinir nos besoins réels et laisser de la place pour que d'autres espèces s'épanouissent. Ainsi, si certains espaces sont tondus à raison, afin par exemple de favoriser une activité sportive ou d'entretenir un chemin, la plupart des terrains ne nécessitent en rien cette pratique[1].

Sensibilisez votre voisinage ! Nous devons faire évoluer les mentalités ! Voici donc un ensemble d'arguments à soumettre aux adeptes de la tondeuse :

---

1. Et encore, on pourrait très bien repenser nos pratiques en mutualisant les terrains de sport avec nos voisins dans l'optique de pratiques collectives plutôt que de disposer chacun du sien, en quasi-permanence vide, et en privilégiant sur ces sols des herbacées basses résistant aux piétinements...

- en cessant de tondre, on réalise des économies d'argent et de temps (environ deux heures par semaine) ;
- laisser les herbes pousser entraîne l'apparition de fleurs qui elles-mêmes favorisent le retour dans les jardins des papillons, des coccinelles et de pollinisateurs[1] qui butineront : un vrai cercle vertueux ;
- les herbes hautes abritent une faune terrestre qui repeuplera vos jardins – comme les lapins et les hérissons ;
- ces herbes hautes gagnent à être connues : elles constituent pour certaines d'entre elles de formidables compléments alimentaires et parfois même thérapeutiques ;
- ces plantes qui poussent spontanément lorsque nous arrêtons de tondre sont dites « bio-indicatrices[2] », c'est-à-dire qu'elles vous renseignent mieux que personne sur la composition du sol et sur ce qu'il faut à votre terrain pour prospérer.

Saluons ici Éric Lenoir, dont le plaidoyer « Arrêtez de tondre vos pelouses ![3] » a fait avancer la sensibilisation du grand public sur cette question : pour une fois que l'effort demandé pour changer dans le bon sens consiste à ne rien faire, nous aurions tort de nous en priver !

1. Pollinisateurs dont nous avons absolument besoin pour survivre.
2. Pour plus d'informations sur ces incroyables plantes, je vous conseille les ouvrages de Gérard Ducerf.
3. Plaidoyer publié sur sa page Facebook le 20 juin 2019 et qui a rencontré un franc succès.

La « lutinerie », couverte de vignes au printemps.

METTRE EN PLACE UNE ORE[1] SUR SON TERRAIN

L'Obligation réelle environnementale (ORE) est un cadre juridique nouvellement créé pour permettre aux propriétaires terriens de mettre en place une protection environnementale sur leur terrain et ainsi de préserver leur territoire pour une durée pouvant aller jusqu'à 99 ans.

Il s'agit d'un contrat mis en place sur la base du volontariat (et donc exonéré de toute charge) entre un propriétaire et un organisme qui va se charger de faire respecter cette protection environnementale. Le propriétaire du terrain conserve son titre mais il délègue à l'organisme sollicité[2] le soin de gérer et de prendre en charge les installations permettant « le maintien, la conservation, la gestion ou la restauration d'éléments de la biodiversité ou de services écosystémiques[3] ».

La grande force de ce contrat vient du fait que l'obligation environnementale doit être respectée jusqu'au terme du contrat (potentiellement jusqu'à 99 ans) et ce même si le terrain change de main en cours de route.

Vous pouvez, à travers une ORE, confier vos terrains à des sympathisants de la désobéissance fertile pour que ces derniers y préservent et aggradent les espaces. Pour cela, envoyez-nous un courriel à : desobeissancefertile@protonmail.com.

1. Obligation réelle environnementale : Toutes les informations sont à retrouver sur la page : https://www.ecologie.gouv.fr/obligation-reelle-environnementale.
2. Cela peut être un organisme public ou une association de préservation de l'environnement.
3. Article L. 132-3 du Code de l'environnement.

LIMITER LA C(H)ASSE[1]

Bien que les lois facilitent la possibilité de chasser sur le terrain d'autrui, il est tout à fait possible d'interdire la chasse sur son terrain. Pour cela, deux stratégies existent, selon que la chasse est régie dans votre commune par une société de chasse (type loi 1901) ou par une ACCA (Association communale de chasse agréée). Pour disposer de cette information, il vous suffira de contacter votre mairie.

Si votre commune est régie par une société de chasse

Dans le cadre d'une commune régie par une société de chasse, l'interdiction de la chasse est possible sans délai puisque selon l'article L. 422-1 du Code de l'environnement : « Nul n'a la faculté de chasser sur la propriété d'autrui sans le consentement du propriétaire ou de ses ayants droit. » Vous n'aurez donc qu'à disposer des panneaux stipulant l'interdiction de la chasse autour de votre terrain et le tour sera joué[2].

Si votre commune est régie par une ACCA

Dans une commune régie par une ACCA, il est alors nécessaire de faire une demande de retrait de vos terrains du territoire de l'ACCA auprès du président de la Fédération départementale des chasseurs. Ce retrait, dit

1. Informations mises à disposition par l'Association de protection des animaux sauvages sur la page : https://www.aspas-nature.org/questions-reponses/2897/.
2. Les tribunaux considèrent qu'il est nécessaire d'affirmer son refus d'autoriser la chasse et de le matérialiser sur le terrain.

« pour opposition de conscience à la chasse », n'est possible que tous les cinq ans, à la date anniversaire d'agrément de l'ACCA. Il est donc nécessaire de connaître la prochaine date de révision du territoire de l'ACCA[1]. Cette démarche de retrait doit se faire six mois au minimum avant cette date. Sachez par ailleurs que tous les terrains situés à moins de 150 mètres autour d'une habitation sont exclus d'office de l'ACCA et donc déjà interdits à la chasse (sauf pour le propriétaire). Des refuges peuvent donc être mis en place sans délai.

Une autre option : passez votre permis de chasse !

Il est possible de passer son permis de chasse afin de classer son terrain en réserve pour le protéger.

LE PRIVILÈGE DES RÉSERVES PROTÉGÉES

Cela peut sembler absurde mais le classement d'un terrain en réserve protégée est grandement facilité pour les chasseurs, comme le prouve l'arrêté interministériel du 13 décembre 2006 relatif aux réserves de chasse et de faune sauvage dans son article 1er :

> Lorsque, conformément à l'article L. 422-27 du code de l'environnement, la demande de mise en réserve de chasse et de faune sauvage est souscrite par un détenteur du droit de chasse et que d'autres droits que le droit de chasse sont réglementés par la mise en réserve, la demande comporte l'accord du

1. Vous obtiendrez cette information en contactant la Direction départementale des territoires de votre département.

propriétaire. La demande comprend : 1. Un plan de situation au 1/25 000 indiquant le territoire à mettre en réserve, accompagné des plans cadastraux et des états parcellaires correspondants. 2. Une note précisant les mesures envisagées pour prévenir les dommages aux activités humaines, favoriser la protection de la faune sauvage et de ses habitats et maintenir les équilibres biologiques.

En effet, les territoires de chasse ont pour obligation légale de laisser 10 % des terrains préservés de toute chasse. Cela a pour conséquence de faciliter les démarches pour les chasseurs qui souhaitent déclarer leurs terres en réserve protégée.

Sans même classer votre terrain en réserve pour le préserver de la chasse, si un gibier est pourchassé sur votre parcelle, vous êtes en mesure de faire cesser la traque car vous êtes titulaire du permis de chasser et par conséquent prioritaire sur vos terres[1].

---

1. Il existe d'autres articles de référence sur le sujet dont l'article L. 422-27, ainsi que les articles allant de R. 422-82 à R. 422-91 du Code de l'environnement. Tout ceci est expliqué dans une fiche pédagogique intitulée « Les réserves de chasse et de faune sauvage » mise en place par l'ONCFS et disponible sur Internet.

BIEN CHOISIR SON TERRAIN

Toutes les fleurs de l'avenir sont
dans les semences d'aujourd'hui.
PROVERBE CHINOIS

Entre le moment où l'on décide de franchir le pas et celui où l'on est nouvellement installé, il y a un monde. Et c'est de ce monde-là que nous allons parler maintenant : que ce soit en faisant l'acquisition d'une parcelle ou en disposant d'un espace gratuitement, il est important d'analyser un certain nombre de facteurs avant de choisir son lieu d'installation.

L'EAU

La première chose à analyser sur le terrain que vous visitez est le potentiel en eau ; c'est un enjeu crucial actuellement et ce le sera encore plus dans les années à venir. Quel que soit l'endroit où vous choisirez de vous établir, prenez soin d'être autonome en eau.

Cette autonomie peut être garantie par les cours d'eau qui parcourent le terrain, la présence de nappes souterraines ou de bassins de récupération d'eau de pluie... Quelle que soit la source, il faut de l'eau en abondance. Consultez les taux de pluviométrie[1] dans les régions où vous envisagez de vous installer et, bien sûr, observez : les zones les plus riches en eau sont généralement celles qui sont les plus verdoyantes en été. Repérez sur une carte fluviale les cours d'eau, les ruisseaux, les rivières et identifiez les régions où ils naissent : ce seront certainement celles qui seront les plus abondantes et les moins polluées.

LE TAUX D'ENSOLEILLEMENT

Le soleil est aussi une ressource indispensable à votre bon établissement. Il apportera la vie à vos plantes, réchauffera votre habitation et constituera une source d'énergie aussi précieuse pour le corps que pour l'esprit. Son rayonnement vous aidera dans de nombreux usages (four, séchoir, chauffe-eau solaires...) en plus de vous apporter l'énergie suffisante pour vos installations électriques.

Aussi, si vous faites le choix d'habiter dans une vallée, assurez-vous qu'elle dispose d'une exposition constante, été comme hiver[2]. La plupart du temps, les forêts sont enracinées sur des versants nord : c'est la raison pour laquelle elles ont été préservées (elles n'intéressent pas les agriculteurs). Si vous choisissez d'habiter en forêt, vous aurez nécessairement moins de rayons qui parviendront jusqu'à vous ; repérez donc quelques clairières afin de disposer de surfaces avec un meilleur ensoleillement.

1. Il existe de nombreuses cartes des précipitations annuelles, il suffit de taper « carte pluviométrie France » dans un moteur de recherche.
2. Il faut privilégier l'exposition au sud dans les pays de l'hémisphère nord.

Arrosage des plantes avec l'eau de nos sources.

8.9.10 juin

LE CLIMAT

En matière de climat, nous avons tous des sensibilités différentes. Il en est de même pour les plantes, qui ont une très forte capacité d'adaptation. Sachez toutefois que si vous aspirez à être autonome, le choix du climat de la région où vous vous implanterez est essentiel.

Privilégiez des zones dans lesquelles il est possible de cultiver une grande variété de fruits et de légumes et ne vous aventurez pas dans des lieux où les écarts de températures sont extrêmes, quand bien même les paysages y sont magnifiques au premier regard : projetez-vous dans le temps ! Très simplement par exemple, passé mille mètres d'altitude, il devient plus compliqué de cultiver. Par ailleurs, évitez les zones réputées pour leurs chaleurs estivales, même si vous aimez vous dorer la pilule au soleil, vos plantes l'apprécieront nettement moins.

Un seul conseil au final : visez plutôt des climats tempérés : hivers doux, étés chauds mais pas trop secs !

LE TYPE DE TERRAIN

Nous nous intéressons exclusivement ici aux terrains agricoles et forestiers. Ils ont pour intérêt et point commun d'être déclarés non constructibles et par conséquent sont bien plus accessibles financièrement que ceux des zones urbanisables.

Si vous optez pour un terrain forestier, il faut être vigilants quant au type de forêt qu'il héberge : une grande partie des forêts existantes sur le territoire français sont en fait des exploitations forestières dont les arbres sont destinés à être coupés. Ces forêts n'abritent qu'une ou deux essences et les écosystèmes qu'elles hébergent sont donc assez pauvres. Enfin, les terrains qu'elles offrent sont plutôt chers puisque convoités par l'industrie du bois.

À l'inverse, les forêts dites « de loisirs » ont pour avantage d'abriter de nombreuses essences, ce qui assure la présence de vie sur le terrain, à l'inverse des exploitations forestières.

RÉSINEUX VS FEUILLUS

Distinguons les arbres feuillus des arbres résineux :

- Les arbres feuillus, comme leur nom l'indique, sont les arbres qui ont des feuilles jaunissant à l'automne et tombant en hiver (on parle de feuillage caduc[1]) ; ce type d'arbres vit dans des régions tempérées.
- Les arbres résineux qu'on appelle aussi conifères à cause de leurs fruits en forme de cônes ont des aiguilles à la place des feuilles qui persistent toute l'année (on parle de feuillage persistant) grâce à une résine qui leur permet de résister au froid (d'où l'appellation « résineux »).

Chacune de ces essences d'arbre a un rôle à jouer dans les forêts et bien que les feuillus soient réputés pour abriter une plus grande biodiversité, la présence de résineux permet de maintenir l'équilibre dans certains écosystèmes.

1. Même si certaines espèces d'arbres feuillus comme le chêne vert ont ce qu'on appelle un « feuillage persistant », c'est-à-dire qu'ils conservent leurs feuilles même en hiver.

Sachez enfin que les terres forestières situées dans les parcs naturels sont également accessibles et méritent de tomber entre de bonnes mains. Les gardes forestiers existent mais ils ne disposent que de maigres pouvoirs pour empêcher les extractions et autres pollutions générées par l'industrie forestière, bien présentes malgré l'appellation protégée de « parc naturel », d'où l'importance d'avoir des propriétaires bienveillants.

Je tiens à préciser toutefois que nous n'encourageons aucune installation dans des zones protégées, qu'elles soient forestières ou côtières, pour laisser ces territoires se développer sans interventions humaines ; nous concentrons toute notre énergie dans l'aggradation des zones agricoles.

LA QUALITÉ DU SOL

Quelle que soit la qualité du sol, il sera possible de l'aggrader. Cela prendra du temps, mais vous parviendrez, avec l'aide de Dame Nature, à obtenir des sols vous permettant une autonomie alimentaire dans les années à venir.

Vous pouvez relativement facilement obtenir des indications concernant la nature d'un sol : pour cela il faut observer sa texture (ce que l'on nomme la granulométrie) et distinguer les types de particules qui composent le sol ; on en distingue trois types :

- les sols argileux : un sol majoritairement argileux se fendille en cas de sécheresse et colle lorsqu'il est humide. Ces sols retiennent bien l'eau et les minéraux nécessaires aux plantes. Mais c'est une terre qui est souvent compacte et qui ne facilite ni l'enracinement ni l'échange de nutriments ;
- les sols sableux : prenez une poignée de terre, si elle

s'émiette facilement, vous êtes en présence d'un sol majoritairement sableux. Les terres sableuses se réchauffent facilement et permettent des cultures précoces. Elles sont assez pauvres en matières organiques car elles retiennent difficilement les apports. Elles sèchent facilement et sont souvent d'une composition acide ;

* les sols limoneux : les limons sont des stades intermédiaires entre argile et sable. C'est une terre brune, assez douce au toucher, légère et facile à travailler. Elle est riche, perméable à l'eau et à l'air et se réchauffe vite. C'est un sol qui est toutefois fragile et qu'il faut nourrir au fil des ans.

Les sols ne sont jamais exclusivement sableux, argileux ou limoneux ; c'est l'équilibre entre ces différents éléments qui définit le sol, en prenant en compte les minéraux qui le composent (type argilo-calcaire, sablo-limoneux...).

Le test de sédimentation

Pour déterminer plus précisément la composition de vos sols, il existe des tests simples à réaliser comme le test de sédimentation appelé aussi « test du bocal ». Pour réaliser ce test, munissez-vous d'un grand bocal qui soit plus haut que large et qui peut se fermer.

Remplissez la moitié du bocal avec de la terre de votre jardin, prélevée à 10 centimètres de profondeur. Complétez avec de l'eau en laissant quelques centimètres d'air. Refermez ensuite le bocal et remuez vigoureusement pendant 3 minutes. Laissez ensuite reposer pendant 30 minutes, puis remuez à nouveau intensément pendant 3 minutes. Laissez ensuite reposer pendant 24 heures (voire plus si votre eau est toujours trouble) et observez : le sable qui est l'élément le plus lourd se déposera au fond du bocal, le limon au centre et l'argile au-dessus. Les particules qui flotteront sont les matières organiques.

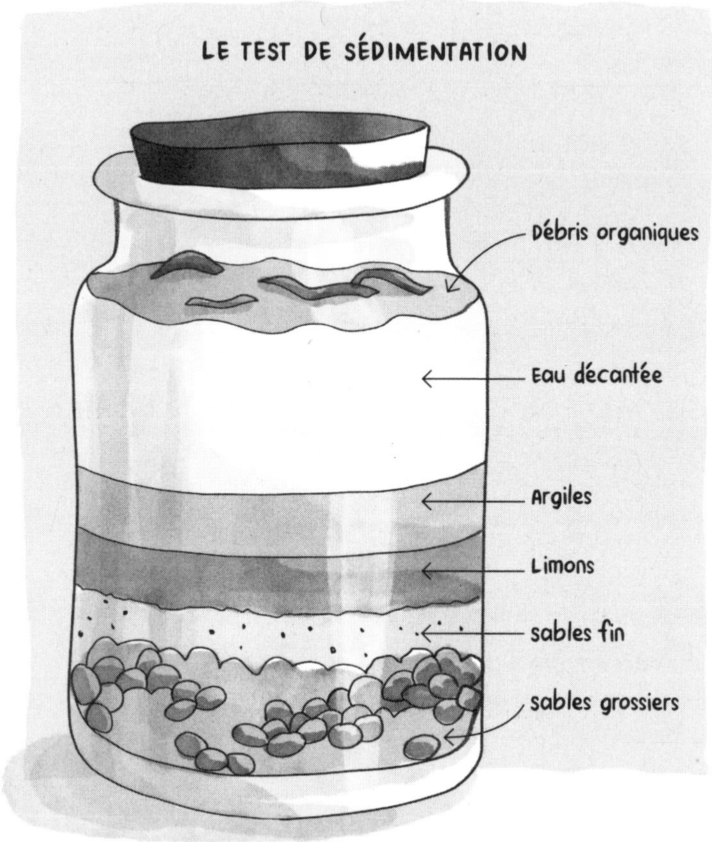

Mesurez approximativement la hauteur des strates et vous obtiendrez la composition de votre sol.

Si vous souhaitez aller plus loin, vous pouvez convertir ces mesures en pourcentages avec la formule suivante :

(hauteur d'une strate × 100) / hauteur totale = ... %

Une fois ces pourcentages établis (par exemple : 17 % de sable, 38 % de limon et 45 % d'argile), vous reportez ces résultats sur la « pyramide de texture des sols » ci-dessous : tracez une ligne parallèlement aux axes de chaque strate et le point obtenu vous donnera l'appellation exacte de votre sol.

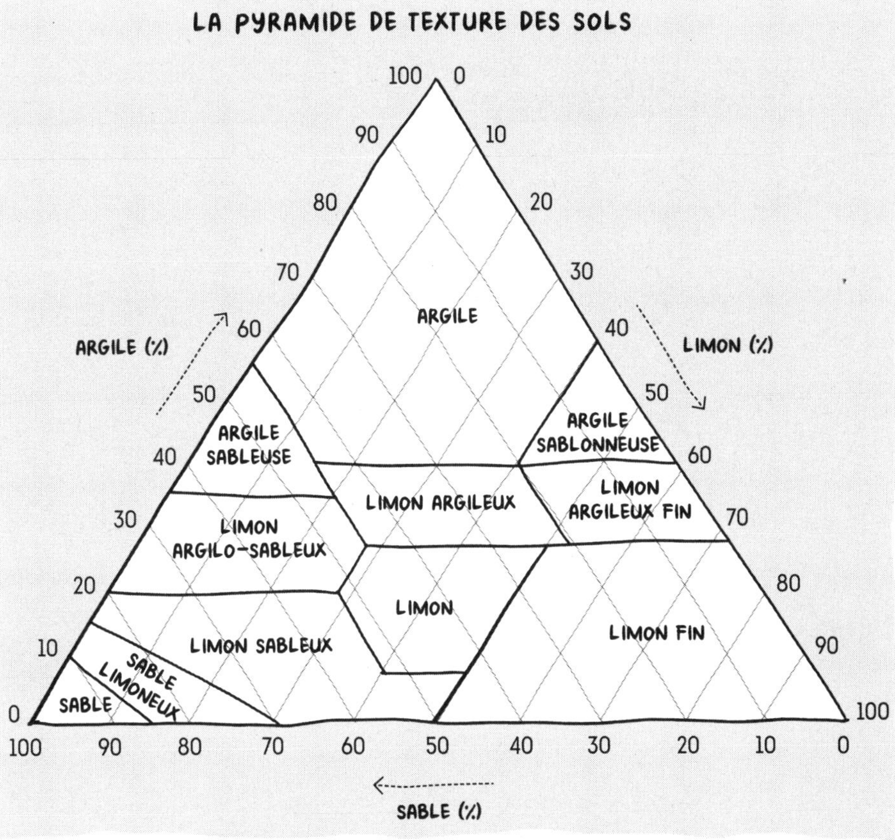

Les plantes bio-indicatrices : de précieux alliés

On peut également savoir beaucoup de choses sur un sol en observant les plantes qui y poussent. Les plantes sont dites « bio-indicatrices » du sol, c'est-à-dire qu'elles s'établissent selon la composition de ce sol. Par exemple, la présence de pissenlit et de plantain est l'indice d'un sol lourd et argileux, tandis que les fougères ou les châtaigniers seront les signes d'une terre acide. Observez ces plantes et vous aurez plus d'informations sur sa composition[1]. Assurez-vous surtout d'avoir assez de profondeur pour pouvoir cultiver : évitez donc les massifs rocailleux.

LE PRIX DU FONCIER

Il est certain qu'en fonction des régions, le coût des parcelles agricoles ne sera pas le même. Mais là où la vie est bien faite, c'est que ce ne sont pas nécessairement là où les prix sont les plus hauts qu'il sera intéressant de s'installer. Les prix sont soumis aux lois de l'offre et de la demande, or la demande est souvent plus forte dans des territoires surpeuplés où les ressources tendent à se raréfier. À l'inverse, dans les zones rurales, là où il y a les plus forts potentiels, les prix restent très accessibles.

Le prix varie naturellement selon l'attractivité du territoire en termes d'emploi. Si vous choisissez des régions dans lesquelles il n'y a pas de grandes villes à proximité et donc pas de bassins urbains, vous trouverez des terrains plus raisonnables financièrement et plus paisibles. Le ministère de l'Agriculture publie chaque année un tableau des prix des terres agricoles[2] dans lequel est inscrite la valeur moyenne des terrains cédés l'année passée et cela dans tous les départements.

Concernant les terrains forestiers, les jeunes forêts ou celles qui ont été rasées récemment coûtent évidemment moins cher que celles qui sont considérées comme exploitables par

---

1. Il existe de nombreuses listes sur Internet concernant les plantes bio-indicatrices, comme par exemple ce document PDF accessible ici : www.gabb32.org/wp-content/uploads/2017/01/guide_bio_indication_vegetale_BDG_GABB32.pdf.
2. En libre accès sur Internet.

l'industrie. Néanmoins, l'urgence est de sauver les forêts : dans la mesure du possible, si vous pouvez vous le permettre, n'hésitez pas à sacrifier quelques milliers d'euros supplémentaires pour racheter en priorité les forêts menacées par l'industrie !

LA SAFER ET LE DROIT DE PRÉEMPTION

La Safer[1] est un organisme d'État qui a pour objectif de faciliter l'achat de terres agricoles par des porteurs de projets (agricole, artisanal, de service résidentiel ou environnemental[2]) qui cherchent à s'installer en milieu rural. Elle dispose ainsi d'un droit de préemption sur toutes les terres qui sont vendues – la Safer est informée de tous les biens ruraux en cours de vente par les notaires et peut les acheter prioritairement[3] en lieu et place de l'acquéreur initial en vue de revendre le bien à un autre bénéficiaire.
En d'autres termes, la Safer influence grandement les choix d'installations agricoles. Aussi, il est possible d'opter pour deux stratégies afin d'acheter un terrain :

- sans passer par la Safer : en rachetant un bien plus cher que le prix du marché vu que la Safer cherche à rendre accessibles les biens ruraux et préempte majoritairement des biens « bon marché » ;
- en passant par la Safer : contactez la Safer de votre région en amont et montez un dossier pour présenter votre projet, de façon que la Safer vous propose des biens à acquérir, ou du moins ne cherche pas à préempter un bien que vous souhaitez acheter[4].

1. Société d'aménagement foncier et d'établissement rural.
2. Comme énoncé sur leur site Internet.
3. Elle dispose de deux mois entre la promesse de vente et la vente finale pour préempter.
4. On vous conseille d'entreprendre ces démarches avec la Safer avant d'acheter un bien.

LES POLLUTIONS

Où que l'on s'installe, on n'échappe pas complètement aux multiples pollutions engendrées par nos sociétés industrielles. Si certaines sont quasiment impossibles à éviter – notamment la pollution des eaux, puisqu'on estime que 92 % des cours d'eau sont pollués en France[1] –, on peut prendre garde à son lieu d'implantation afin d'en éviter d'autres...

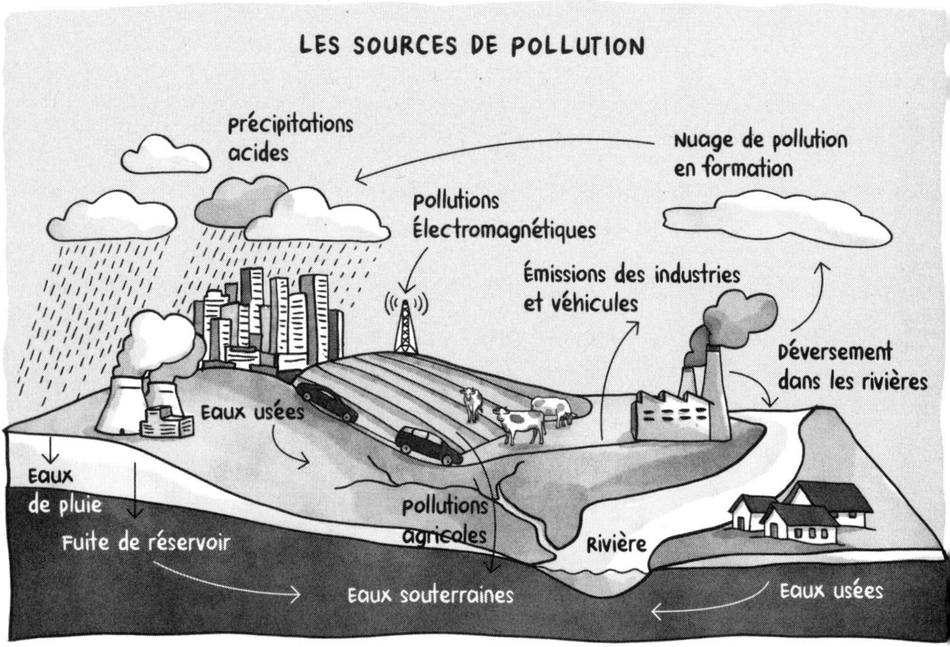

1. Selon un rapport de la Commission développement durable paru en 2013 : « Des pesticides sont présents dans la quasi-totalité des cours d'eau français. En 2013, 92 % des points de surveillance font état de la présence d'une au moins de ces substances, les rares bassins exempts de pesticides se concentrant dans les zones montagneuses ou dans les zones dont l'agriculture est peu intensive. »

Les pollutions nucléaires

Nous pouvons faire le choix de nous écarter des centrales et des zones d'enfouissement de déchets nucléaires, car il arrive fréquemment qu'il y ait des fuites, des déversements hasardeux et autres incidents considérés comme « mineurs » par les organismes de sûreté mais qui amplifient la radioactivité sur un territoire. Cherchez sur une carte[1] les zones où il n'y a pas ou peu de centrales ni de centres d'enfouissement des déchets, et privilégiez vos recherches dans ces zones.

Les pollutions agricoles

Si vous choisissez de vous installer dans une zone agricole intensive, vous serez immanquablement confrontés à de nombreux produits toxiques qui se seront infiltrés dans les sols et dans les nappes phréatiques. Si vous êtes entourés par des éleveurs, vous trouverez une présence anormalement élevée de nitrates et de phosphates résultant des déjections animales et, là aussi, une pollution de l'air.

Il existe toutefois des plantes purificatrices que vous pourrez planter en abondance pour absorber les pollutions ; on appelle cela la phytoremédiation. Selon les pollutions présentes dans les sols et les eaux, vous pourrez planter de la fougère *Pteris vitata* pour absorber l'arsenic, du géranium pour piéger les métaux lourds[2]... Plus de 500 espèces de plantes capables d'extraire les pollutions des sols ont été identifiées[3]. Ce travail des plantes passe par les racines

1. Le réseau « Sortir du nucléaire » en propose sur leur site : www.sortirdunucleaire.org.
2. Selon les préconisations des chercheurs de l'Inra (Institut national de recherche agronomique).
3. Selon Jean-Louis Morel, chercheur à l'École nationale supérieure d'agronomie et des industries alimentaires.

et les micro-organismes qui les entourent. Des processus de phytostabilisation existent également pour contenir des déchets toxiques et certaines plantes telles que le chanvre sont utilisées pour en absorber les pollutions puis les stocker (en matériaux isolants, par exemple).

UN EXEMPLE INSPIRANT DE PHYTOREMÉDIATION

Un processus de dépollution par les plantes est actuellement en cours dans la commune de Saint-Laurent-le-Minier, dans le Gard, en vue d'assainir le site minier du village qui contient de grandes quantités de zinc et de plomb (à tel point que la récolte de fruits et légumes y est interdite).
Pour cela, trois plantes locales aux propriétés exceptionnelles ont été plantées en nombre : *Iberis intermedia, Anthyllis vulneraria et Noccaea* caerulescens.
Ensemble, elles absorbent les métaux lourds présents dans le sol. Il faudra toutefois attendre près de cinquante ans pour espérer la dépollution totale du site.

Pour purifier les eaux, il existe également des filtres à réaliser soi-même qui retirent les impuretés[1].

Les pollutions électromagnétiques

Ce sont celles que l'on voit le moins mais dont il faut se méfier. Avec le déploiement toujours plus soutenu d'antennes relais pour les réseaux 4G et 5G, le monde est progressivement en

1. Il existe de nombreux tutoriels pour apprendre à concevoir ses propres filtres facilement, en fonction des éléments qu'on souhaite utiliser. En voici un exemple : https://fr.wikihow.com/fabriquer-un-filtre-%C3%A0-eau.

train de s'électrifier sans connaître exactement les capacités humaines et non humaines à supporter l'intensité des ondes émises. S'il faut rester mobilisé quant au déploiement de ces antennes et tenter de l'empêcher au maximum, nous pouvons aussi choisir de nous en éloigner le plus possible au quotidien. Il existe là encore des sites Internet et des applications mobiles pour connaître le déploiement de ce type d'antennes dans la mesure où les opérateurs sont tenus d'en rendre publique l'installation[1].

L'ÉCOSYSTÈME SOCIAL ET POLITIQUE

Quelles sont les sensibilités politiques sur le territoire? Quelle en est l'histoire? Quelles sont les associations et alternatives déjà implantées? Ces questions doivent être posées avant de se décider à s'installer dans un territoire lorsqu'on a le projet de devenir un désobéissant fertile.

Votre tout premier réflexe doit être de vous intéresser au maire, qui est le personnage clé dans votre insertion locale : sera-t-il, d'après vous, favorable à l'évolution des pratiques dans sa commune et à l'installation d'une population résidant en habitat réversible? Il existe une carte réalisée par l'association « Hameaux Légers » référençant les communes favorables à l'implantation d'habitats réversibles[2]. Le maire symbolise un territoire et dispose de droits permettant de faciliter ou au contraire d'empêcher l'implantation de projets. Même si les élections municipales ont lieu tous les six ans, il faut tout de même être attentif à la personnalité du maire qui vous accueille.

1. Vous pouvez avoir le référencement de ces antennes sur le site : www.antennes-mobiles.fr ou télécharger l'application « Antennes Mobiles ».
2. Trouvez la carte sur : www.hameaux-legers.gogocarto.fr.

Dans la même logique, l'histoire d'un territoire peut renseigner sur les mentalités : informez-vous sur le passé récent et moins récent de votre terre d'adoption. Il est toujours bon de s'intéresser à un territoire lorsqu'on souhaite s'y intégrer : débusquez les événements qui ont fait la fierté du territoire, comme l'accueil de populations menacées, des faits de résistance, ou autres.

Enfin, contactez les associations environnementales locales pour disposer du maximum d'informations. Leurs membres seront vos premiers alliés et ils vous apporteront tous les renseignements nécessaires à la réussite de votre projet. Les réseaux dont ils disposent vous offriront en outre des informations privilégiées pour trouver des terrains disponibles et accueillants.

LES SITES QUI VONT VOUS AIDER

Le plus gros propriétaire actuellement à la recherche de repreneurs est l'État, qui souhaite renflouer ses caisses. La dissolution de l'Organisme national forestier (ONF) signe le dispersement du patrimoine forestier commun. Certains sites peuvent vous donner accès à ces mises en vente ; commençons par les sites publics :

- le site qui gère les ventes d'État : https://cessions.immobilier-etat.gouv.fr ;
- le site des ventes aux enchères publiques : http://www.encheres-publiques.com, sur lequel vous pourrez affiner votre recherche dans la rubrique « vente à venir » ;
- le site de l'ONF où sont répertoriés les locaux et terrains à vendre en zone forestière : http://www1.onf.fr/maisons-forestieres/@@index.html ;
- le site de la Safer (Société d'aménagement foncier et d'établissement rural) : https://www.proprietes-

rurales.com/, qui met à disposition des parcelles gérées par l'État, que vous pouvez néanmoins négocier car la Safer fonctionne comme une agence immobilière normale.

Et les sites référençant les propriétés privées à vendre :
- le site leboncoin : https://leboncoin.fr, qui vous mettra le plus souvent directement en lien avec les vendeurs et vous évite donc les commissions d'agence ;
- un site beaucoup moins connu mais très intéressant : https://terredeliens.org/, qui recense un grand nombre de parcelles agricoles à vendre à des prix très corrects ; les vendeurs sont pour la plupart des agriculteurs ou éleveurs en cessation d'activité qui, de ce fait, offrent de bonnes conditions afin de faciliter la reprise de leur activité ;
- enfin, tous les sites et magazines spécialisés dans la vente agricole et de forêts comme *Forêts de France*, *Forêts Privées*, *Bois Mag*... Vous en trouverez de nombreux sur les moteurs de recherche.

LES RELAIS D'INFOS SUR PLACE

Rien ne remplace la connaissance des territoires par leurs occupants ! Aussi, déplacez-vous lorsque vous avez identifié une région qui vous plaît afin de faire la connaissance de ceux qui y vivent et qui la font vivre. Rien ne vaut le contact humain : les meilleurs plans sont souvent ceux qui se communiquent de bouche-à-oreille. Ces relais d'information sont partout, au hasard des rencontres. Voici ceux que nous avons privilégiés avec Caroline lors de notre tour en van, avant de nous fixer dans notre village :
- les commerçants : cafés, boulangerie des villages, tous ces lieux sont des carrefours de discussions où

le lien se crée et où les informations circulent ; sympathisez avec les tenanciers de ces lieux, ils ont des oreilles partout et prennent connaissance avant tout le monde des bonnes affaires. Si vous parvenez à vous les mettre dans la poche (en laissant de gros pourboires et en étant sympathiques), ils vous révéleront leurs secrets et vous mettront en relation avec les propriétaires ;

- les notaires : ils sont certainement parmi les mieux informés des ventes et des cessions de terrains dans la mesure où ce sont eux qui gèrent les successions. De nombreuses agences notariales s'occupent directement des ventes. Il est possible de les appeler directement et de leur expliquer ce que vous cherchez précisément. Ils vous contacteront lorsqu'ils disposeront d'un terrain qui répond à vos critères ;
- les mairies : les employés de mairie ne sont pas censés donner de renseignements sur les ventes de terrains. Ils ont toutefois l'obligation de mettre à votre disposition le plan cadastral, ce document graphique où figurent les parcelles et bâtiments de la commune. De même, si en vous promenant vous repérez des terrains qui vous semblent abandonnés, vous pouvez aller en mairie pour demander les coordonnées des propriétaires ;
- les gardes forestiers : si vous souhaitez préserver des forêts et de vieux arbres, contactez directement les parcs nationaux et allez à la rencontre des gardes forestiers, ils savent exactement les parcelles qu'il sera possible d'acquérir dans ces parcs ; ils seront de votre côté, favorables à votre démarche de protection du Vivant ;
- les associations locales de défense de l'environnement : elles vous feront gagner un temps précieux de par leurs connaissances du territoire.

Chêne majestueux qui offre son ombre aux vaches.

DISPOSER GRATUITEMENT DE PARCELLES POUR S'INSTALLER : L'INITIATIVE << GARDIEN.NE.S DES TERRITOIRES >>

L'aspect financier constitue le plus grand frein aux initiatives émergentes. Les parcelles sont coûteuses et les projets émanent souvent d'une jeune génération disposant de créativité et d'énergie mais de peu d'argent. À l'inverse, les détenteurs de terrains sont plutôt âgés et n'utilisent pas ou peu les parcelles qu'ils détiennent.

Nous avons donc imaginé une mise en lien entre propriétaires et usagers que nous avons développée à travers l'initiative « *Gardien.ne.s des territoires* » et qui consiste à bénéficier gratuitement d'un terrain - à travers des prêts à usages gratuits[1] - pour s'installer et développer un projet, à condition de s'engager à en préserver et en aggrader les espaces, selon une charte commune. Les propriétaires peuvent bénéficier des avantages du terrain (fruits, légumes…) comme tous les autres habitants du lieu.

Pour parvenir à sensibiliser les propriétaires, l'idée est de contacter les médias locaux traditionnels[2] et de coller des affiches à personnaliser dans les commerces ruraux, en expliquant votre démarche. L'affiche à télécharger ainsi que toutes les informations concernant l'initiative se trouvent sur les pages https://desobeissancefertile.com/gardiens et https://desobeissancefertile.com/proprietaires.

---

1. Le prêt à usage est un contrat gratuit disposant d'une reconnaissance juridique et pouvant être signé entre les parties sans passer devant un notaire. Un modèle de prêt à usage prérempli est mis à disposition sur la page : www.desobeissancefertile.com/gardiens.

2. Nous privilégions la communication traditionnelle avec les affiches ou la sensibilisation par les médias locaux car ce sont ces moyens-là qui sont majoritairement utilisés par la plupart des propriétaires en milieu rural pour s'informer.

Affiche à personnaliser et coller pour bénéficier de terrains.

S'INSTALLER
POUR DE BON

Nous n'héritons pas de la terre de nos parents,
nous l'empruntons à nos enfants.
ANTOINE DE SAINT-EXUPÉRY

L'installation dans un nouveau territoire n'est jamais aisée et encore moins pour celles et ceux qui aspirent à modifier profondément les normes de société ; il faut tout à la fois pouvoir s'intégrer et se faire accepter par les autres habitants sans pour autant sacrifier ses principes. Ces contraintes potentielles nécessitent de réfléchir en amont à des stratégies d'installation et de s'adapter à toutes formes de situation. Selon le tempérament et les objectifs des nouveaux arrivants, les approches différeront. Aussi notre proposition d'installation est relative à notre propre expérience et évidemment à notre souhait de diffuser la philosophie de la désobéissance fertile.

NE PAS DEMANDER D'AUTORISATIONS POUR S'INSTALLER

En France, les normes sont faites de façon à décourager les aspirants qui souhaitent vivre en dehors des zones urbanisables : les lois sont complexes et les contraintes se multiplient pour dissuader de quelconques velléités d'installation dans la nature. Le droit institutionnel n'est pas de notre côté. Je dis cela pour toutes celles et ceux qui envisagent de s'installer sur des terrains déclarés non constructibles et qui souhaitent rendre viables leurs démarches : ne remplissez pas de demandes d'autorisation. À moins d'être un agriculteur déclaré à la MSA[1] justifiant d'un bâti pour votre activité agricole, vous n'obtiendrez aucune faveur de la part des gendarmes de l'urbanisme (DDT[2]). Quant aux mairies qui disposent du pouvoir de police en matière d'urbanisme, jusqu'à présent, peu se sont hasardées à déroger aux lois de l'urbanisme et cela pour plusieurs raisons.

Une frilosité induite par une responsabilité personnelle

À moins d'avoir affaire à un maire réputé pour ses positions écologistes et résistantes – ce qui est relativement rare –, il y a fort à parier que la crainte de sortir du cadre de la loi et d'engager sa responsabilité personnelle en tant que maire en cas d'incident l'emporte. Ce risque juridique incite les communes à un excès de prudence qui se traduit par une extrême rigidité quant à l'interprétation des lois, et ce malgré toute la sympathie que le maire peut vous porter.

Les maires changent

Tous les six ans, les élections municipales rebattent les cartes et, avec elles, les engagements pris par l'équipe sortante : rien ne dit que le maire suivant sera aussi souple ou aussi rigide que le précédent... Cette impermanence peut vous profiter comme vous desservir : un changement de maire peut aussi vous être préjudiciable en rendant caducs les accords oraux obtenus avec les équipes sortantes. En outre, les installations, au-delà des lois, dépendent du bon

1. Maison syndicale agricole.
2. Direction départementale du territoire.

vouloir des élus qui s'octroient un droit de regard sur les terres dont ils sont les garants. Comme des seigneurs lors de temps moyenâgeux, ils peuvent décider arbitrairement de celles et ceux qui peuvent ou non s'installer sur les territoires et agir à leur guise. C'est même là un des rares droits dont ils disposent encore, ce qui explique sans doute pourquoi ils en usent exagérément.

DES PROCÉDURES ADMINISTRATIVES SANS FIN QUI SAPENT LES PROJETS

Nombreux sont les personnes et les groupes que nous avons rencontrés avec Caroline portés par un rêve puissant d'installation en nature pour développer des projets de vie différents. Ces groupes ont, pour la plupart, fait le choix de se conformer aux cadres administratifs afin de « légaliser » leur démarche. Sauf que les normes institutionnelles ne sont pas conçues pour adapter ou faire évoluer le cadre et ces groupes se sont bien souvent empêtrés dans des démarches interminables face à des administrations qui les ont contraints de s'écarter de leurs visions initiales pour se conformer à leurs règles.

Ces démarches ont bien souvent eu pour effet de dénaturer leurs projets, d'en épuiser les initiateurs et de déboucher sur la mise en place de règles internes rigides et contraignantes, bien lointaines de l'élan initial fondé sur leurs rêves. La volonté de se mettre en conformité est ainsi à l'origine de nombreux échecs, parfois même avant que les installations existent concrètement, si bien qu'elle n'est sans doute pas étrangère au fait que si peu de projets voient le jour.

Faire le choix de s'installer sans demander d'autorisations entraîne bien sûr une certaine insécurité, voire un inconfort. Toutefois, faire le choix de s'émanciper de règles nuisibles aux installations proches de la nature permet de disposer d'une pleine liberté d'esprit et d'action pour déterminer des règles de vie en harmonie avec la volonté de régénération et de préservation des écosystèmes.

LE CAS XAVIER MARMIER

Xavier Marmier est élagueur de formation. Il a toujours rêvé de vivre au plus près de la nature, dans les arbres. C'est pourquoi, en 2011, il a entrepris d'acheter une forêt en Franche-Comté et d'y installer une cabane dans les arbres.
Avant de s'y établir, il a exposé son projet d'installation au maire de l'époque, qui l'a reçu favorablement, sans qu'un contrat quelconque ait scellé l'accord. En 2014, les élections municipales ont entraîné un changement d'équipe et le nouveau maire n'entendait plus tolérer la présence de Xavier. Sans lui signifier sa volonté profonde, il a demandé à Xavier de remplir un formulaire en vue de régulariser sa construction, en sachant parfaitement que cette demande serait rejetée. En ayant effectué cette démarche, Xavier Marmier s'est fait piéger par le maire puisque le refus de la construction a entraîné automatiquement des poursuites judiciaires lui intimant l'ordre de démonter sa structure.
Le tribunal de grande instance de Besançon s'est d'abord prononcé en faveur de Xavier. Mais en mars 2019, la cour d'appel donne raison à la commune et condamne le grimpeur-élagueur de 50 ans à détruire sa construction, considérée comme son habitation principale et située en zone Natura 2000.

Après le rejet de son pourvoi en cassation en 2020, ses avocats ont déposé un recours à la CEDH, s'appuyant sur l'article 8 de la Convention européenne des droits de l'homme, qui protège le droit de toute personne au respect « de sa vie privée et familiale, de son domicile et de sa correspondance ». Hélas, cette stratégie n'a pas fonctionné, mais Xavier n'a pas dit son dernier mot puisqu'une pétition de soutien a réuni 168 807 signatures et qu'il entend les utiliser pour faire valoir ses droits...

SE RENDRE INDISPENSABLE POUR S'INTÉGRER DANS LES TERRITOIRES

Pour ne pas craindre d'être désapprouvé par une commune, il faut s'y intégrer. Et pour s'intégrer, il faut montrer sa valeur au travers de ce que l'on apporte au territoire.

Les communes rurales ont bien souvent été désertées, la population est majoritairement âgée et les événements se font rares. Aussi, en proposant des activités – qu'elles soient culturelles, éducatives, pédagogiques, festives, conviviales... – qui sont appréciées par les habitants d'un village, on contribue à se rendre indispensable dans le territoire, et ce quelles que soient nos conditions d'habitat. Pour cela, la première chose à faire est d'étudier le territoire où l'on souhaite s'intégrer : quelles en sont les spécificités ? les traditions ? À quelles occasions les gens se rencontrent-ils ?

Il faut toujours partir des besoins des habitants pour déterminer les activités que nous pourrons proposer en vue de répondre à leurs souhaits. Ensuite, vous pourrez ajouter votre patte en faisant de cet événement convivial l'occasion d'apprendre quelque chose ou de transmettre subtilement une information. Mais soyons concrets !

Les villageois déplorent la perte des traditions folkloriques de leur territoire ? Organisez un bal traditionnel avec les danses et chants qui ont fait la gloire de votre région pour que tout le monde se retrouve autour du folklore commun. Votre touche personnelle sera d'en faire un événement très peu coûteux en énergie : il faudra pédaler tour à tour sur des vélos pour recharger les batteries de la sono et des éclairages par exemple !

Les gens ne prennent plus le temps de discuter ensemble ? Mettez en place un repas partagé : vous prendrez soin d'apporter un plat préparé à partir de plantes sauvages, ou votre four solaire pour cuisiner. Si vous vous installez dans une commune défavorisée, faites une « disco soupe » au milieu du village : cela consiste en un repas préparé avec les fruits et légumes invendus dans les surfaces commerciales du canton, que vous allez récupérer. Tout le monde cuisine ensemble et profite ensuite du repas dans une ambiance festive et chaleureuse sans que ça n'ait rien coûté à personne. De cette façon on lutte contre le gaspillage et on sensibilise les villageois à ces enjeux.

Le village manque de lieux communs où se rencontrer ? Créez des jardins partagés comme le propose le mouvement mondial des « Incroyables Comestibles[1] » : dans ces espaces, vous inviterez les habitants à ensemencer collectivement et à développer des zones d'abondance alimentaire où chacun pourra ensuite se servir gratuitement et librement. De cette façon vous contribuerez à l'autonomie alimentaire

---

1. Toutes les informations sur : www.lesincroyablescomestibles.fr.

locale. Vous pouvez aussi bénéficier d'un local pour créer un café associatif et permettre aux habitants de se retrouver autour d'ateliers pédagogiques, de proposer des lieux de rencontres extrascolaires pour les enfants…

Organisez des promenades à la découverte des plantes sauvages comestibles, des balades au cours desquelles vous planterez des arbres tous ensemble à partir des pépins et noyaux que vous aurez conservés. Ou bien des marches le long des routes pour nettoyer et ramasser les déchets abandonnés.

Panneaux pédagogiques pour visiter les cabanes.

Les personnes âgées n'ont plus d'activités pour se divertir et se retrouver ? On organisera des concours de jeux de cartes, des rendez-vous tricots, des karaokés, des lotos[1]... Certaines de ces personnes ont besoin d'aide dans leurs tâches hebdomadaires ? Mettons en place une bourse d'échange local[2] avec un panneau au milieu du village où chacun écrira librement ses besoins et ce qu'il souhaite apporter pour aider les autres.

À vrai dire, les idées ne manquent pas pour ramener de la vie et recréer du lien dans un territoire. En proposant ces activités associatives, votre présence sera rapidement appréciée par les habitants qui dépasseront les préjugés relatifs à votre installation. Ainsi, quand la mairie découvrira un jour que vos logements sont non conformes aux règles de l'urbanisme, elle réfléchira à deux fois avant d'envisager des poursuites du fait de votre popularité au sein du village dont elle est censée représenter la volonté.

INTÉGRATION PIRATE : L'EXEMPLE DE LA LOTERIE

Un jeune collectif s'est constitué il y a plusieurs années pour acheter une parcelle en lisière de forêt afin d'y installer des habitats réversibles sans se conformer aux normes du Code de l'urbanisme.
La commune à laquelle il était rattaché, administrée par un maire très conservateur, n'était pas vraiment favorable à ce type d'installation. Par ailleurs, la population était assez âgée et peu sensible – voire

1. Sans argent évidemment : faites gagner des produits ou des services locaux, en partenariat avec les commerçants et artisans du terroir !
2. Différents systèmes d'échanges locaux (les « SEL ») existent un peu partout sur le territoire. Il existe une documentation abondante sur Internet à ce sujet.

hostile – aux motivations écologiques qui animaient le groupe.
Au lieu d'avancer sans considérer l'opinion des villageois, les membres du collectif ont réfléchi sans relâche à la manière d'emporter la sympathie des habitants. Ils ont d'abord pris le temps de discuter avec la population pour découvrir l'histoire du village et ses traditions. Ils se sont très vite aperçus qu'un loto avait longtemps été organisé chaque mois dans le village, rythmant la vie sociale des habitants, mais que, faute de bénévoles, ce loto avait cessé quelques temps auparavant.
Le collectif s'est donc immédiatement proposé pour faire revivre cet événement mensuel. Quelle ne fut pas la joie des habitants de pouvoir profiter de nouveau de ces moments partagés ! Ces jeunes marginaux sont instantanément passés du statut de parias à celui de prophètes au sein de la commune.
Pour autant, le maire, ayant appris le projet d'installation du collectif en zone agricole, avait entamé des démarches en vue d'en démanteler les constructions. Mais c'était sans compter avec le soutien de la population qui ne voulait pas risquer de voir son loto s'arrêter une deuxième fois : la population s'entretint avec l'équipe municipale en prenant fait et cause pour le collectif. Cela eut pour effet immédiat de faire cesser les démarches de la mairie et on n'entendit jamais plus les élus parler de ces habitations.
Aux élections municipales suivantes, les membres du collectif ont constitué une liste participative et ont remporté une majorité de sièges au conseil municipal. Forts des soutiens populaires et de leur position nouvelle, ils vivent sans crainte d'expulsion.

VALORISER SON ACTION EN CRÉANT UNE ASSOCIATION

Quelles que soient les activités que vous souhaitez mettre en place, nous conseillons de le faire dans le cadre d'une association à but non lucratif que vous aurez créée au préalable, ce afin d'inscrire vos différentes actions dans le cadre global de la préservation de l'environnement, et donc d'ancrer votre présence dans une dynamique vertueuse pour le territoire. La création d'une association vous permettra de :

- inscrire la préservation des espèces dans les statuts : au moment de créer votre association, indiquez dans vos statuts vos intentions puis réalisez des recensements d'espèces de la faune et de la flore pour montrer l'importance de préserver les territoires et l'impact bénéfique de vos actions. Cela vaut aussi bien pour les lieux où vous vous installez que pour les lieux où la nature est menacée de destructions. En procédant ainsi, il sera difficile pour une autorité de vous empêcher d'agir au sein d'un territoire et de délégitimer votre présence ;
- faire de votre terrain un refuge officiel pour la biodiversité : vous pouvez sanctuariser des lieux et ainsi les protéger de la chasse[1], en mettant en place des zones refuges. Pour cela, il y a quelques démarches à effectuer qui sont facilitées par le statut associatif[2] ;
- mettre le terrain au nom de l'association : quel que soit le terrain que vous occupez, arrangez-vous pour le mettre au nom de l'association. Soit en l'achetant directement à travers cette association, soit en faisant

1. Nous y reviendrons un peu plus tard.
2. L'association ASPAS détaille toutes ces procédures dans un document intitulé *Comment interdire la chasse chez vous en créant un refuge ASPAS ?* et propose de fournir une aide gratuite à toutes celles et ceux qui entament ces démarches.

un prêt à usage ou un bail emphytéotique pour l'association de façon que le propriétaire conserve le terrain mais que la gestion revienne à l'association. De cette façon, si un jour des démarches devaient être entreprises contre votre installation jugée illégale, ce serait la personne morale, à savoir l'association, qui devrait rendre des comptes et non les occupants des lieux. En d'autres termes, c'est une manière d'éviter les problèmes à titre personnel ;
- vous structurer facilement : l'association est un véhicule juridique très simple et sans contraintes financières, contrairement aux entreprises. Elle permettra d'engager des frais, d'avoir des adhérents, de recevoir des dons, et ce sans contraintes financières.

Créer une association permet donc non seulement de crédibiliser les actions que vous mettrez en place auprès du public, mais aussi de valoriser vos efforts auprès de la mairie. On craindra moins d'une association à but non lucratif les dérives que l'on peut habituellement craindre d'un particulier : volonté d'enrichissement personnel ou de profiter des lieux à moindre prix.

UN EXTRAIT DES STATUTS D'UNE ASSOCIATION

Pour celles et ceux qui seraient en manque d'inspiration au moment de remplir un formulaire de création d'association, voici un exemple d'objectifs et de moyens d'action qu'il est possible d'inscrire.

[...]

Article 2 : Objectifs de l'association

L'association « ... » a pour but :

- la protection de la nature et la défense de l'environnement ;

- la préservation et la régénération des écosystèmes en vue de favoriser une biodiversité végétale et animale ;
- la transmission et la diffusion de pratiques écologiques et forestières pour permettre aux êtres humains de s'intégrer dans les écosystèmes vivants et de les préserver ;
- le développement d'initiatives résilientes ;
- le recensement d'espèces végétales et animales ;
- l'aide et l'accompagnement des personnes souhaitant vivre dans la nature ;
- la favorisation de nouvelles législations et juridictions facilitant les installations en habitats légers ;
- l'acquisition de forêts et de terres agricoles.

Article 3 : Moyens d'action

Les moyens d'action de l'association sont notamment :

- la production de contenus audiovisuels ;
- l'édition de documents écrits ;
- la tenue de conférences, tables rondes ;
- la vente permanente ou occasionnelle de tous produits ou services entrant dans le cadre de ses objectifs ou susceptibles de contribuer à leur réalisation ;
- l'organisation de manifestations et toute initiative pouvant aider à la réalisation des objectifs de l'association.

LES LOIS POUR S'INSTALLER

> L'espace qui sépare ce que l'homme imagine
> de ce que l'homme réalise ne peut être franchi
> que par l'ardeur de son désir.
>
> **KHALIL GIBRAN**

Si, au regard des lois actuelles, nous sommes souvent contraints de désobéir pour aspirer à vivre dans la nature et permettre à un droit universel de prévaloir sur un droit institutionnel, il est néanmoins important de connaître précisément les lois sur cette question, afin non seulement de savoir ce que l'on risque mais surtout de pouvoir se défendre en cas de conflit avec les autorités.

Les articles de loi sont bien évidemment évolutifs – pour le meilleur et pour le pire – aussi prenez le temps d'en suivre les avancées auprès d'associations comme Relier[1] ou Halem[2]. Je tiens à préciser également que je me suis astreint à cette tâche de recensement des articles juridiques sans être juriste de formation : il s'agit donc pour moi essentiellement de vous indiquer les lois sur lesquelles vous pouvez vous appuyer et celles qui peuvent vous aider

1. Réseau d'expérimentation et de liaison des initiatives en espace rural : www.reseau-relier.org.
2. Habitants de logements éphémères ou mobiles : www.halemfrance.org.

à résister aux attaques. Pour autant, ce chapitre ne peut se substituer à la consultation d'un avocat ou d'un juriste de formation si vous rencontrez des problèmes avec la justice.

CONCERNANT LA CONSTRUCTION D'UN HABITAT CLASSIQUE

La loi distingue les constructions avec et sans fondation, comme nous le verrons avec l'habitat réversible. Si votre habitat nécessite des fondations en dur pour sa construction, alors vous pouvez considérer que vous entrez dans le cadre légal d'un habitat classique[1]. Les habitats classiques sont principalement réglementés selon la surface habitable :

- s'agissant d'une construction inférieure ou égale à 5 m² au sol, vous n'êtes pas tenu de demander une autorisation ;
- pour une construction comprise entre 5 et 20 m² au sol, vous devez effectuer une déclaration préalable de travaux en mairie ;
- pour toute construction supérieure à 20 m² au sol, il faut obtenir un permis de construire.

Il existe un cadre supplémentaire avec le permis d'aménager, si cela concerne des résidences démontables. Ces permis d'aménager permettent des surfaces de plancher supérieures à 40 m² et, pour en bénéficier, il faut qu'il y ait au moins deux résidences et que cela constitue l'habitat permanent de leurs utilisateurs.

1. Plus d'informations sur : https://www.service-public.fr/particuliers/vosdroits/F662.

La « Cabénuite » occupée lors des réunions et célébrations collectives.

CONCERNANT LA CONSTRUCTION D'UN HABITAT LÉGER OU RÉVERSIBLE

Pour toutes celles et ceux qui aspirent à réduire l'impact environnemental de leurs habitats et font par conséquent le choix de s'installer en habitats légers ou habitats réversibles[1], il existe des dispositions juridiques nouvelles qui facilitent l'installation.

La loi rassemble ces installations sous l'appellation de « résidences démontables » et fixe un cadre juridique particulier pour ce type d'installation depuis 2014 et la loi Alur. Juridiquement :

> Sont regardées comme des résidences démontables constituant l'habitat permanent de leurs utilisateurs les installations sans fondation disposant d'équipements intérieurs ou extérieurs et pouvant être autonomes vis-à-vis des réseaux publics. Elles sont destinées à l'habitation et occupées à titre de résidence principale au moins huit mois par an. Ces résidences ainsi que leurs équipements extérieurs sont, à tout moment, facilement et rapidement démontables.[2]

Sont donc concernés les yourtes, roulottes, caravanes, cabanes, tipis, dômes, kerterres, mobil-homes, *tiny houses* et autres constructions légères[3].

---

1. Nous privilégions le choix du terme « habitat réversible » car il inclut un plus large panel d'habitats alternatifs que ne le permet le terme « habitat léger », qui exclut les constructions alternatives plus « lourdes » comme peuvent l'être les *tiny houses*, mobil-homes, roulottes... Par ailleurs, l'adjectif « léger » souffre d'une connotation péjorative auprès du grand public, laissant supposer que ces habitats ne sont pas fiables ou solides, ce qui est faux.
2. *Art. R. * 111-46-1*, Décret n° 2015-482 du 27 avril 2015 portant sur diverses mesures d'application de la loi n° 2014-366 du 24 mars 2014.
3. L'association « Hameaux Légers » a référencé tous les habitats ne disposant pas de fondations et pouvant donc être considérés comme des résidences démontables : https://www.hameaux-legers.org/habitat-reversible/catalogue-de-l-habitat-reversible-airtable.

Sachez que les résidences démontables (ou habitats réversibles) sont autorisées quelles que soient les conditions d'urbanisme : que votre commune dispose d'un plan local d'urbanisme (PLU) ou qu'elle soit soumise au règlement national d'urbanisme (RNU), il existe des lois permettant de régulariser l'installation en habitat réversible en dehors des zones constructibles.

Dans les communes régies par un PLU

Le Code de l'urbanisme, à travers l'article de loi L. 151-13[1], à la suite de la loi Alur, permet de donner un cadre légal aux constructions n'obéissant pas aux normes traditionnelles en matière d'urbanisme[2]. Cet article L. 151-13 accorde ainsi des exceptions aux installations en dehors des zones d'urbanisme traditionnelles pour « les résidences démontables constituant l'habitat permanent de leurs utilisateurs ».

Les communes peuvent établir des zones dites « Stecal[3] » pour faciliter l'installation en habitat réversible des habitants en dehors des zones constructibles, c'est-à-dire « dans les zones naturelles, agricoles ou forestières » comme le détaille l'article L. 151-13. Ce dernier est complété par les articles L. 151-11 et L. 151-12, qui encadrent les constructions et installations en forêt. Ces exceptions s'appliquent à toutes les communes disposant d'un PLU et sont mises en place selon les volontés des élus locaux puis validées après avis de la Commission départementale de la préservation des espaces naturels, agricoles et forestiers.

1. Retrouvez le contenu intégral des lois évoquées dans ce chapitre sur notre site : www.desobeissancefertile.com/les-lois.
2. Ces dernières doivent répondre à un certain nombre de critères qui font ensuite l'objet d'une appréciation puis d'une dérogation de la part de la municipalité.
3. Secteurs de taille et de capacité d'accueil limitées.

Dans les communes régies par le RNU

La possibilité est donnée aux communes ne disposant pas de PLU d'autoriser tout de même des constructions en dehors des zones urbanisées depuis la loi Alur. L'article L. 111-1-2 du Code de l'urbanisme permet ainsi de solliciter une simple délibération du conseil municipal pour régulariser les constructions en dehors des zones d'urbanisation prévues.

L'INSTALLATION TEMPORAIRE POUR UN ÉVÉNEMENT

Il n'est pas nécessaire d'obtenir des autorisations pour implanter temporairement (pour un an) des constructions et installations s'il s'agit d'organiser un événement quel qu'il soit, comme l'explique l'article L. 421-5[1] du Code de l'urbanisme :

> Sont dispensées de toute formalité au titre du présent code, en raison de la faible durée de leur maintien en place ou de leur caractère temporaire compte tenu de l'usage auquel elles sont destinées, les constructions implantées pour [...] la durée d'une manifestation culturelle, commerciale, touristique ou sportive, dans la limite d'un an, en ce qui concerne les constructions ou installations temporaires directement liées à cette manifestation.

1. Article R*421-5 modifié par décret n° 2017-933 du 10 mai 2017 – art. 4.

LES INSTALLATIONS INSOLITES PERMISES PAR LA LOI

Certains (rares) habitats échappent à la réglementation. En avoir connaissance peut s'avérer utile lorsque vous envisagez de vous établir hors des clous.

Les habitats sur l'eau

Il n'existe pas de lois réglementant les constructions sur l'eau car elles ne sont pas reconnues par l'État. Ces habitats sont considérés comme des bateaux et sont donc soumis aux mêmes règles : considérées comme des navires de plaisance, les maisons flottantes sont donc régies par la division 245 de la Réglementation maritime. Elles peuvent être autocertifiées. Il faudra immatriculer l'habitat comme un navire auprès de la Direction départementale des territoires et de la mer et obtenir un emplacement auprès des Voies navigables de France si l'installation se fait sur un cours d'eau public. Si vous vous installez sur un cours d'eau privé, il n'est pas nécessaire de demander un emplacement[1].

Les habitats perchés

Si les constructions sont effectuées sur du bois vivant et n'ont aucune emprise au sol (pas de piliers), il est tout à fait possible de déroger au droit de l'urbanisme et de construire des habitats dans les arbres où bon nous semble. Des jurisprudences abondent dans ce sens pour se défendre en cas de conflit avec une administration comme nous le verrons plus loin... Mais encore faut-il connaître ces jurisprudences pour les utiliser – ce qui ne fut malheureusement pas le cas pour Xavier Marmier.

---

1. Plus d'informations sur : www.toitsalternatifs.fr/conseils-pratiques/construire-une-maison-flottante-loi-demarches/.

LE DROIT À UNE ADRESSE POSTALE[1]

Beaucoup de personnes résidant en habitat réversible, sur des terrains déclarés non constructibles et en attente de régularisation, imaginent ne pas pouvoir bénéficier d'adresse postale. De fait, les demandes de domiciliation se sont longtemps heurtées à des refus de l'administration.

Toutefois, on peut saluer en la matière des avancées juridiques notoires, notamment depuis la loi Égalité & Citoyenneté votée en 2017 - en particulier les articles 150, 194 et 195 - qui stipule que la domiciliation est un droit et se fait automatiquement dans l'ancienne commune de rattachement de manière transitoire pour une année avec une reconduction tacite pour une année supplémentaire si des démarches n'ont pas été entamées pour se faire domicilier dans le CCAS[2] de son choix.

La loi ne reconnaît donc plus la notion de « sans domicile fixe » : désormais, on évoque la notion de « sans domicile stable ».

La demande de domiciliation, depuis 2016, doit être faite à l'aide d'un formulaire officiel de demande d'élection de domicile[3].

De plus, des décisions juridiques abondent vers un droit à la domiciliation comme l'explique la décision n° 1502248, du 30 mars 2015, du tribunal administratif de Nantes : le fait que le terrain soit occupé illégalement sur la commune n'empêche pas la domiciliation.

Dans les faits, en installant une boîte aux lettres à proximité de chez vous et en allant vous présenter au bureau

1. Je me suis inspiré ici des fiches techniques réalisées par l'association Relier : http://www.reseau-relier.org/Fiches-pratiques-habitat-leger.
2. Centre communal d'action sociale.
3. Cerfa 15548*01, annexe 2.

de poste de votre commune – avec un large sourire, voire une boîte de gâteaux ! – pour signaler votre présence nouvelle, vous obtiendrez les faveurs des facteurs et factrices qui déposeront ainsi votre courrier[1].

Construction d'une cabine de douche.

LE DROIT D'EXPÉRIMENTATION DES COMMUNES

Il existe depuis 2003 une loi[2] qui permet aux communes d'élargir leur champ de compétences et de mettre en place des expérimentations. Ce droit législatif local permet aux

1. Attention toutefois que votre boîte aux lettres soit accessible et qu'elle ne soit pas trop isolée du reste de leur itinéraire...
2. Il s'agit des articles LO 1113-1 à LO 1113-7 du Code général des collectivités locales.

communes de créer de nouvelles lois et de déroger aux lois actuelles, en vue de faire évoluer leur territoire. Très peu de communes ont jusqu'à présent utilisé ce droit parce qu'il est resté longtemps méconnu. Ces expérimentations doivent évidemment être précisées et peuvent durer jusqu'à cinq ans ; au-delà de cette durée, elles peuvent être généralisées à travers un nouveau cadre législatif[1] ou bien arrêtées. Aussi, si vous souhaitez entreprendre une démarche innovante et disposer du soutien de la mairie, vous pouvez tout à fait lui suggérer de mettre en place ce droit d'expérimentation.

1. Chaque expérimentation entraîne un rapport rédigé et transmis au Parlement qui décidera de son futur.

L'AUTONOMIE GRÂCE AUX *LOW TECHS*

Il ne s'agit pas de trouver des « solutions » pour certains « problèmes » mais de viser à une alternative globale à l'état de choses existant, une civilisation nouvelle, un mode de vie autre, qui ne serait pas la négation abstraite de la modernité, mais son dépassement, sa négation déterminée, la conservation de ses meilleurs acquis, et son au-delà vers une forme supérieure de la culture - une forme qui restituerait à la société certaines qualités humaines détruites par la civilisation bourgeoise industrielle. Cela ne signifie pas un retour au passé, mais un détour par le passé, vers un avenir nouveau...

MICHAËL LOWY

Certains voient, dans la volonté d'atteindre une autonomie alimentaire et énergétique, une régression, comme un retour à « l'âge de pierre ». Le président français a lui-même qualifié d'« Amish » les partisans d'un moratoire sur la 5G. Cette critique est le fait d'un endoctrinement dont nous faisons tous plus ou moins les frais et qui consiste à croire que l'acte de consommation est synonyme de liberté et de progrès. De fait, nous sommes incités depuis notre plus tendre enfance à consommer. Ce long et lent conditionnement a eu pour conséquence de détacher les humains de leurs outils, les rendant ainsi dépendants d'équipements toujours plus complexes et par là même incapables de les concevoir par eux-mêmes.

De ce point de vue, la régression n'est pas du côté que l'on croit !

L'idée sous-tendue par la société de consommation serait qu'en nous détachant d'elle, nous nous priverions d'un certain confort. C'est en partie vrai. Il s'agit pour nous de questionner les usages de notre frénésie de consommation : faire la différence entre nos besoins nécessaires et nos désirs superflus, et mesurer le prix réel que coûtent ces technologies prêtes à l'emploi...

RÉINVENTER NOS OUTILS

Tendre vers l'autonomie, c'est apprendre à se réapproprier des outils qui ont déserté notre quotidien et réaliser que la plupart des objets que nous utilisons détruisent la planète tant dans leur conception que par l'énergie qu'ils nécessitent pour fonctionner. Concevoir ses propres outils est un bon moyen pour reprendre confiance en soi-même et en son potentiel créatif. Les objets ainsi créés peuvent contribuer à notre confort quotidien car ils sont en adéquation avec nos convictions profondes. Il s'agit en fait de mettre notre génie humain au service du Vivant. C'est dans cette optique qu'ont émergé ce que l'on appelle les « low techs » – les basses technologies.

METTRE NOTRE GÉNIE AU SERVICE DU VIVANT

Les *low techs* sont des techniques et des savoir-faire plaçant l'humain au centre des activités et permettant de concevoir des outils le plus simplement possible, souvent à partir de matériaux recyclés ou de sources naturelles primaires. Leur utilisation ne nécessite pas ou peu d'énergie et ils se réparent facilement.

Énergies solaires.

Le concept de basse technologie permet de redonner vie à des objets jugés obsolètes par la société marchande et ainsi de lutter contre une dévalorisation prématurée des appareils – la fameuse obsolescence programmée. Se plonger dans la conception d'outils *low techs*, c'est mettre un pied dans la philosophie humaniste du mouvement « Do-It-Yourself », qui apprend à tout développer soi-même, avec des matériaux existants. En désobéissance fertile, nous nous inspirons d'un certain nombre d'outils *low techs*. Leur usage a grandement contribué à améliorer nos quotidiens. Voyez plutôt !

LA MACHINE À LAVER À PÉDALES[1]

Quand on est parents de deux jeunes enfants comme nous, on constate rapidement que la machine à laver est un précieux allié dans nos vies. Or, cette dernière est tellement énergivore que son utilisation nécessiterait la pose d'un panneau solaire à elle seule ! Pour autant, il était impensable de nous en passer sans risquer d'avoir la vie des lavandières du siècle dernier... Nous pouvions toujours nous rendre dans une laverie en ville pour effectuer nos lessives, mais l'idée de porter des sacs remplis de vêtements afin de rejoindre notre voiture garée à 10 minutes dans la vallée puis d'attendre deux heures devant une machine à laver

Machine à laver à pédale.

1. Découvrez les tutoriels pour apprendre à réaliser votre propre machine à pédales : https://wiki.lowtechlab.org/wiki/Machine_à_laver_à_pédales.

ne nous enchantait pas beaucoup. C'est alors qu'un ami est venu nous proposer de nous construire une machine à laver à pédales... à partir de matériaux récupérés dans une déchetterie ! Comment vous dire qu'à l'énoncé de cette proposition, nous avons explosé de joie...

Pour concevoir cette machine, il lui fallut récupérer le tambour d'une machine à laver usagée, lui adjoindre une chaîne de vélo elle-même raccordée à un vélo d'appartement et le tour était joué : en pédalant, nous reproduisons le fonctionnement de la machine à laver électrique, sauf que nous ne dépensons que nos propres calories !

UTILISER LE MOINS D'ÉNERGIE POUR CUIRE

Il n'est pas toujours nécessaire de faire cuire les aliments avant de les ingérer : le fait de manger cru permet même au corps de mieux assimiler les apports nutritifs des aliments. Néanmoins, la cuisson est une bien belle invention et nous ne souhaitions pas, en vivant en nature, abandonner toute ambition de nous faire plaisir aux repas ! Il existe heureusement de multiples solutions pour cuire nos aliments...

Le four solaire

À moins de posséder une cuisinière à bois, il est difficile d'avoir un four dans une cabane... On peut bien sûr ponctuellement mettre une marmite sur notre poêle à bois pour faire cuire des aliments à l'étouffée mais le procédé s'avère relativement périlleux et donc nous ne le pratiquons pas souvent. Nous contournons le problème pour les tartes, gâteaux et autres pizzas grâce à un procédé ingénieux dont François, notre cher lutin, nous a révélé le secret : il faut faire la recette « à l'envers » en recouvrant les ingrédients poêlés avec la pâte ; ne reste plus ensuite qu'à couvrir le tout avec une autre poêle ; on retourne le tout à mi-cuisson[1].

Malgré tout, nous avions très envie d'avoir un four pour cuisiner. Nous sommes donc allés puiser à la source l'énergie solaire pour exaucer notre souhait. La technique est simple : il faut constituer un réceptacle hermétique, composé de planches de bois recouvertes d'un isolant thermique (qu'on peut peindre en noir ou recouvrir d'un fond noir pour attirer la chaleur). On ferme cette boîte avec une vitre qui va provoquer un effet de serre et retenir la chaleur. Enfin, on attire un maximum de lumière à l'intérieur de cette boîte à l'aide de miroirs réfléchissants[2].

Nous obtenons généralement une température de 120 °C permettant des cuissons lentes et douces, respectant parfaitement les aliments, et nous pouvons parfois pousser jusqu'à 150 °C. Le temps de cuisson est bien sûr plus long selon l'heure à laquelle on veut faire chauffer les plats : de notre côté, nous plaçons nos denrées dans le four dès le matin en général, avant de démarrer nos activités, en laissant chauffer deux ou trois heures, suivant le plat réalisé, le temps que le soleil se lève et réchauffe lentement la structure[3]. Notre fille aînée, qui ne supportait jusqu'alors pas le goût des courgettes cuites, est désormais conquise – et la cuisson lente y est pour quelque chose ! Et pour nos gâteaux et tartes, c'est quand même beaucoup plus facile que la cuisson à deux poêles !

---

1. Pour le pain, nous mettons une couche d'avoine au fond de la poêle, en plus de la farine, afin d'éviter que cela accroche.
2. Pour réaliser votre four solaire, de nombreux tutoriels existent, notamment : https://wiki.lowtechlab.org/wiki/Four_solaire_(cuiseur_type_boîte).
3. On fait aussi le choix d'aller plus vite en utilisant le four lorsque le soleil est à son zénith, et dans ce cas, une ou deux heures suffisent.

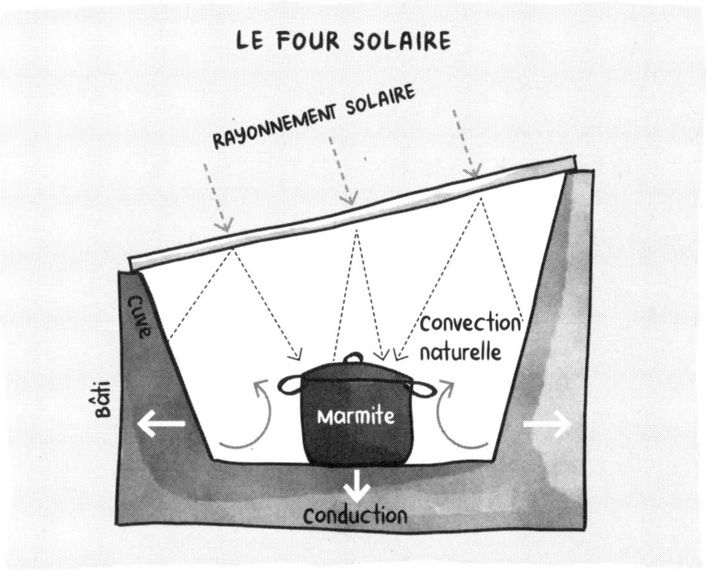
LE FOUR SOLAIRE
RAYONNEMENT SOLAIRE
Cuve
Bâti
Convection naturelle
Marmite
Conduction

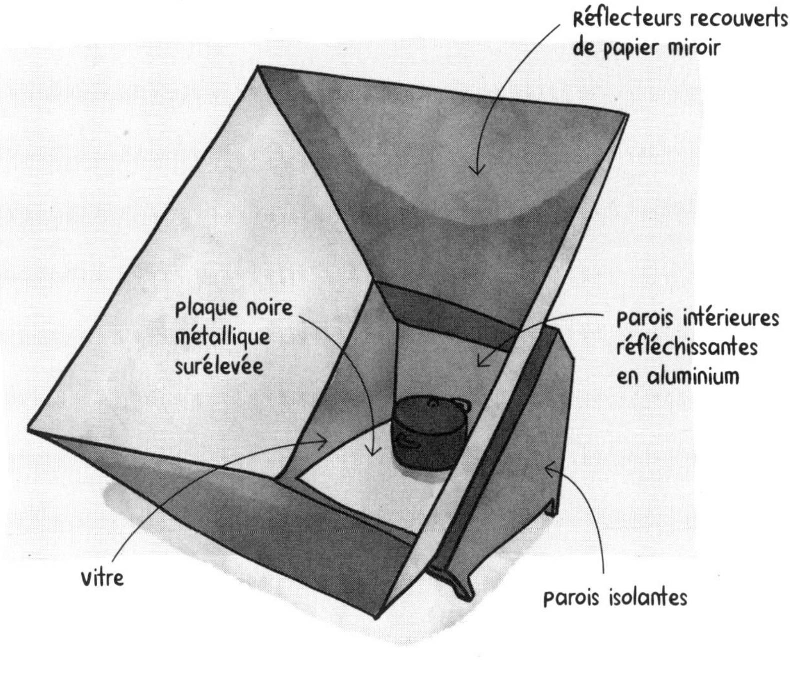
Réflecteurs recouverts de papier miroir
Plaque noire métallique surélevée
Parois intérieures réfléchissantes en aluminium
vitre
Parois isolantes

L'inconvénient évident d'un four solaire, c'est qu'il ne fonctionne pas les jours de pluie. En revanche, il n'est pas nécessaire qu'il fasse chaud pour que le procédé fonctionne : avec un soleil d'hiver, il faut simplement être un peu plus patient... Et nous avons tout notre temps !

La marmite norvégienne

Ce procédé très simple nous permet de cuisiner là aussi avec des cuissons très douces en n'utilisant presque pas d'énergie. Pour réaliser une marmite norvégienne, il faut une caisse en bois. Dans cette caisse, il faut mettre une couette ou des linges épais pour conserver la chaleur. Il s'agit ensuite de recouvrir l'ensemble d'un couvercle et d'un linge qui empêchent la chaleur de se dissiper.

Au préalable, nous faisons bouillir de l'eau quelques minutes pour générer de la chaleur dans la casserole. Une fois l'eau portée à ébullition, arrêtez le feu : en insérant la casserole dans la marmite norvégienne, la température permettra une cuisson très lente toute la journée[1]. Ce procédé est idéal pour les plats mijotés et peut être utilisé pour toutes les cuissons lentes (lentilles, riz...). Cette technique existe depuis des milliers d'années[2].

---

1. Découvrez de nombreux modèles à reproduire facilement sur : http://www.marmite-norvegienne.com.
2. Selon des recherches réalisées par Mireille Saimpaul et disponibles sur : https://cerisebio.free.fr/histoiremarmitenorvegienne.pdf, les Juifs auraient utilisé ces techniques il y a deux mille ans pour faire réchauffer leurs plats sans avoir à utiliser le feu qui est proscrit le jour du shabbat ; ils plongeaient ainsi leurs casseroles dans une caisse remplie de foin.

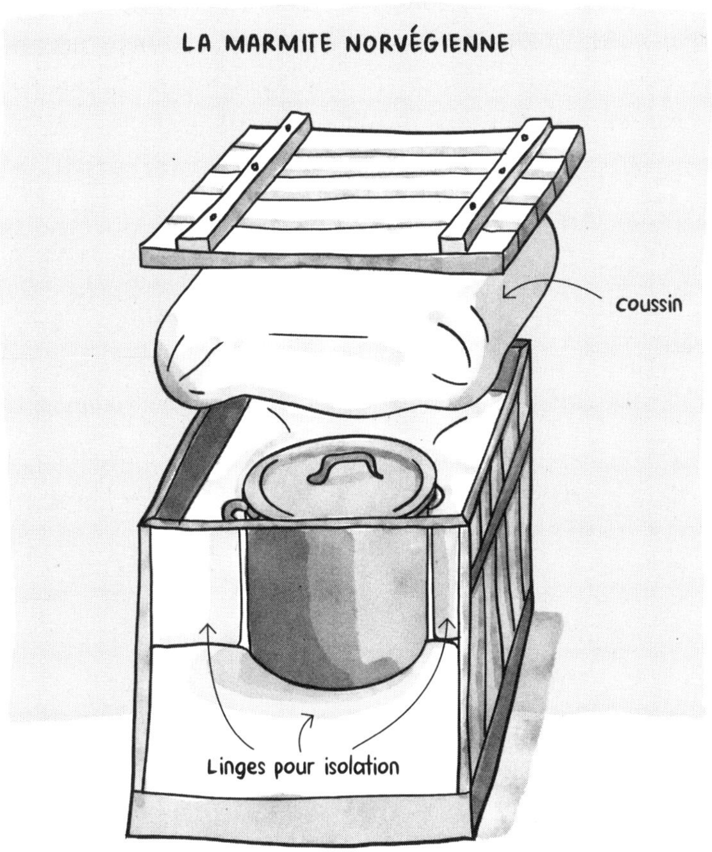

Le cuiseur à bois économe

Connu également sous le nom de « rocket stove », le cuiseur à bois économe nécessite peu de moyens pour sa fabrication : deux bidons (ou boîtes de conserve), l'une grande et l'autre plus petite, de la cendre pour isoler les deux et une ouverture en bas pour réaliser un foyer de bois[1]. Cette technique a pour avantage de n'utiliser que peu de bois-énergie

1. Pour réaliser le sien, retrouvez la fiche technique réalisée par l'association « Bolivia Inti » : www.boliviainti-sudsoleil.org/IMG/pdf/CBE-2.pdf.

pour réaliser les cuissons, grâce à un tirage à cheminée parfaitement optimisé et un isolant thermique qui conserve la chaleur du foyer.

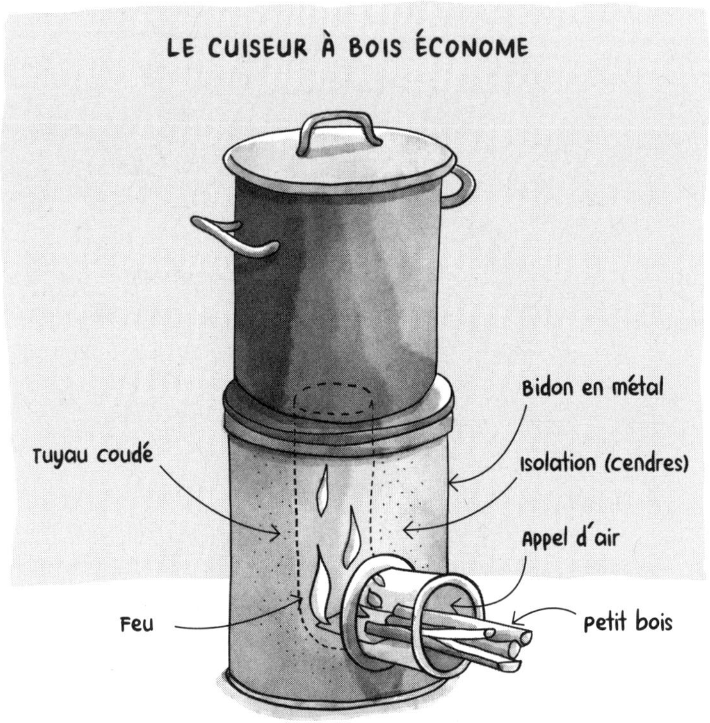

Le four en terre

Rien ne vaut les techniques d'antan pour faire de grandes cuissons collectives et le four en terre permet cela grâce à la superficie modulable qu'on peut lui donner. Pour le construire, c'est très simple : des pierres au sol pour former le contour du foyer, puis un mélange de terre argileuse avec de la paille pour constituer une dalle en terre au sol. Pour réaliser le squelette du four, on utilise des branches souples de bois qu'on assemble les unes aux autres pour former une sorte de voûte. On va également réaliser une arche avec des branches pour l'entrée du four. Ensuite, on monte le contour du four en faisant des boudins avec un mélange d'eau, d'argile et de paille. Enfin, on utilisera un tuyau pour aider à mouler un conduit de cheminée, qu'on enroulera de boudins de terre-paille humides et que l'on retirera soigneusement une fois la structure montée (avant que le four soit sec). Pour réaliser la porte qui permettra de fermer le four, le procédé est le même : on réalise un boudin en mélangeant eau, terre et paille sur lequel on place un bout de bois en longueur qui fera office de poignée. Une fois la construction du dôme terminée, on met du bois dedans et on réalise un premier feu pour faire sécher la structure. On laisse l'ensemble reposer quelques jours puis on peut commencer les cuissons[1]... Veillez juste à abriter le four en terre pour le protéger de la pluie !

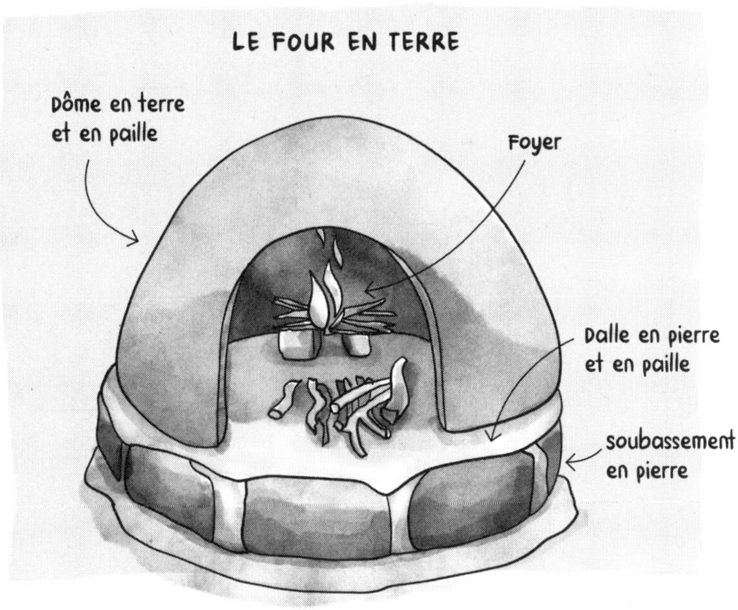

1. Les détails pour le réaliser soi-même sur : www.permabiose.fr/four-a-pain-en-terre-crue-paille/.

RÉFRIGÉRER SES ALIMENTS

Comment réfrigérer le plus simplement ses aliments et sans électricité ? C'est bien la question qu'on s'est posée en s'installant dans notre cabane. Comme pour la machine à laver, nous ne voulions pas accroître nos besoins en électricité ni notre dépendance aux engins électroménagers. Alors il nous a fallu chercher et finalement reproduire ce que les anciens faisaient en stockant leurs provisions dans les caves.

Le réfrigérateur enterré

Pour concevoir un réfrigérateur enterré, il faut tout d'abord creuser un trou suffisamment profond pour y mettre un seau en fer (ou un grand pot en terre) et en couvrir les contours de façon que le contenant soit systématiquement au contact de la terre. On referme ensuite avec un couvercle et on pose des linges dessus pour que la fraîcheur ne s'échappe pas. On obtient ainsi des températures autour de 12 °C tout au long de l'année, même lors des plus grosses chaleurs, ce qui nous permet de conserver parfaitement la plupart de nos aliments[1].

Le frigidaire du désert

Cette technique appelée « Pot Zeer[2] » trouve son origine en Afrique où les chaleurs sont fortes et les conditions de réfrigérations parfois limitées. Son fonctionnement est très simple : vous devez dénicher deux pots en terre de deux tailles différentes de façon que l'un entre largement dans l'autre. Dans le plus grand des deux, entre ses parois

---

1. Nous avons une alimentation végétarienne.
2. Qui signifie « évaporation » en arabe.

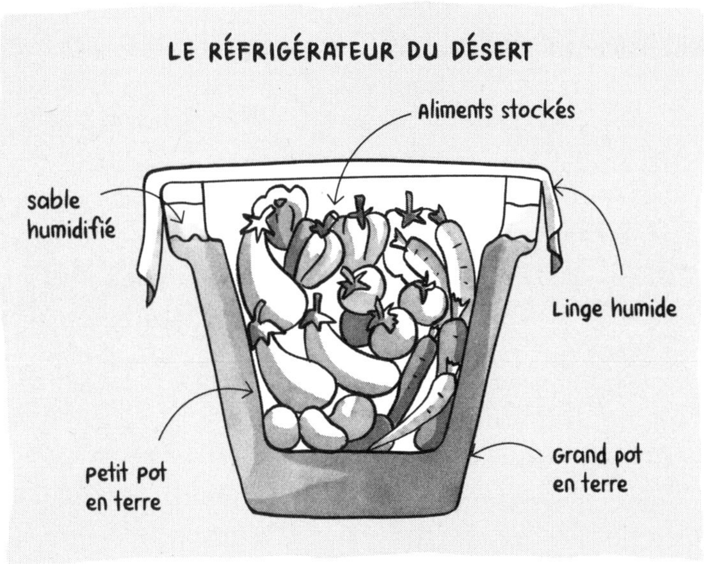

et l'autre pot, on remplit de sable. On arrose deux fois par jour l'espace sablonneux et on recouvre l'intérieur du plus petit pot avec un linge humide. On place ensuite les pots au soleil ; à travers l'évaporation de l'eau, le pot en terre interne se refroidit et maintient les aliments au frais. On fait ici intervenir le principe dit « de thermodynamique ». Grâce à ce procédé qu'on utilise chez nous, on obtient une excellente conservation de nos fruits et légumes en été.

LES TOILETTES SÈCHES

Les toilettes sèches sont la parfaite illustration du principe de Lavoisier selon lequel « rien ne se perd, rien ne se crée, tout se transforme ». Alors que, dans les villes, nous avons été habitués à faire nos besoins dans de l'eau, ici il n'en est aucunement question.

L'UTILISATION D'EAU POTABLE DANS NOS TOILETTES : UN SCANDALE

L'eau utilisée pour faire nos besoins dans les toilettes « conventionnelles » est initialement potable et une fois utilisée, elle ne sera plus jamais recyclée (on appelle cela des eaux grises : elles ne sont plus retraitées). Cela amène à des utilisations démesurées d'eau potable (on utilise près de 6 litres par chasse d'eau) alors même que de plus en plus d'habitants en sont privés.
Si vous n'avez pas encore de toilettes sèches chez vous, vous pouvez déjà placer dans le réservoir de votre chasse d'eau une bouteille remplie de 1,5 litre – voire deux bouteilles, la plupart des réservoirs sont assez grands pour le permettre : cela vous fera économiser, à chaque chasse d'eau, de 1,5 à 3 litres d'eau potable ! En attendant les toilettes sèches, ce sera déjà un réel progrès…

Dans les systèmes de toilettes conventionnelles, les urines et déjections sont considérées comme des déchets et ne sont plus réutilisées. Dans les toilettes sèches, c'est toute une ressource en devenir que nous participons à générer. En effet, pour remplacer la chasse d'eau, nous utilisons de la sciure de bois (récupérée gratuitement dans les scieries), de la terre ou de la cendre. Cela permet de réduire les odeurs et surtout d'apporter de la matière carbonée pour équilibrer nos apports naturels en azote. Une fois que nous avons rempli un seau, nous le versons dans un grand bac à compost et nous laissons reposer le tout pendant plusieurs mois, voire une année.

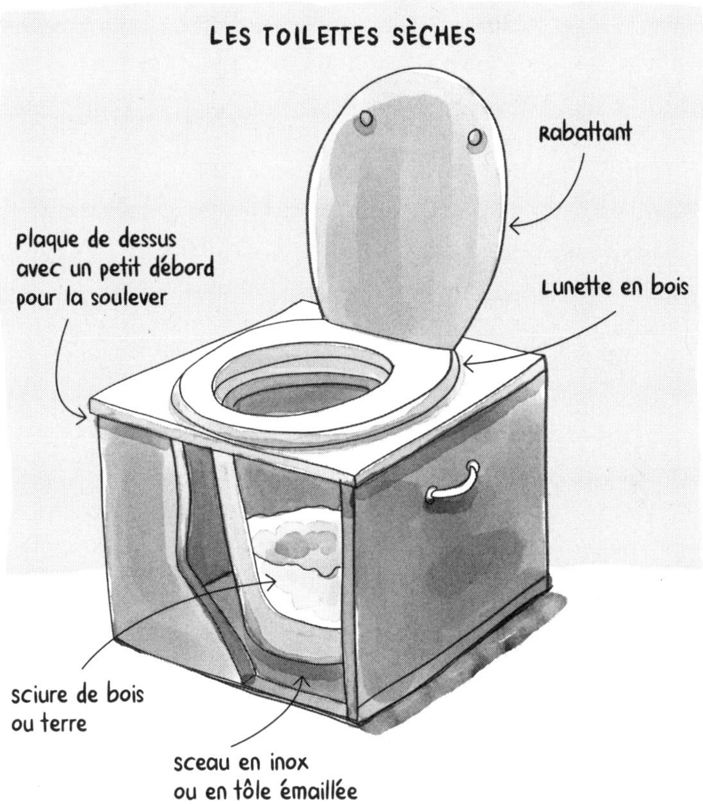

Nous avons ainsi créé plusieurs bacs à compost d'un grand volume que nous avons installés au jardin. Nous appelons cela des « compostières » ; pour les construire, nous avons planté au sol, dans des espaces délimités, des bâtons que nous avons tressés avec des branches d'arbre[1]. Quand un bac est rempli, nous le laissons reposer et en remplissons un autre, et au bout de plusieurs mois (voire un an suivant le processus de décomposition), on répand le premier bac

1. L'idéal étant d'utiliser des branches d'osier pour leur souplesse et leur robustesse.

dans notre jardin, ce qui apporte une matière organique incroyable pour faire pousser les fruits et légumes. La mise en place de toilettes sèches fait de nos déjections de véritables ressources[1].

Nous projetons dans les mois à venir de développer d'autres outils - notamment un chauffe-eau solaire -, de remplacer l'usage de l'essence par l'utilisation d'huiles de fritures usagées pour notre voiture, de développer un méthaniseur en vue d'obtenir du gaz à partir de nos déchets organiques, et de construire une éolienne domestique[2]. En tous les cas, des dizaines de tutoriels *low techs* sont disponibles en accès libre (notamment par le « Low-Tech Lab »[3]) et de nouveaux outils apparaîtront dans les années à venir, nous permettant un confort toujours plus conséquent et en conscience...

---

1. À condition bien sûr d'avoir une alimentation saine !
2. Nous utilisons actuellement un panneau solaire pour couvrir nos besoins en électricité et espérons nous former avec l'association « Éole France » que l'on peut contacter sur : france.eole@orange.fr.
3. Leur site est une mine d'or : www.lowtechlab.org.

RÉSISTER : DES ARGUMENTS POUR SE DÉFENDRE JURIDIQUEMENT

Ils ont essayé de nous enterrer.
Ils ne savaient pas que nous étions des graines.
PROVERBE MEXICAIN

En cas de procédures judiciaires, il faut vous préparer à défendre au mieux vos choix et vos positions. Toutes les causes se plaident et tous les arguments peuvent être émis pour légitimer vos actions. Aussi, nous vous proposons plusieurs éléments non exhaustifs pour réaliser des dossiers juridiques qui méritent bien sûr d'être complétés et ajustés par des juristes professionnels selon les stratégies pour lesquelles vous opterez.

S'APPUYER SUR LA HIÉRARCHIE DES NORMES

Il existe en droit ce que l'on nomme « la hiérarchie des normes » et, selon ce principe, chaque texte doit respecter les textes qui ont une valeur supérieure[1].

1. Les textes, du plus au moins important, sont les suivants : Constitution, normes internationales, lois, ordonnances, règlements, jurisprudences, actes administratifs.

LA HIÉRARCHIE DES NORMES

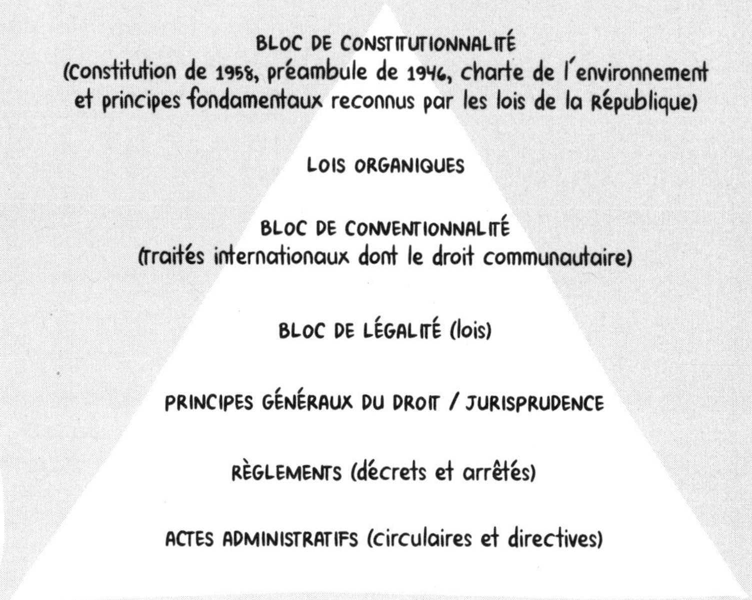

Il est donc primordial de connaître les textes constitutionnels et les conventions internationales pour faire prévaloir notre droit à défendre et préserver les écosystèmes, lorsque l'on décide de désobéir aux règlements émanant des collectivités territoriales ou aux lois de son État.

LA CHARTE DE L'ENVIRONNEMENT

La Charte de l'environnement est inscrite dans la Constitution et bénéficie d'une primauté absolue sur les autres lois. De fait, elle énonce des principes fondamentaux sur lesquels nous appuyer, notamment les articles suivants :

Article 1er. *Chacun a le droit de vivre dans un environnement équilibré et respectueux de la santé.*
Article 2. *Toute personne a le devoir de prendre part à la préservation et à l'amélioration de l'environnement.*
Article 4. *Toute personne doit contribuer à la réparation des dommages qu'elle cause à l'environnement, dans les conditions définies par la loi.*
Article 6. *Les politiques publiques doivent promouvoir un développement durable. À cet effet, elles concilient la protection et la mise en valeur de l'environnement, le développement économique et le progrès social.*

Les traités internationaux

Après les textes à valeur constitutionnelle, ce sont les dispositions issues de conventions et traités internationaux qui priment sur les lois. Aussi, les articles issus des Conférences pour le climat (COP) peuvent être énoncés également pour valoriser les actions de défense de l'environnement – par exemple, le préambule de l'Accord de Paris adopté à l'issue de la COP 21 qui reconnaît l'importance de « veiller à l'intégrité de tous les écosystèmes, y compris les océans, et à la protection de la biodiversité, reconnue par certaines cultures comme la Terre nourricière », ainsi que l'article 7 qui exprime « l'objectif mondial en matière d'adaptation consistant à renforcer les capacités d'adaptation, à accroître la résilience aux changements climatiques et à réduire la vulnérabilité à ces changements » qui énonce l'objectif mondial partagé de trouver des solutions pour pérenniser nos existences. Ces différents textes peuvent être invoqués pour légitimer nos installations et nos actions, en ce qu'ils entendent protéger ce que nous-mêmes souhaitons protéger.

Les lois

Après les traités internationaux viennent les lois. Nous avons vu plus haut un certain nombre d'entre elles en matière d'urbanisme sur lesquelles on peut s'appuyer pour constituer une défense, notamment sur le fait que ces lois sont déterminées de façon trop arbitraire[1].

L'ÉTAT DE NÉCESSITÉ : UNE LOI À CONNAÎTRE !

La loi sur l'état de nécessité nous intéresse beaucoup car elle permet de justifier des actions illégales à partir du moment où ces dernières sont jugées absolument nécessaires : en 1957, la cour d'appel de Colmar définit l'état de nécessité comme « la situation dans laquelle se trouve une personne qui, pour sauvegarder un intérêt supérieur, n'a d'autre ressource que d'accomplir un acte défendu par la loi pénale[2] ».
Si bien que cette loi figure à partir de 1958 dans le Code pénal à l'article 122-7 :
« N'est pas pénalement responsable la personne qui, face à un danger actuel ou imminent qui menace elle-même, autrui ou un bien, accomplit un acte nécessaire à la sauvegarde de la personne ou du bien, sauf s'il y a disproportion entre les moyens employés et la gravité de la menace. »

---

1. Pourquoi certains pourraient bénéficier de ces droits - selon l'appréciation des communes - et pas d'autres ?
2. Source : https://www.droit-cours.fr/etat-necessite-droit-penal/.

CONNAÎTRE LES JURISPRUDENCES

En plus des différents articles de loi énoncés, il existe des décisions de justice appelées « jurisprudences » qui permettent de confirmer, interpréter voire contredire des lois selon les circonstances. Ces jurisprudences vont parfois s'imposer contre les lois, pour trancher de futurs litiges – et peuvent donc faire évoluer les lois !

Voici un certain nombre de jurisprudences que nous jugeons intéressantes pour compléter vos dossiers. Je vous indique ici seulement sur quoi porte la jurisprudence, et vous invite ensuite, si le cas vous paraît intéressant pour votre situation, à vous renseigner sur l'affaire en question :

* La jurisprudence « Legordia » en 2014 : le tribunal correctionnel de Bayonne a relaxé Fréderic Jeanniot et permis le maintien de cabanes perchées dans les arbres.
* La relaxe d'Éric Barret en 2008 : devant le tribunal de Mende, l'avocat d'Éric Barret a plaidé l'état de nécessité car « cet agriculteur a le droit fondamental de se loger et on le livrerait à la dépendance en interdisant sa yourte », et obtenu la relaxe de son client.
* La relaxe de Tom et Léa en 2011 : reconnus coupables « d'exécution de travaux sans permis de construire » en première instance à Foix, les prévenus ont été relaxés par la cour d'appel de Toulouse en mai 2011 dans un jugement qui reconnaît « l'erreur de droit que les prévenus n'étaient pas en mesure d'éviter ». Virginie et Pierre ont été relaxés par le tribunal de grande instance de Tarbes le 30 juin 2011 au même motif.

QUELQUES ARGUMENTS POUR APPUYER VOS DOSSIERS JURIDIQUES

Je le répète : il faut faire feu de tout bois pour défendre le Vivant et, comme on l'a vu jusqu'ici, plusieurs textes nous légitiment dans cette volonté. Il reste néanmoins à montrer la valeur de nos actions pour obtenir des victoires juridiques.

L'urgence de préserver les écosystèmes

Tous les arguments énoncés dans la première partie du livre pour justifier d'une désobéissance fertile peuvent être utilisés pour démontrer la nécessité des actions entreprises et jugées. N'hésitez pas à dresser un portrait précis de la situation environnementale actuelle en vous appuyant sur des rapports et données récentes, à partir de vos propres constats, et à multiplier vos sources.

Les effets néfastes de l'habitat conventionnel sur l'environnement[1]

L'habitat en dur avec fondations, privilégié par les sociétés occidentales, est une cause majeure de pollution à de multiples niveaux :

- 27 % des émissions de gaz à effet de serre en France sont liées au logement. C'est le premier facteur de réchauffement climatique. La construction d'une maison de 50 m^2 émet 21 tonnes de CO_2 en moyenne, soit 10 fois le montant annuel maximal qu'un individu devrait émettre pour ne pas nuire à la planète ;

1. Merci au groupe Habitat réversible autonome pour leur travail pédagogique et leurs données dont nous nous sommes inspirés. Retrouvez leurs travaux sur : https://habitat-reversible.org.

* 46 millions de tonnes de déchets sont générées par l'industrie du bâtiment chaque année, car le béton comme le ciment, matériaux principalement utilisés dans les constructions actuelles, ne sont pas réutilisés ;
* le béton est responsable à lui seul d'un douzième des émissions de CO_2 dans le monde, sans parler des problèmes liés à l'extraction du sable. Une simple dalle de 30 centimètres de béton sur 50 m^2 génère 4,5 tonnes de CO_2, soit l'équivalent de neuf trajets Paris – New York en avion !
* nous avons perdu 25 % de surface agricole en cinquante ans ; l'équivalent d'un département moyen français est bétonné tous les six ans, principalement à cause de l'habitat. L'imperméabilisation des sols aggrave les effets des inondations et des sécheresses, de plus en plus fréquentes.

Les avantages de l'habitat réversible dans la lutte contre le réchauffement climatique

À l'inverse les avantages de l'habitat réversible sont nombreux :

* empreinte carbone nulle (ou quasi nulle) dans la construction grâce aux nouvelles formes d'habitats qui utilisent des matériaux biosourcés comme le bois, la paille, la terre et des matériaux recyclés (c'est justement le cas de nos cabanoiseaux !) ;
* habitats sans déchets grâce à des matériaux pouvant être transformés et réutilisés à la fin d'un premier cycle de vie, soit parce qu'ils sont biodégradables (bois, terre, paille) soit parce qu'ils ont de longues durées de vie (vitres) ;
* réversibilité des sols : grâce à des constructions et des fondations sur bois : les sols ne sont plus imperméabilisés ce qui permet à l'eau de s'infiltrer, aux sols

d'être préservés si bien que les terrains peuvent revenir à leur état initial en cas de départ des habitants.

Le droit au logement opposable

Il existe plus de 4 millions de personnes mal logées en France selon la Fondation Abbé Pierre et un Français sur cinq est en situation de fragilité par rapport au logement. La spéculation immobilière et la crise économique font du logement le principal facteur d'exclusion. Le « Droit au logement opposable » (Dalo) vise à garantir un droit à un logement décent et indépendant à toute personne qui n'est pas en mesure d'y accéder par ses propres moyens ou de s'y maintenir. Certaines conditions sont à remplir pour en bénéficier, notamment le fait d'être menacé d'expulsion sans relogement.

LA FAILLE DU DALO POUR L'HABITAT RÉVERSIBLE

Pour bénéficier de ce droit, il faut effectuer une demande à travers un formulaire dans lequel on inscrit le type de logement souhaité. Le problème, c'est qu'aucune catégorie ne référence les résidences démontables et qu'aucun logement en ce sens n'est proposé.
Par conséquent, ce Dalo n'est pas appliqué pour toutes celles et ceux qui font le choix de l'habitat réversible et qui sont menacés d'expulsion.
Cet argument peut servir lors de la constitution d'un dossier juridique[1] pour légitimer la présence actuelle de vos habitats.

1. À condition d'avoir effectué les démarches pour le Dalo au préalable, pour prouver votre bonne foi.

Pour conclure, il ne faut jamais oublier une chose : il y a la loi d'un côté et la réalité de l'autre. Or, les personnes qui vous jugeront ignorent souvent tout de votre réalité. Aussi, ne cessez jamais de revendiquer les bénéfices de vos actions tant pour vous que pour la collectivité et les écosystèmes. Décrivez tout ce que vous entreprenez pour régénérer et aggrader les territoires, pour créer du lien, pour amener de la résilience dans les territoires que vous occupez. Énumérez tous les impacts bénéfiques de vos actions et étayez-les avec des chiffres, des mesures, des témoignages de personnes qualifiées et non qualifiées pour appuyer vos propos.

DES ARGUMENTS POUR ATTAQUER LES AUTORITÉS

> Impose ta chance, serre ton bonheur
> et va vers ton risque. À te regarder, ils s'habitueront.
>
> **RENÉ CHAR**

Nous nous considérons comme des gens de bonne foi, qui voulons préserver notre santé et notre environnement : dès lors, plutôt que d'attendre que l'on nous punisse pour avoir potentiellement désobéi, une stratégie possible est d'attaquer : pour inaction face au péril qui nous menace et qui nous contraint à désobéir... Pour intenter des actions en justice contre les institutions, nous conseillons de se constituer en groupe car cela nécessite du temps, de l'énergie et de l'argent.

Incriminer la commune pour mauvaise prévention des risques

Les communes doivent établir un document pour informer leur population quant aux éventuels risques majeurs encourus sur leur territoire et disposer d'un plan de protection en cas de risques majeurs : c'est le Document d'information communal sur les risques majeurs (Dicrim pour les intimes). Toutes les mairies ont pour obligation légale de remplir ce document mais rares sont celles à l'avoir rempli avec sérieux et ainsi à avoir anticipé une réponse appropriée pour subvenir aux besoins de leurs populations en cas de risques majeurs. Le remplir avec sérieux les obligerait en effet à imaginer des initiatives résilientes visant à s'assurer un maximum d'autonomie. Or, à ce jour, la plupart des mairies se contentent de remplir le Dicrim en signifiant qu'elles respecteront les mesures mises en place au niveau national et s'approvisionneront dans les circuits alimentaires traditionnels si un risque survenait.

Si les mairies veulent réellement garantir la sécurité de leurs habitants, elles gagneraient à déployer des stratégies de résilience notamment alimentaires, choses pour lesquelles les occupants d'habitats réversibles et plus largement les néoruraux se préparent et qui motivent un grand nombre de leurs installations nouvelles… L'association SOS maires[1] travaille justement à sensibiliser les populations de manière qu'elles fassent pression sur leurs communes pour réviser les Dicrim et envisager de réelles solutions pour assurer la sécurité des habitants[2]. En cas de refus de la part des communes, les habitants peuvent intenter des procédures judiciaires pour « mise en danger de la vie d'autrui ».

1. https://sosmaires.org/.
2. Comme le stipule l'article L. 2212-1 du Code général des collectivités territoriales.

MISE EN DANGER DE LA VIE D'AUTRUI : L'ARTICLE 121-3 DU CODE PÉNAL

Il n'y a point de crime ou de délit sans intention de le commettre.
Toutefois, lorsque la loi le prévoit, il y a délit en cas de mise en danger délibérée de la personne d'autrui.
Il y a également délit, lorsque la loi le prévoit, en cas de faute d'imprudence, de négligence ou de manquement à une obligation de prudence ou de sécurité prévue par la loi ou le règlement, s'il est établi que l'auteur des faits n'a pas accompli les diligences normales compte tenu, le cas échéant, de la nature de ses missions ou de ses fonctions, de ses compétences ainsi que du pouvoir et des moyens dont il disposait.

Les destructions et pollutions réalisées dans la commune

Au-delà du Dicrim, les élus locaux tolèrent bien souvent des destructions et/ou des pollutions : qu'elles soient relatives à des projets d'industrialisation, agricoles, ou directement subventionnées par les institutions locales, ces destructions/pollutions constituent des dangers pour tous. Sur cette constatation, il est possible de constituer des dossiers pour dénoncer l'incompétence des autorités à combattre les pénuries, pollutions et extinctions de masse en cours. Effectuez des mesures d'impact, obtenez des témoignages d'experts et empêchez ces destructions de s'opérer par voie juridique, vous avez le droit de le faire et de saisir les juridictions qui vous sembleront les plus compétentes à juger selon les types de destructions. Si vous obtenez gain de cause, les pollueurs devront réparer les préjudices et les autorités pourront être condamnées pour leurs ingérences.

La notion de préjudice écologique est nouvellement reconnue dans la loi et permet l'incrimination du responsable d'une pollution pour ses actions et la réparation des dégâts causés.

LE PRÉJUDICE ÉCOLOGIQUE : ARTICLE 1247 DU CODE CIVIL

> Est réparable, dans les conditions prévues au présent titre, le préjudice écologique consistant en une atteinte non négligeable aux éléments ou aux fonctions des écosystèmes ou aux bénéfices collectifs tirés par l'homme de l'environnement.

Cet article a toutefois une portée d'utilisation qui est limitée puisque, à ce jour, seules les personnes « qui justifient d'un intérêt à agir » peuvent intenter ces actions en justice ; c'est le cas de l'État, de l'Agence française pour la biodiversité, des collectivités territoriales et des associations agréées ou créées depuis au moins cinq années qui ont pour objet la protection de la nature et la défense de l'environnement.

Néanmoins, la naissance de ce nouveau droit a ainsi fait émerger la campagne intitulée « L'affaire du siècle » dans laquelle plusieurs associations se sont réunies pour poursuivre en justice l'État français pour son inaction en matière de lutte contre le changement climatique. Une pétition a réuni 2 303 742 signatures et une action en justice est en cours[1].

1. Plus d'informations sur : https://laffairedusiecle.net/laffaire/.

ANTICIPER LES ÉTAPES JURIDIQUES
POUR NE PLUS LES CRAINDRE

> Je ne perds jamais.
> Soit je gagne, soit j'apprends.
> **NELSON MANDELA**

Nous craignons bien souvent d'avoir affaire à la justice sans même savoir ce que l'on risque vraiment. Connaître les procédures permet non seulement de s'y préparer mais aussi d'en dédramatiser l'issue. Aussi, je vous propose de dérouler pour vous le cours normal des événements lorsque l'on se met en situation de désobéissance fertile.

PREMIÈRE ÉTAPE : LA MAIRIE DÉSAPPROUVE LES CONSTRUCTIONS

Tout commence à l'échelle communale. La première autorité en mesure de vous inquiéter est la plus déterminante : il s'agit de la commune. Si une mairie est favorable à votre installation, elle trouvera toujours un moyen d'autoriser votre habitat, au moins de façon informelle. À l'inverse, si la commune vous est défavorable, les problèmes arrivent très vite. Très concrètement, la mairie va vous adresser un courrier vous demandant de mettre en conformité vos installations avec le Code de l'urbanisme ou de retirer purement et simplement vos installations.

DEUXIÈME ÉTAPE : LA DDT INTERVIENT

Si vous ne retirez pas vos installations, la mairie va alors vous dénoncer aux gendarmes de l'urbanisme : la DDT (direction départementale du territoire). Elle sollicitera un rendez-vous pour venir constater l'infraction sur votre terrain en présence d'un membre de la DDT. Ensemble, ils dresseront un procès-verbal d'infraction.

Rappelons à ce stade un point important : les maires sont absolument paniqués à l'idée d'engager leur responsabilité personnelle dans le cas d'habitats non conformes aux lois car ils peuvent faire l'objet de poursuites judiciaires personnelles s'il advenait un problème en lien avec ces installations. Le fait de déposer une plainte et de contacter la DDT leur permet ainsi de se décharger de toute responsabilité juridique. Vous pouvez donc tenter, avant toute procédure, de les rassurer en signant une décharge visant à les déresponsabiliser pour tout incident éventuel ou bien faire assurer votre habitation et leur présenter un certificat d'assurance (en plus des textes de lois permettant de légitimer votre installation).

TROISIÈME ÉTAPE : DÉPOSITION ET DÉCISION DE POURSUITES (OU NON) DU PROCUREUR

Après la rédaction du procès-verbal, vous recevrez une convocation de la gendarmerie pour faire une déposition. Cette déposition vise à renseigner vos positions et compléter un dossier qui sera remis au procureur. Libre à chacun de renseigner les informations qu'il souhaite selon la stratégie qu'il adopte : il est fortement conseillé, à ce stade, de consulter un avocat[1]. Lorsque le dossier sera complet, vous n'aurez plus à faire directement avec la commune mais avec l'État par l'intermédiaire du préfet départemental. Le dossier arrivera dans les mains du procureur qui décidera de :

- classer votre dossier en vertu du principe d'opportunité des poursuites ; le procureur décide au vu de l'affaire, du nombre de dossiers à traiter et d'autres facteurs arbitraires si cela vaut le coup de poursuivre,
- prescrire l'infraction si aucune démarche n'a été entreprise à l'issue d'un certain délai,
- poursuivre la procédure. Dans ce cas, le procureur choisira aussi la juridiction compétente (tribunal administratif ou tribunal correctionnel). Vous en serez informé, comme de toutes les autres étapes, par courrier recommandé.

1. Il existe de nombreuses associations qui proposent des accompagnements juridiques gratuits, nous référençons plusieurs de ces organismes à la fin du chapitre.

QUAND Y A-T-IL PRESCRIPTION ?

Il y a prescription lorsque l'on peut prouver qu'une construction incriminée sur notre terrain existe depuis dix ans ou plus. Dans ce cas, la destruction de cette construction ne peut plus être exigée.
Il y a également prescription, dans le cas où la construction est édifiée sur un terrain dont on n'est pas propriétaire, lorsque vous pouvez prouver que vous occupez le terrain depuis plus de trente ans : je vous invite donc, au cas où, à vous prendre en photo sur le terrain où vous souhaitez vous installer et à vous envoyer une lettre recommandée que vous n'ouvrirez pas, le cachet de la poste faisant foi : dans trente ans, cette lettre recommandée pourra faire office de preuve pour une éventuelle prescription !

Si vous ne l'avez pas encore fait à ce stade, sollicitez l'aide de juristes et d'avocats pour préparer votre dossier. Réfléchissez à la stratégie à adopter[1]. Quelle défense allez-vous choisir ? Celle du droit au logement face à la crise actuelle pour vivre décemment ? Ou celle du droit à vivre dans la nature et à répondre aux enjeux écologiques en adaptant pleinement son mode de vie ? Préparez au mieux votre défense selon la stratégie choisie. Soyez précis, apportez des preuves légitimant votre choix.

1. Savoir comment vous allez vous y prendre pour médiatiser votre affaire au mieux pour avoir l'opinion publique avec vous.

La « bergerie » dans laquelle nous habitons.

QUATRIÈME ÉTAPE : LE(S) JUGEMENT(S)

Vous serez jugé.e en première instance. À l'issue de ce jugement, il y a deux options pour chacune des parties : faire appel de la décision de justice ou en rester là.

Si vous faites appel de la décision, la justice rendra un nouvel arrêt. Si vous ou la partie adverse n'êtes toujours pas satisfaits à l'issue de ce second jugement, il faudra saisir la Cour de cassation. Le jugement en Cour de cassation ne se fonde que sur des articles de droit pur et ce sont aux professionnels du droit d'en faire les exposés. Une fois le jugement de la Cour de cassation prononcé, il n'y a plus d'autre recours légal en France. Les astreintes sont ensuite établies par la commune et la décision reviendra aux mairies de mettre ou non en application la décision de justice, si elle est en défaveur des occupants.

Au regard du droit européen, en revanche, vous pourrez encore aller devant la Cour européenne des droits de l'Homme vous défendre, notamment à partir de l'article 8 de la Convention européenne des droits de l'Homme qui porte sur le respect de la vie privée, familiale et du domicile. Cela étant dit, le recours devant la CEDH n'est pas suspensif, ce qui veut dire que cette procédure ne suspendra pas l'exécution des décisions de la Cour de cassation[1].

UNE COURSE DE FOND ÉMOTIONNELLE MAIS RICHE

Ces étapes juridiques sont très éprouvantes parce qu'elles entraînent une insécurité, la peur de sanctions, des démarches coûteuses, etc. Pour pouvoir supporter ces épreuves, il faut être solide mentalement. De ce point de vue, garder le cap d'une lutte aussi louable soit-elle est difficile si l'on est seul. Il faut être entouré par des personnes bienveillantes qui vous épauleront et vous ressourceront. Le fait de médiatiser votre affaire entraînera un grand nombre de soutiens physiques et virtuels qui vous seront précieux dans les moments où vous vous sentirez faiblir et vous aideront à tenir. De nombreuses personnes ayant vécu ces lourdes démarches peuvent témoigner du paradoxe entre l'angoisse de tout perdre et la joie intense de faire des rencontres formidables, de découvrir des solidarités insoupçonnées et de participer à une aventure de vie qui nous dépasse.

1. À noter : l'article 8 de la Convention européenne des droits de l'Homme est invocable devant les juridictions nationales ; il n'y a pas besoin d'arriver devant la Cour européenne des droits de l'Homme pour bénéficier de sa protection.

TROUVER UNE AIDE JURIDIQUE

Lorsqu'on n'a pas beaucoup de moyens et que la justice nous tombe dessus, on peut être – légitimement – paralysé par la peur de ne pas pouvoir se défendre. Mais rassurons-nous, il existe des dispositifs et des pratiques plus ou moins informels qui permettent heureusement à tout le monde de pouvoir se défendre.

Tout d'abord, un dispositif essentiel du droit français est l'aide juridictionnelle, qui permet de disposer d'un avocat en toutes circonstances si on n'a pas les ressources financières suffisantes pour rémunérer un avocat. L'aide juridictionnelle est attribuée selon trois critères :

* vos ressources doivent être inférieures à un plafond réévalué chaque année : en 2020, il est fixé à 1 564 € par mois[1],
* l'action en justice n'est pas irrecevable ou dénuée de fondement,
* vous ne disposez pas d'une assurance de protection juridique pour couvrir vos frais[2].

Mais il existe d'autres dispositifs accessibles à tous afin de trouver une aide juridictionnelle :

* les Centres départementaux d'accès au droit (CDAD) : chaque département dispose d'un centre de ce type[3], qui permet de bénéficier d'informations, d'aide aux démarches juridiques, de consultations et d'assistance juridique ;

---

1. Notez que le niveau de prise en charge dépend aussi de votre tranche tarifaire : moins vous avez de ressources, mieux vous êtes pris en charge.
2. Retrouvez toutes les informations sur l'aide juridictionnelle sur le site du service public : https://www.service-public.fr/particuliers/vosdroits/F18074.
3. Retrouvez la liste des CDAD ici : http://www.annuaires.justice.gouv.fr/lieux-dacces-aux-droits-10111/.

- l'association SOS Avocats, qui propose des consultations gratuites d'avocats tous les jours de la semaine de 19 heures à 23 h 30. Il est possible de les joindre au 08 25 39 33 00 ;
- dans le cas du droit au logement, l'association Jurislogement référence les nombreuses évolutions législatives et réglementaires mais aussi et surtout les jurisprudences sur leur site Internet[1]. Vous pouvez bénéficier de leur aide en les contactant par e-mail à l'adresse suivante : jurislogement@gmail.com ;
- la pratique du *pro bono* : sachez qu'il existe des avocats qui travaillent pour partie de leur temps « pro bono », c'est-à-dire bénévolement[2]. De nombreux cabinets d'avocats privés mettent ainsi leurs compétences gratuitement au service de causes permettant de faire avancer le droit de personnes défavorisées. Ces cabinets laissent en moyenne 20 heures à chaque avocat pour ces pratiques bénévoles[3]. Cette activité *pro bono* valorise l'image du cabinet et permet également aux jeunes avocats de s'aguerrir en engrangeant de l'expérience ; c'est pourquoi il ne faut pas hésiter à faire appel à des cabinets prestigieux pour défendre vos affaires ;
- enfin, il existe des associations informelles d'avocats qui se sont regroupés pour défendre juridiquement des Gilets Jaunes ainsi que d'autres personnes inquiétées par la justice dans le cadre d'une lutte citoyenne. Il y a notamment un groupe sur le réseau Facebook intitulé « Collectif des Robes Noires, Gilets Jaunes et Citoyens en Colère » sur lequel il est possible de

1. www.jurislogement.org.
2. Le terme « pro bono » est une abréviation du latin *pro bono publico* qui signifie « pour l'intérêt public ».
3. Voir l'article de Claire Donse, paru dans *Les Échos* le 1er mars 2017 : « Le pro bono, nouvelle pratique incontournable des cabinets d'avocats ».

demander du soutien. Ce type de regroupement vous permettra de trouver des avocats bénévoles et motivés pour défendre votre cause.

De manière générale, pour trouver des avocats réellement motivés par votre cause, communiquez autour de votre affaire par tous les moyens dont vous disposez et formulez votre demande d'aide, vous trouverez très certainement des alliés.

REVIVRE ENSEMBLE

GLISSER DE LA PROPRIÉTÉ À L'USAGE

Les choses ne changent pas,
c'est nous qui changeons.
HENRY DAVID THOREAU

À l'image des droits accordés à la Nature, nous devons repenser les principes fondamentaux qui régissent notre vie en société. L'émergence de nouveaux mondes induisant de nouvelles considérations, nous allons ici explorer celle dont nous sommes le plus imprégnés, à savoir : la propriété ! Il est sûr que ce chapitre ne fera pas que des émules... Mais ne pas questionner le modèle à la base de tous les accaparements de ressources serait une grave erreur.

LA PROPRIÉTÉ, CAUSE DE NOMBREUX MAUX

La Déclaration des droits de l'Homme et du Citoyen, à l'article 17, estime que « la propriété étant un droit inviolable et sacré, nul ne peut en être privé, si ce n'est lorsque la nécessité publique, légalement constatée, l'exige évidemment, et sous la condition d'une juste et préalable indemnité ». Elle est rejointe par le Code civil qui, à l'article 544, précise que la « propriété est le droit de jouir et disposer des choses de la manière la plus absolue, pourvu qu'on n'en fasse pas un usage prohibé par les lois ou par les règlements ». Chacun dispose en somme du droit de jouir des ressources de son terrain sans avoir à se soucier des conséquences de ses actes tant qu'ils ne s'opposent pas aux lois. Or, les lois actuelles, comme nous l'avons vu précédemment, ne permettent pas de préserver les espèces vivantes : elles autorisent à puiser toute l'eau d'une nappe phréatique, à polluer son terrain, à ériger des barricades de béton pour fortifier sa propriété et se protéger des voisins. Les lois permettent d'accumuler les biens et les territoires sans limites même si ces derniers ne sont pas utilisés – privant le cas échéant d'autres personnes d'en avoir l'usage.

On le constate aisément dans nos sociétés, ce hiatus entre propriété et usage doit être remis en cause. Et même si, à l'heure actuelle, s'en prendre à la propriété privée consiste à se tirer une balle dans le pied, il faudra bien ouvrir des brèches pour que les sociétés évoluent car la propriété sans usage est la source de toutes les inégalités.

TOUS USAGERS DE LA TERRE

Par usage, nous ne faisons pas référence au droit d'usage tel qu'il est défini dans le Code civil[1] et qui constitue le fait d'exercer le droit pour un propriétaire d'utiliser son bien et d'en percevoir les bénéfices mais à la définition première de l'usage qui est le « fait de se servir de quelque chose[2] ».

Ce que nous revendiquons n'est pas une forme de propriété nouvelle : nous revendiquons l'urgence de sortir de la propriété pour aller vers la possibilité de vivre sur Terre comme les locataires que nous sommes – à partir du moment où nos existences ont un début et une fin. Parce que « la Terre

---

1. À l'article 628.
2. Selon le dictionnaire *Larousse*.

ne nous appartient pas, c'est nous qui lui appartenons», selon un proverbe amérindien. Nous sommes des usagers de la Terre et non ses propriétaires ! Par ce basculement léger en apparence, c'est tout notre rapport au monde qui change : n'ayant plus l'arrogance de penser dominer un territoire dont nous serions les maîtres, nous devons prendre soin de ce territoire sur lequel nous ne sommes que de passage.

Tout l'équilibre réside entre les besoins d'usage relatifs aux occupants et la préservation des équilibres écosystémiques sur ces terres. Cet équilibre peut se faire dès lors que l'on considère les autres espèces vivantes selon leur perspective et non selon un anthropocentrisme prédateur. Des droits en faveur de la Terre permettraient justement d'assurer cette cohabitation harmonieuse. Enfin, pour répondre à ces équilibres, il est nécessaire que les besoins soient estimés après mise en commun des ressources.

DE LA NÉCESSITÉ DE METTRE EN COMMUN

Il n'y a qu'à travers l'utilisation collective des espaces et des ressources que nous pourrons nous – et les autres espèces vivantes – préserver des risques d'abus. Les usagers sont toujours les mieux placés pour prendre des décisions de façon à gérer durablement les ressources sur leurs territoires tandis que les propriétaires raisonnent selon des intérêts individuels, aux dépens parfois des considérations collectives.

Mettre en commun les ressources est un préalable inconditionnel pour que le respect et la préservation de ces mêmes ressources soient la règle.

Construction collective d'une cabane.

DES TERRITOIRES À FAIRE REVIVRE

Il existe un nombre incalculable de friches agricoles en France depuis la seconde moitié du XXe siècle et l'exode rural massif qu'a connu le pays. De très nombreuses parcelles ont été abandonnées par leurs propriétaires faute d'héritiers désignés – et les indivisions successives ont donné bien des maux de tête aux héritiers quand il y en avait. Et même quand on parvient à identifier des propriétaires grâce au cadastre, la plupart des parcelles ne suscitent pas ou peu d'intérêts parmi leurs ayants droit. Il est donc relativement facile de mettre en pratique un droit d'usage en prenant soin d'une parcelle dans une zone pas ou peu occupée !

Toutefois, nous savons bien que de telles démarches suscitent convoitises et jalousie dans un monde où tout doit se payer cher et que de telles dispositions ne facilitent pas l'intégration dans un territoire. Aussi, nous préconisons une mise en relation en bonne intelligence entre les propriétaires et les futurs usagers à travers l'initiative « gardien.ne.s des territoires[1] » que nous développons pour permettre des prêts à usage gratuit de parcelles, afin d'en aggrader et d'en préserver les terres.

Pour permettre de disposer largement des terres qui sont abandonnées, une solution serait de remettre ces territoires dans les communs en les sortant purement et simplement de la propriété. Les habitants en seraient les garants et décideraient collectivement du sort de ces terrains ; à partir d'une charte[2] de valeur énoncée (comme la nécessité d'aggrader les territoires de façon à favoriser l'émergence d'espèces végétales et animales), de futurs usagers pourraient en disposer, sans que jamais personne n'en devienne propriétaire.

De cette façon on assure un usage à long terme, qui sort de tous schémas spéculatifs.

L'USAGE DANS NOS PRATIQUES AVEC LES CABANOISEAUX

Nous faisons quotidiennement l'expérience de ces usages respectueux grâce à la philosophie introduite par François, le fondateur du lieu où nous résidons : au gré de ses intuitions, il a construit çà et là plusieurs petites « cabanoiseaux », en hommage aux nids d'oiseaux[3], et contribue à préserver la magie des forêts à

1. Voir la plateforme : www.desobeissancefertile.com.
2. Nous suggérons une charte pour la mise à disposition des terrains que les futurs usagers doivent respecter dans les contrats de prêt à usage, qui sont disponibles là encore sur le site de la Désobéissance fertile.
3. Parce qu'elles en abritent réellement.

travers ces nids permettant aux humains de s'intégrer humblement dans les espaces.
La plupart de ces cabanes sont construites sur les parcelles dont il a fait l'acquisition il y a trente ans, et d'autres sont construites dans des sous-bois autrefois abandonnés. Ces cabanes ne sont la propriété de personne mais peuvent être occupées ponctuellement - pour quelques jours, quelques semaines, quelques mois ou quelques années - par ceux qui le souhaitent. Sitôt la personne ou la famille partie, la cabane revient dans l'espace commun et d'autres peuvent en disposer.
Là où nous habitons, chaque cabane a un nom qui lui est propre, si bien qu'on ne dit pas « la cabane de Jonathan et Caroline » mais « la bergerie » pour désigner la cabane dans laquelle nous résidons.

CE QU'INDUIT LA FIN DE LA PROPRIÉTÉ

Il est temps de disposer collectivement de ces terres, de partager les récoltes avec toutes celles et ceux qui voudront en disposer, parce que là encore ce sont des fruits dont la terre nous gratifie plus que des possessions – quand bien même nous avons travaillé pour qu'elles existent. Ouvrons-nous à l'abondance. En sortant du rapport à la propriété, nous sortons du rapport à la productivité : celui qui veut que nous soyons efficaces en toutes circonstances et que nous « optimisions » notre temps autant que nos efforts.

Cessons de compter ce que nous rapportera chaque action puisque nous n'avons pas besoin de payer pour profiter des bienfaits que la Terre nous offre et redéfinissons le temps ainsi que nos efforts pour qu'ils sortent de la sphère de l'accaparement et qu'ils se mettent au service des apports collectifs et d'usage qui seront partagés. C'est en repensant notre rapport au temps, à la place qu'on occupe sur Terre et au sens de nos actions dans la collectivité que nous nous dépasserons et accepterons de changer notre rapport à la possession si profondément ancré dans nos psychés. Cette réflexion nouvelle permettra aussi de sortir du risque de manque permanent qui nous amène à stocker toutes sortes de choses et qui induit des risques de pénuries.

VIVONS COMME LES OISEAUX !

Pour nous inspirer dans cette voie, nous pouvons prendre exemple sur nos voisins les animaux : je ne connais aucun animal qui provisionne plus que ce dont il a besoin, ou qui accapare un espace au détriment de toutes les autres espèces. Pouvons-nous dire que les animaux sont des squatteurs lorsqu'ils s'établissent sur un territoire, parce qu'ils n'ont pas signé de droits de propriété ? À voir la quantité astronomique de poisons déversés pour tuer les êtres qui peuplent les maisons et jardins en vue de les éliminer – que l'on a coutume de désigner comme « nuisibles » –, on peut supposer que nous ne sommes pas à l'aise avec le fait qu'ils ne payent effectivement pas de loyer... En tous les cas, c'est bien cette idée qu'induisent nos actions envers ces autres habitants. Car eux aussi habitent là. Au même titre que nous !

En sortant de la possession, l'idée s'impose instantanément que tous ces êtres disposent de la même légitimité que nous sur ces territoires : nous passons tous au statut d'usagers ! L'exemple des oiseaux migrateurs est éclairant à ce titre : ils n'ont pas peur de manquer puisqu'ils savent que des ressources abonderont sur leur route. Ils constituent de nombreux nids mais ne sont attachés à l'un d'eux que le temps nécessaire : passer une période de froid, attendre la venue au monde d'un oisillon et lui apprendre à déployer ses ailes, se reposer quelque temps... Quoi qu'il en soit, les oiseaux sont nomades et c'est tout à leur honneur car c'est le mouvement qui amène le détachement. Pour formuler la chose autrement, rester ancré dans un lieu donné pendant trop longtemps nous empêche de nous envoler vers de nouveaux horizons. Pire, cet attachement qui s'accentuera avec le temps, nous amènera à vouloir le posséder pleinement et à jamais !

Nous avons certes besoin d'un temps pour planter nos racines et les saisons ont cela de magique qu'elles nous aident à choisir les moments les plus appropriés pour nous enraciner : l'automne et l'hiver permettent de s'établir dans un cocon et de développer notre habitat pour nous accueillir et réchauffer nos corps autant que nos cœurs. Ces saisons sont propices au recueillement et au développement de nos intérieurs. Mais nous avons aussi besoin d'un temps pour sortir de nos tanières et déployer nos ailes, comme nous le suggèrent les énergies printanières.

Les populations de voyageurs l'ont bien compris, elles qui passent une grande partie de l'année à s'établir çà et là en fonction des saisons et des climats. Seul le mouvement amène de la souplesse ; à l'inverse, l'immobilisme entraîne de la rigidité ! Ce qui explique pourquoi les gens du voyage comme les Tziganes sont persécutés depuis des siècles : les populations ultra-sédentaires ne comprennent pas que l'on puisse avoir un autre rapport à la vie que celui de la propriété ; vivre aussi librement paraît inconcevable et renvoie inlassablement l'autre à ses propres limites.

Alors à l'image de ces communautés et des oiseaux qui migrent tout au long de l'année, prenons soin des territoires et semons des graines d'abondance là où nous passerons : ce sont les clés de nos libertés futures.

HABITER LE MONDE AUTREMENT

Il n'y a pas de génie sans un grain de folie.

ARISTOTE

La question de notre manière d'habiter la Terre est primordiale et elle commence tout simplement par le type de construction que nous souhaitons privilégier.

LE DÉSASTRE ÉCOLOGIQUE DES CONSTRUCTIONS BÉTONNÉES

Tout d'abord, nous souhaitons faire un sort aux idées reçues qui courent au sujet du béton, qui n'est en aucun cas un matériau écologique contrairement à ce que les industriels aiment à faire croire. Le secteur de la construction représente à lui seul 10 % des émissions de gaz à effet de serre dans le monde[1] et le recours systématique au béton implique une extraction en quantité toujours plus astronomique de sable[2]. Cette extraction a des conséquences désastreuses sur l'environnement : en plus de piller les

1. Données : Manicore & Biribian et al. - Graphiques ARTELIA Bâtiments durables.
2. Le sable est la deuxième ressource la plus consommée au monde derrière l'eau.

plages, les industriels s'attaquent désormais aux fonds marins. Enfin, ces habitats en béton sont construits rapidement, de façon standardisée, avec de mauvaises isolations et un coût finalement élevé pour leurs utilisateurs.

Dans la mesure où la plupart des porteurs de projets en désobéissance fertile s'installent sur des terrains déclarés non constructibles, quelles constructions installer sur ces terrains ?

L'ÈRE DE L'HABITAT RÉVERSIBLE[1]

Pour contrer ce désastre écologique, les habitats réversibles apparaissent comme une solution évidente à tous égards. Leur grand point commun, c'est qu'ils ne nécessitent pas de fondations et sont considérés aux yeux de la loi comme des résidences démontables, ce qui permet de faciliter leur installation en dehors des zones urbanisables[2]. Cette diversité des habitats légers permet de s'adapter aux besoins spécifiques de chaque projet.

L'habitat réversible a l'avantage d'être peu coûteux : on estime que l'on peut diviser par dix le coût d'un habitat de ce type par rapport à une construction lourde ; s'installer en habitat réversible ne nécessite donc pas ou peu d'endettement. L'habitat réversible est élaboré à partir de matériaux écologiques ou de récupération et est isolé avec des matériaux naturels (l'isolation étant fondamentale pour lutter contre les excès de consommation d'énergie). Leur petite taille nécessite évidemment moins de matériaux pour les isoler,

1. Également appelé « habitat léger ».
2. Tout est expliqué dans la partie précédente consacrée à l'installation.

« L'ermitage » au pied d'un chêne.

mais aussi moins d'énergie pour les chauffer[1]. De par leur petite taille, ces habitats induisent une réflexion quant à la place qu'occupent les humains dans leur environnement et une certaine forme d'humilité en minimisant leur impact dans le sol – rappelons qu'ils n'ont pas de fondations, là où les constructions lourdes entraînent une destruction systématique des sols.

L'HABITAT RÉVERSIBLE : UNE VÉRITABLE PHILOSOPHIE DE VIE

On estime à 250 000 le nombre de personnes vivant en France en habitat réversible[2]. Bien plus que de simples constructions, ces habitats invitent à repenser notre façon d'habiter le monde !

L'habitat réversible interroge notre rapport à la propriété et donc à la sédentarité : du fait de leur capacité à être mobiles ou démontables, ces habitats permettent une réelle souplesse et un détachement de leurs utilisateurs par rapport à leur lieu d'implantation. Sans être nécessairement nomades, leurs occupants découvrent la liberté d'esprit permise par leur capacité à bouger aisément selon l'évolution de leurs conditions ou choix de vie.

Enfin, ces habitats sont pensés pour pouvoir être construits par l'utilisateur, ce qui permet de retrouver une autonomie et un rapport affectif avec notre habitat.

1. Les surconsommations énergétiques des foyers sont essentiellement dues aux mauvaises isolations des habitations.
2. Rapport Got et Léonard, 2011.

NOS CABANOISEAUX : DES NIDS D'HUMAINS

Les cabanoiseaux épousent parfaitement les nouveaux impératifs de notre place sur la Terre. François, leur concepteur, les a justement appelés ainsi en référence aux nids d'oiseaux. La formule est belle et contient en elle toute une conception de la vie : comme les oiseaux, François établit des nids au gré de ses envies – nids qu'il laisse à la disposition des voyageurs qui s'y établiront le temps de leur quête.

Petit thé en famille à la maison.

Ces cabanes, dans leur structure, ont tout du nid d'oiseau puisqu'elles sont conçues avec les matériaux dont on dispose directement sur nos terrains ; la charpente est constituée de perches de bois plantées plusieurs années auparavant et que l'on prend soin de couper lorsque la sève redescend dans la terre[1] à la fin de l'été, entre novembre et

1. L'expression communément utilisée est « à sève descendante ».

février. Ce soin apporté à la coupe en sève descendante est aussi calqué sur le calendrier lunaire ; cela permet en définitive d'obtenir un bois plus solide dans le temps.

Ces bois que l'on scie nous servent donc de charpente pour nos constructions. Ces charpentes, nous les établissons avec des toitures dites « autoportantes » au sens où chaque perche va à la fois soutenir et être soutenue par une autre perche. La symbolique est belle, le résultat l'est tout autant.

Mani et moi, sous le magnifique toit autoporté de la « hutte ».

Pour constituer les murs, nous fauchons les foins à la fin du printemps lorsque les herbes sont hautes et nous nous en servons pour constituer des bottes. Sinon, nous utilisons des bottes de paille que les paysans autour de nous préparent une fois leur blé ou chanvre récolté. Si les bottes de foin ont le mérite d'être faites par nous-mêmes, je privilégie néanmoins l'usage de la paille pour sa capacité isolante bien supérieure. De plus, le foin peut être inflammable (même si l'enduit protège de cela) et les bottes de paille – préparées dans des botteleuses – favorisent la symétrie qui permet de les assembler bien plus facilement pour ériger les murs.

UTILISONS DE LA PAILLE POUR LE BIEN DE TOUS !

Alors même que la France produit du blé à très grande échelle, seule une infime proportion de ces pailles de blé est ensuite utilisée, le reste étant jeté car inutile à l'industrie alimentaire. En utilisant des bottes de paille, nous offrons un complément de revenus aux paysans sans que cela coûte trop cher aux usagers.

Une fois les murs construits, nous les recouvrons avec de la terre argileuse que nous puisons sur le terrain. L'enduit est une technique très ancienne et comporte de nombreux avantages pour ses utilisateurs :

- d'un point de vue pratique, l'argile dispose d'une grande inertie thermique ce qui veut dire qu'elle a la capacité d'emmagasiner la chaleur et de la restituer quand il fait froid – même chose pour la fraîcheur évidemment. De plus, elle régule l'humidité de l'air et assure une bonne isolation acoustique.

- D'un point de vue plus onirique, les rêveurs en quête d'habitats naturels apprécieront d'être entourés de matière vivante : cela change complètement la vibration de notre habitat et nous donne vraiment la sensation de nous fondre dans la nature.

Nous prenons soin d'enduire uniquement l'intérieur de nos murs et de laisser la paille extérieure à l'air libre pour que d'autres oiseaux utilisent ces espaces et y constituent leurs nids. Au printemps, nous hébergeons ainsi de nombreux nids autour de chaque cabane, si bien que chaque matin, nous nous réveillons paisiblement grâce aux chants de ces oiseaux. De bons débords de toit permettent de ne pas souffrir de l'humidité et des moisissures, contrairement à l'idée qu'on peut s'en faire. Seules deux étapes nécessitent l'intervention de matières mortes : les vitres qui sont bien souvent des chutes que nous récupérons auprès d'artisans et une bâche agricole isolante pour assurer l'étanchéité du toit[1] à laquelle on associe un tissu agricole en géotextile.

Pour végétaliser le toit, nous faisons une lasagne : en partant du sol, nous commençons par une toile en géotextile pour absorber l'humidité, une couche épaisse de paille ou de foin (20 à 30 centimètres), une bâche isolante et de nouveau une couche épaisse de foin à laquelle on ajoute des mottes d'herbe et de terre pour accélérer la végétalisation du tout[2].

---

1. Nous allons prochainement essayer de remplacer le plastique par de la toile de jute qui est une plante fibreuse, et constitue de fait une technique plus en accord avec nos principes que nous serons amenés à privilégier si les premiers essais sont concluants.
2. Retrouvez un guide complet pour construire votre propre cabanoiseau ici : www.desobeissancefertile.com/cabanoiseau.

Atelier cuisine collectif sous le toit autoporté de la « bergerie ». ---------

Ces différentes strates de matières nous assurent une bonne isolation et font de nos cabanoiseaux des habitats que l'on dit « compostables » puisque passée leur durée de vie pour les humains (une quinzaine d'années en moyenne), elles se décomposeront naturellement. Ces matières retourneront à la Terre pour nourrir la faune et la flore et servir d'abris et de nids pour d'autres espèces.

Végétalisation du toit de la « hutte ».

DES CABANES VIVANTES !

Et on peut même mêler l'utile à l'agréable en plantant des arbres en vue de construire des cabanes vivantes. Pour ce faire, on plante des boutures de saules (qui servent aussi pour faire de la vannerie) en terre et on les fait se rejoindre les unes aux autres. Le printemps venu, les arbres fleuriront et des feuilles recouvriront progressivement ces cabanes.

Réalisation d'une cabane en osier vivant.

LA RICHESSE DE NOS VIES :
UN JOUR AUX CABANES

Il faut jouer pour devenir sérieux.
ARISTOTE

C'est le temps de l'amour, le temps des copains et de l'aventure... Ce sont ces paroles de Françoise Hardy qui me viennent spontanément à l'esprit lorsque je pense à notre vie aux cabanes : un mélange de détermination, de solidarité mais aussi d'insouciance. Pour tenter de donner corps à ces paroles, permettez-moi de vous détailler notre quotidien : celui d'hier par exemple, nous étions vendredi.

RÉVEIL EN CHANSON D'OISEAUX

Le jour se lève et ce sont nos oreilles avant nos yeux qui le constatent puisque, ici, notre réveil quotidien consiste en un concert symphonique de chants d'oiseaux. Certains d'entre eux nous vouent d'ailleurs une amitié particulière : en plus des nids constitués à l'extérieur de nos cabanes dans les bottes de pailles[1], nous avons la

1. Que nous avons pris soin de ne pas enduire pour permettre leur installation.

chance de compter la présence d'un charmant petit troglodyte qui a choisi d'élire son domicile à l'intérieur de notre cabane, près de nos couches, au printemps. Tous les matins à l'aube, il se réveille et tape avec son bec contre la fenêtre pour que l'on daigne lui ouvrir la porte afin qu'il sorte chanter la joie d'un nouveau jour avec ses autres amis.

Quelques minutes plus tard, alors que nous nous sommes bien souvent recouchés pour grappiller quelques minutes de tranquillité avant le réveil de nos enfants, le troglodyte revient sur le pas de la porte et chante avec tout son coffre dans notre direction comme pour nous inviter à nous lever pour profiter de cette belle journée. Son chant strident et surpuissant s'infiltre à l'intérieur de nos tympans et ne nous laisse d'autre choix que celui de nous exécuter. Il y a des jours, on doit l'avouer, où on aimerait éjecter cet oiseau aussi loin que possible pour nous reposer mais, une fois cette pensée volatilisée (c'est le cas de le dire), nous ne pouvons nous empêcher de sourire à cet instant privilégié que nous offre ce petit troglodyte qui nous permet de contempler les premiers rayons que le soleil dépose sur les murs de notre cabane.

MATINÉE LABORIEUSE

Les filles sont levées avant nous évidemment et déjà prêtes pour le petit déjeuner mais pas question pour Caroline et moi de sortir du lit avant d'avoir négocié un câlin avec nos deux chipies. Pour Mani, la petite dernière, c'est l'occasion de démarrer le repas : au menu ce matin, tétée maternelle sur son lit de baisers. Et pour nous autres, ce sera des crêpes avoine-banane et des tisanes d'armoise annuelle pour tout le monde afin de renforcer nos défenses immunitaires à l'approche de la saison des tiques[1].

Arrive ensuite Jade, notre amie qui a rejoint le lieu durant le confinement pour profiter de quelques jours de sérénité. Ce matin, elle s'est proposée de nous aider en s'occupant des enfants pendant que nous travaillons avec Caroline à la conception d'un bassin en bois tressé pour stocker de l'eau, en prévision des sécheresses estivales et du tarissement de notre source. (Ce tarissement fut un épisode quelque peu traumatisant que nous avons vécu l'été précédent. Tourner le robinet sans que l'eau s'écoule est déjà une expérience assez déroutante[2] mais si on a en plus la certitude que l'eau ne réapparaîtra pas, cela devient angoissant. Heureusement que nous disposons d'autres sources sur le terrain.)

Cette cuve sera composée bien sûr des matériaux dont nous disposons sur le terrain et d'une bâche de récup' dont nous gratifie la pépinière voisine lorsqu'elle jette ses vieilles serres. On commence par faucher les hautes herbes, on coupe quelques bambous pour ensuite les planter dans le sol. Ces bambous détermineront le diamètre de notre cuve. On tisse des branches de saule autour de ces bambous pour solidifier la structure et on pose ensuite la bâche dont on coudra les parois pour assurer sa fixation sur les branches supérieures de saule[3]. En cette matinée, nous nous sommes arrêtés aux bambous plantés dans le sol car

1. L'armoise annuelle est une plante disposant de nombreuses molécules actives. Elle est connue mondialement pour guérir le paludisme et est actuellement à l'essai dans les traitements de la maladie de Lyme.
2. Dans notre cas, l'arrêt du robinet arrive assez fréquemment et signifie généralement un piétinement du tuyau par un animal. Nous avons raconté cet épisode dans la première partie de ce livre.
3. Pour ceux qui se lanceraient dans la construction d'une cuve de ce type, on vous conseille de doubler la bâche car la pression de l'eau a fragilisé notre toile.

déjà l'heure du déjeuner approche et on ne veut pas laisser Jade se faire submerger par nos deux petites canailles.

PAUSE DE MIDI APAISANTE

Avant de nous mettre à cuisiner, nous passons au jardin collectif pour récolter du fenouil, un tubercule de radis noir, des haricots, des orties et quelques feuilles de salade pour préparer le repas qui se composera d'une salade, d'une soupe d'ortie et d'un riz pilaf. Jade nous fait le cadeau de se joindre à nous pour ce repas et nous gratifie comme toujours de sa douceur. Il nous faut bien ça pour contrebalancer les misères que nous font Mani et Lia durant le repas : l'une met de la nourriture partout sauf dans sa bouche et veut sans cesse s'échapper de sa chaise haute, l'autre trie soigneusement chaque légume de son assiette pour n'en manger qu'une infime partie, avant que nos échanges ne l'incitent à revoir son coup de fourchette.

Après tout ça, une chanson – bien plus douce que celle du troglodyte – interprétée par Caroline pour endormir Mani et sieste pour tout le monde. Je les rejoins après avoir terminé la vaisselle.

APRÈS-MIDI COLLECTIF

Arrive ensuite l'activité de l'après-midi : chaque vendredi après-midi[1] est consacré à une activité collective pour concevoir de nouvelles réalisations sur le terrain[2] : en ce

1. Depuis, nous avons déplacé cette activité au vendredi matin.
2. Nous consacrons une autre demi-journée chaque semaine aux activités collectives : le mercredi après-midi pour améliorer et réparer les installations existantes.

Récolte de plantes. ----------

moment, nous réalisons les enduits de la toute nouvelle cabane construite, baptisée « cabénuite ». Chacun rejoint le chantier, comme une vaillante petite fourmi, armé de seau et de brouette, pour s'attaquer à l'isolation des murs.

Je ne me risque pas trop en disant que cette activité-là est celle que préfèrent nos filles : elles mettent joyeusement les mains dans la terre (pour Mani ce sera tout le corps) et conçoivent des formes qu'elles dessinent sur les murs ou qu'elles modèlent au sol. Pendant ce temps, certains vont chercher la terre à extraire[1] pendant que d'autres plongent les mains dans la terre pour préparer la couche d'enduit. Il faut un peu de temps pour réaliser chaque mélange[2] et cette préparation est ainsi l'occasion d'échanger les dernières histoires et anecdotes de nos quotidiens. On peut imaginer que cet instant est un peu notre terrasse de café sauf qu'au lieu d'être assis à boire un verre, on malaxe la terre entre nos doigts et on la projette ensuite sur les murs.

Ces activités du vendredi permettent à la fois d'avancer collectivement sur des travaux et chantiers dans lesquels nous déposons notre énergie de groupe mais elles permettent aussi de partager un moment agréable tous ensemble. Car même en vivant sur un même lieu, il est facile de ne pas se voir ou de privilégier ses tâches personnelles. Aussi, ces activités du vendredi sont l'assurance de passer du temps ensemble pour travailler dans la matière[3]. Cette après-midi-là, Lia a sculpté un visage de fourmi sur le mur, François s'est amusé à courir après les filles en transportant Mani

1. La terre extraite - bien souvent au pied des cabanes - permettra ensuite de constituer des mares naturelles.
2. Composé pour les premières couches d'eau et de terre auxquelles on ajoute ensuite la paille pour aller sur les murs.
3. Pour les activités intellectuelles, nous avons les réunions du lundi.

dans une brouette ; Caro qui était fatiguée en arrivant a refait le plein d'énergie en mettant les mains dans la terre et en discutant avec Justine, et moi j'ai soigneusement réalisé mes mélanges d'argile en ne perdant pas une miette de cette belle séquence théâtrale.

NOS CABANES

Il existe une dizaine de cabanes dans le lieu où nous résidons. Quatre sont occupées tout au long de l'année par Justine, François, Adrian et notre famille. Les autres comme le « théâtre », le « conseil » ou la « cabénuite », servent de cabanes d'accueils pour les occupants de passage ; la « grange » permet de stocker les récoltes ; la « hutte » est en construction et nous avons une cabane qui sert d'atelier, dans laquelle nous mutualisons les outils.

SOIRÉE FESTIVE SOUS LA PLEINE LUNE

Lorsque l'après-midi s'achève, c'est toujours un peu la panique dans l'emploi du temps parce que nous devons à la fois laver les filles qui ont de la boue partout sur elles et préparer le dîner, sachant que nous accueillons tous les vendredis soir l'ensemble de la tribu pour partager un bon repas ensemble et clore la semaine joyeusement.

La douche est un moment nettement moins agréable pour les enfants puisqu'elle consiste en un jet d'eau froide[1] : Mani

1. Précisons tout de même qu'il fait très chaud à cette période, et que notre cruauté s'arrête à la fin de l'été : nous chauffons alors des bassines d'eau.

crie à pleins poumons et Lia nous supplie de ne pas l'arroser, mais la perspective de s'habiller en princesse pour le repas permet tout de même de raisonner son manque d'ardeurs aux ablutions vespérales. L'eau terreuse qui contient tout l'enthousiasme d'une journée de labeur joyeux se retrouvera ensuite dans les arrosoirs pour abreuver les arbres et les plantes du jardin.

Le soir venu, chacun apporte un plat à partager et on se retrouve toujours avec une table couverte de mets qui ravissent autant nos papilles que nos regards, tant ils sont préparés avec soin. Ces plats sont souvent composés de légumes issus du jardin ou de la récup' dont nous gratifie la Biocoop du coin en mettant de côté les fruits et légumes abîmés. Ce soir-là, Justine est arrivée avec un risotto aux asperges sauvages, François avec une poêlée de bambous, Caroline et moi avec des falafels à l'ortie accompagnés d'une sauce à base de tahin. Nous avons bu une eau infusée avec des feuilles de menthe du jardin et des fleurs de sureau. Et en dessert, nous avons dégusté de merveilleuses crêpes aux fleurs d'acacia.

Mani commence à montrer des signes de fatigue vers la fin du repas ; comme le bruit environnant ne l'aide pas à se reposer, nous entonnons en chœur des berceuses pendant que Caroline lui livre généreusement son sein. Lia la rejoint pour dormir peu de temps après. Quant à nous, nous partons contempler le ciel en ce soir particulier : c'est la première pleine lune après la célébration celtique de Beltaine, une fête qui marque la fin de la saison sombre pour accueillir la lumière. À cette occasion, nous avions planté un arbre tous ensemble dans lequel nous avions déposé nos intentions pour la saison à venir.

Le repas festif et partagé du vendredi.

Pour accueillir la Lune qui n'était pas encore apparue, nous avons veillé autour du feu. Ce feu est l'occasion de déposer de nouvelles intentions : celles dont on veut se débarrasser. Aussi, nous brûlons à tour de rôle un bâton qui symbolise un sentiment qui nous pèse sur le cœur et que nous avons exprimé à haute voix, pour le remettre dans le feu et l'abandonner à tout jamais. Un peu plus tard, nous sortons les instruments de musique – flûtes, maracas, guimbarde, guitare, tambour – pour improviser des chants et rendre hommage à la Lune. Certains chants visent à obtenir des unissons, d'autres simplement à s'amuser. En nous observant chanter sous cette magnifique Lune qui pointait son nez derrière la colline, je sentais que notre rituel était célébré tout là-haut par les étoiles qui nous répondaient de leurs chants.

NE VOUS Y TROMPEZ PAS !

En lisant ces dernières pages, on pourrait croire que nous avons toujours vécu Caroline et moi de cette façon-là. Or, il n'en est rien : nous sommes tous deux des enfants des villes et avons grandi sans aucune considération écologique ni militante. Qui plus est, nos parcours professionnels ne laissaient aucunement présager un retour à la nature puisque Caroline gérait des établissements de luxe parisiens quand je travaillais à concevoir des programmes télévisés. Il a fallu qu'une étincelle survienne dans nos quotidiens pour changer le cours de nos vies : pour Caroline, ce fut un voyage en Amérique du Sud, et pour moi, la découverte du livre de Naomi Klein : *La Stratégie du choc*[1].

1. Naomi Klein, *La Stratégie du choc : La montée d'un capitalisme du désastre*, Actes Sud, Arles, 2008.

CHANGER D'ÉCHELLE TEMPORELLE

> C'est avec l'éducation que nous décidons
> si nous aimons assez nos enfants
> pour ne pas les rejeter de notre monde [...]
> mais les préparer d'avance à la tâche
> de renouveler un monde commun.
>
> **HANNAH ARENDT**

Difficile de savoir quand la course contre le temps au sein de notre civilisation a vraiment commencé, mais une chose est sûre : la vitesse est l'une des grandes différences de fonctionnement entre le monde naturel et celui dit « civilisé ». Nous avons d'un côté un modèle fondé sur une adaptation permanente et une lente évolution privilégiant un développement perpétuel ; et un autre fondé sur une économie à croissance rapide et continue, impliquant une vision court-termiste et une accélération chronique des cadences de production.

QUITTER L'URGENCE

Nous avons tous vécu, à notre échelle, dans nos quotidiens agités, ce rétrécissement des échelles temporelles : nous devons sans cesse répondre à des *stimuli* qui nous intiment l'ordre d'être toujours plus productifs dans les tâches que nous réalisons. Cette recherche d'efficacité dans nos activités professionnelles comme dans nos relations personnelles nous amène à tout percevoir sous le prisme de la productivité et donc à agir dans une urgence permanente... Il faut toujours plus de résultats, un objectif chassant l'autre... De fait, nous sommes toujours sommés de faire vite et de répondre à des urgences nous forçant à réduire le temps de nos décisions.

Cette course contre la montre nous empêche de prendre de la hauteur, de voir si la somme de nos actions nous permet de nourrir une vision du monde qui nous satisfait... C'est cette logique qui nous a amenés à détruire notre Terre et à en épuiser progressivement toutes les ressources. C'est précisément de ce rapport court-termiste pour satisfaire des besoins immédiats que nous devons nous débarrasser afin d'assurer la pérennisation de l'humanité sur Terre. Parce que le temps est et restera long pour le reste des vivants, notre conduite suicidaire n'entraînera pas l'extinction de toute vie sur Terre. La planète nous survivra, elle qui a survécu à la chute d'astéroïdes géants, à des volcans en éruption et à des époques glaciaires ; nous ne serons qu'une espèce supplémentaire à ajouter à son trophée d'espèces éteintes.

UN EXERCICE DE RECONTEXTUALISATION

Les éco-psychologues Joanna Macy et Chris Johnstone nous invitent dans leur livre, *L'Espérance en mouvement*[1], à un exercice intellectuel qui consiste à replacer toute l'histoire de notre humanité sur une échelle temporelle de vingt-quatre heures :

---

1. Joanna Macy et Chris Johnstone, *L'Espérance en mouvement*, Labor et Fides, Genève, 2018.

Alors que des membres de la famille primate qui utilisaient le feu et des outils en pierre existaient depuis un million d'années, on pense que notre espèce, l'*Homo sapiens*, est apparue il y a un quart de million d'années. Si nous prenons les 240 000 dernières années comme notre journée et que nous représentons 10 000 ans en une heure, nous n'avons quitté l'Afrique qu'à 18 heures. Pour 95 % de la durée de notre histoire, nous vivions en petits groupes de chasseurs-cueilleurs (comme certains peuples autochtones le font encore aujourd'hui) et nous ne sommes devenus agriculteurs qu'à 22 h 50. Quelques minutes plus tard apparut la première ville de notre histoire : Jéricho.

À 23 h 20, nous avions inventé la roue et commencions à développer les premières formes d'écriture. Vers 23 h 30 Stonehenge était déjà en chantier et les premières cités-États se développaient en Égypte, en Chine, au Pérou, en Iran, dans la vallée de l'Indus et dans le bassin de la mer Égée. À 23 h 45, le Bouddha et Confucius vivaient tous les deux, Jésus est arrivé quelques minutes plus tard et Mohammed quelques minutes après lui.

À 23 h 55, les moulins à vent tournaient, et deux minutes plus tard, Christophe Colomb atteint l'Amérique du Nord. Dans cette journée entière qui représente l'histoire humaine, l'ère industrielle n'a commencé que deux minutes avant minuit. Pendant la dernière minute, la population mondiale est passée d'un peu plus d'un milliard à sept milliards. Dans les vingt dernières secondes (c'est-à-dire depuis les années 1950), nous avons consommé plus de ressources et de carburant qu'au cours de toute l'histoire de l'humanité.

Le dernier tiers de la dernière minute de cette journée de l'histoire de l'humanité a connu non seulement une explosion de notre population, mais aussi de notre appétit en énergie et ressources naturelles. Dans la culture

> du « On fait comme d'habitude » des économies industrialisées, il paraît normal de consommer 32 fois plus de ressources et de produire 32 fois plus de déchets que dans des sociétés qui ne sont pas industrialisées. Ce que nous ne voyons pas, c'est combien peu de carburant il nous reste et l'ampleur des dégâts que nous causons. Parce que notre culture ne regarde pas où elle va, nous sommes comme le *Titanic* : nous avançons très vite, mais en allant droit à la catastrophe.

Le moins que l'on puisse dire, c'est que cette lecture impose l'humilité – tant vis-à-vis de nos ancêtres que de l'ensemble du Vivant sur Terre. Cette contextualisation de notre place dans l'histoire de la vie nous invite à reconsidérer le guide de nos actions sur une échelle temporelle bien plus grande que celle dans laquelle nous avons coutume de nous projeter.

PRENDRE EN CHARGE NOTRE HÉRITAGE

Nous portons toutes et tous énormément d'amour à nos proches ; nos actions sont bien souvent guidées par le souci d'assurer le meilleur pour nos familles. Depuis la nuit des temps, l'homme oriente ses réalisations dans l'optique d'améliorer le quotidien des siens : enfants, petits-enfants... La perspective de laisser un héritage nous emplit de joie et de fierté. Dès lors, à partir de quelles générations avons-nous cessé de nous soucier de nos descendants ? Joanna Macy et Chris Johnstone posent d'ailleurs la question dans ces termes : « Arrive-t-il un moment fatidique au-delà duquel ces descendants et leur avenir ne comptent plus pour nous ?[1] »

---

1. Joanna Macy et Chris Johnstone, *L'Espérance en mouvement*, *op.cit.*

Lia en pleine pratique de la « Tarzouille ».

Si cette question peut nous sembler annexe, il paraît urgent d'en reconsidérer toute l'importance, car à voir les décisions prises par les industriels et les politiques, il existe bien un moment fatidique au-delà duquel le sort de nos descendants ne compte plus : ces décisions sacrifient bel et bien les générations futures sur l'autel de notre confort. En cela, nous marchons à l'inverse de l'histoire de l'humanité : pour la première fois depuis que l'humain existe sur Terre, nous remettons sciemment en question la possibilité d'un avenir pour notre propre espèce – et pour un certain nombre d'autres espèces « accessoirement » également. Aussi, lorsque nous cherchons à défendre le nucléaire ou à développer de nouveaux réacteurs pour assurer les besoins en énergie d'une population, posons-nous la question : « Quelles générations sommes-nous en train de sacrifier ? » En ce sens, Joanna Macy et Chris Johnstone nous livrent un témoignage éclairant dans leur livre, concernant la production d'énergie nucléaire et la gestion des déchets radioactifs :

> Chaque année les réacteurs nucléaires produisent 12 000 tonnes de déchets hautement radioactifs. Ces déchets contiennent des isotopes dont l'iode 129 (avec une demi-vie de plus de 15 millions d'années), le plutonium 239 (avec une demi-vie de 24 000 ans mais qui se désintègre en uranium avec une demi-vie de 700 millions d'années) et le neptunium 237 (avec une demi-vie de plus de 2 millions d'années). Nous n'avons pas de solutions à long terme pour l'élimination sans risques des déchets nucléaires. Nous ne savons pas comment fabriquer des conteneurs capables de résister à l'effet fragilisant de leur contenu radioactif. Une grande partie des déchets les plus toxiques est conservée dans des fûts en acier et en béton conçus pour une durée de vie de cent ans au maximum. Nous n'avons pas de plan précis concernant ce qu'il faudra faire par la suite.

À lui seul, le nucléaire illustre la logique qui prévaut actuellement : foncer tête baissée pour répondre à des besoins immédiats sans considérer les conséquences pour les générations qui nous survivront. Car n'oublions pas que nous sommes les ancêtres des générations futures et qu'en ce sens, nous avons une responsabilité forte vis-à-vis de toute la chaîne humaine (et non humaine) impactée par nos actions.

Les écosystèmes qui ont permis à la vie de se développer sur Terre sont le fruit d'une maturation de plusieurs millions d'années. L'espèce humaine doit désormais s'inspirer de cette temporalité et intégrer que, pour évoluer de façon durable sur notre planète, elle devra préserver les écosystèmes et raisonner sur des temps longs. Pour nous, nos enfants, nos petits-enfants et ceux que nous ne verrons jamais... Pour notre humanité, enfin.

AUX MAIRES COURAGEUX
ET AUX AUTRES

Le citoyen doit-il un seul instant,
dans quelque mesure que ce soit, abandonner
sa conscience au législateur ? Pourquoi,
alors, chacun aurait-il une conscience ?
Je pense que nous devons d'abord
être des hommes, des sujets ensuite.
Le respect de la loi vient après celui du droit !
La seule obligation que j'ai jamais le droit
d'adopter, c'est d'agir à tout moment
selon ce qui me paraît juste.
[...]
La loi n'a jamais rendu les hommes plus justes
d'un iota ; et, à cause du respect qu'ils lui marquent,
les êtres bien disposés eux-mêmes deviennent
les agents de l'injustice.

HENRY DAVID THOREAU

Si, comme je l'espère, certains maires me lisent, qu'ils soient conscients du rôle crucial qu'ils ont à jouer dans l'émergence de sociétés fondées sur le respect des vivants : sans leur soutien, nous ne pourrons voir ces dernières se multiplier sur les territoires.

LE SOUTIEN DES MAIRES : UNE CLÉ DE VOÛTE DU MOUVEMENT

Les maires sont la clé de voûte du système : un pont entre les habitants et les autorités étatiques. Ils sont probablement les seuls élus pour lesquels la population a encore du respect et de la considération, car ils vivent dans les territoires où ils légifèrent. En partageant les mêmes écosystèmes que leurs administrés, ils sont soumis aux mêmes risques, ce qui donne du crédit aux actions qu'ils entreprennent. Certains l'ont d'ailleurs très bien compris en devenant les porte-parole des habitants lorsqu'il a fallu s'élever contre l'épandage de pesticides à proximité des habitations.

Mais la justice administrative ne permet pas que les maires s'immiscent à ce point dans la vie publique et ordonne bien souvent l'annulation d'arrêtés municipaux sous le fallacieux prétexte que la protection de la santé des habitants dépasserait leur champ de compétences. Heureusement, certains édiles ont su dépasser ces injonctions en se fédérant pour continuer à défendre leurs positions malgré tout. En plaçant leurs consciences avant leurs allégeances, ils font preuve de courage, et du courage nous en avons grandement besoin pour les années à venir ! Ces positionnements sont autant de motifs d'espoir pour nous autres qui luttons pour l'instant dans l'illégalité dans l'attente de vous voir rejoindre notre combat – ou du moins le reconnaître comme juste.

Hélas, ces maires courageux ne représentent encore que 80 municipalités[1] sur 36 000 recensées, soit 0,22 % de com-

1. « 80 communes ont pris un arrêté contre les pesticides », article de Benjamin Monnet paru dans *Libération*, le 19 septembre 2019.

munes. De quoi calmer un peu notre enthousiasme ! Mais il ne faut guère plus de monde pour écrire de nouvelles pages de l'Histoire. À titre de comparaison, on estime à environ 1,23 %[1] de la population française la part de résistants lors de la Seconde Guerre mondiale. Ce parallèle est pris volontairement puisque c'est justement de résistance que nous avons besoin dans nos communes pour permettre l'émergence de nouvelles aventures au service des êtres vivants.

LA DÉLICATE SITUATION DES MAIRES

Il existe un paradoxe de plus en plus prononcé et cruel dans la condition des maires : d'un côté, les récentes réformes territoriales[2] n'ont eu de cesse d'affaiblir les pouvoirs municipaux – au profit des intercommunalités, des départements et des régions. Un récent rapport du Sénat[3] indique ainsi que « les élus communaux regrettent que le renforcement de l'intercommunalité s'accompagne du transfert de compétences communales, transformant les communes en coquilles vides ». De l'autre côté, les gouvernements et les parlementaires ont renforcé les pouvoirs de police des communes pour que les maires sanctionnent leurs habitants en cas de non-respect des mesures imposées par ces mêmes autorités. Les lois nouvellement votées[4] intensifient ces pouvoirs de répression en matière d'urbanisme,

1. En prenant l'estimation la plus haute, soit 500 000 combattants parmi les 40 500 000 habitants.
2. À travers les réformes de la loi MOPTAM et la loi NOTRE qui ont déplacé les champs de compétences des communes vers les intercommunalités, les départements et les régions.
3. Rapport d'information du Sénat publiée en 2017 et intitulé « Laisser respirer les territoires ».
4. Loi relative à l'engagement dans la vie locale et à la proximité de l'action publique votée en 2019.

permettant ainsi aux maires d'infliger des amendes sans saisir la justice[1], là où on leur interdit de protéger la santé de leurs habitants[2].

En plus de restreindre inlassablement les pouvoirs des maires, les autorités encouragent de plus en plus la délation ; la dernière invention dans ce domaine consiste à engager la responsabilité juridique personnelle du maire[3] – qu'elle soit civile, administrative ou pénale – en cas de problème survenu dans la commune ! Cela a pour conséquence de terroriser de nombreux élus qui craignent que leurs habitants se retournent contre eux s'ils venaient à assouplir les normes, notamment en matière d'urbanisme. Ils s'empressent alors de prendre les devants en déposant des plaintes.

En inséminant la peur – des maires envers les autorités puis des administrés envers leur maire – on aboutit à des situations de paralysie totale qui empêchent toutes prises d'initiatives. Craignant des ennuis judiciaires, les maires mettent bien souvent leurs convictions personnelles de côté - celles pour lesquelles ils ont justement été élus -, et appliquent mécaniquement les règlements reléguant au second plan les volontés des administrés.

Comment peut-on en arriver à de tels stades de servitude et de dépossession politique alors même que ces maires sont censés être les représentants les plus directs de la volonté populaire ?

1. C'est le cas notamment des articles L. 481-1 et L. 481-2 du Code de l'urbanisme en matière de travaux irréguliers qui permettent d'infliger des astreintes allant jusqu'à 500 euros par jour.
2. En référence à l'épandage de pesticides pour lequel on leur refuse le droit de décider.
3. Avant cela, il existait un « privilège de juridiction » qui consistait à ne pas être jugé pénalement personnellement dans le cadre des activités de la circonscription. Cela a changé depuis la loi n° 93-2 du 4 janvier 1993.

RELEVER LA TÊTE : LE MUNICIPALISME LIBERTAIRE

Le municipalisme libertaire est un concept d'écologie politique théorisé par Murray Bookchin, qui suggère de mettre en place des assemblées délibératives localement en vue de lutter contre toute forme de domination. Pour les maires, cela signifie la sortie de la spirale technocratique infernale par la refondation de leur rôle en tant que garants de la volonté des habitants sur leur territoire. Cette théorie se fonde sur un constat simple : les habitants d'un territoire sont toujours les mieux placés pour prendre les décisions qui les concernent. Pour permettre aux populations de reprendre leur avenir en main localement, il faut

Soutien des amis et des voisins lors d'une visite de la mairie.

donc « remplacer l'État, l'urbanisation, la hiérarchie et le capitalisme par des institutions de démocratie directe et de coopération », comme l'explique Bookchin[1]. Dès lors, les maires n'agissent qu'en fonction de la volonté de leurs habitants, systématiquement consultés sur toutes les décisions à prendre.

À condition que son action soit orienté vers le bien commun, jamais on ne pourra inquiéter un maire qui n'a fait que répondre aux souhaits des populations, justement parce qu'il a été élu pour cela. Jamais on n'emprisonnera un village entier pour avoir décidé collectivement des règles à mettre en place, même si ces dernières désobéissent aux lois nationales. Le temps est venu pour les élus des communes d'avoir le courage politique de mettre en place des mécanismes de démocratie directe et ainsi de devenir les dignes représentants de la volonté publique. Ces positions affirmées obtiendront un très large soutien de la population et inciteront d'autres municipalités à rejoindre le mouvement. Quant aux autres, ceux qui craignent trop les représailles administratives, il s'agira pour eux de fermer les yeux délibérément en s'interdisant de dénoncer celles et ceux qui s'installeront en vue de développer des schémas de vie résilients, écologistes et humanistes sur le seul mobile qu'ils sortent des normes actuelles.

Chers maires, vous avez l'avantage du nombre et la puissance qui va avec. Alors que craindre ?

---

1. Murray Bookchin, *Pour un municipalisme libertaire*, Atelier Création libertaire, Lyon, 2003.

PERMETTRE LE SUCCÈS DES AVENTURES COLLECTIVES

Accéder à la sagesse de l'ensemble,
au nom de l'ensemble.
DÉFINITION DE L'INTELLIGENCE COLLECTIVE
PAR LE CO-INTELLIGENCE INSTITUTE

Comment redonner envie aux individus d'initier de nouvelles aventures collectives après les échecs des expériences passées ? Nombreuses sont les personnes à douter que nous autres humains puissions vivre ensemble, en harmonie. En nous retournant sur le passé, nous ne pouvons que leur donner raison. Pour autant, est-ce suffisant pour renoncer à nos idéaux de vie commune ? Ne sommes-nous pas faits pour vivre ensemble ?

Il n'y a aucun doute que l'avenir de notre humanité se jouera dans notre capacité à vivre ensemble et à cohabiter non seulement avec les autres espèces mais aussi et surtout avec nos semblables. C'est pourquoi le premier défi auquel nous devons nous confronter en reconstituant des micro-sociétés collectives sera d'apprendre à vivre ensemble et d'impulser des aventures au sein desquelles chaque participant.e trouvera sa place. Parce que le plus grand des ennemis, celui qui frappe à la porte de tous les collectifs à un moment ou à un autre, c'est la confrontation des égos : ces sommes d'individualités qui, pour exister, pensent devoir se mesurer les unes aux autres. Je ne m'avance pas trop en affirmant que ce sont toujours les égos qui ont fait échouer les aventures collectives et, s'il y a un seul enseignement à tirer des expériences passées, c'est qu'il faut avant tout prendre soin du fameux PFH, « Précieux Facteur Humain », pour que jamais il ne se transforme en « Putain de Facteur Humain »[1].

QUAND NÉCESSITÉ FAIT LOI

Avant d'aller plus loin dans les préconisations, j'aimerais effectuer un bref comparatif entre les aventures collectives vécues par la génération de mai 1968 et celles d'aujourd'hui. Je précise que cette analyse est tout à fait personnelle.

À l'époque de mai 1968, lorsque des groupes décident de quitter les villes pour réinvestir les territoires ruraux (on désignera ces personnes sous l'appellation de « néoruraux ») afin de créer des lieux de vie collectifs fondés sur l'échange, l'entraide et la quête d'autonomie, nous sommes dans un contexte économique de glorification de la consommation. Si le capitalisme est alors déjà perçu comme synonyme d'un matérialisme exacerbé, la société le considère comme la voie la plus agréable à suivre après le traumatisme des deux guerres mondiales.

L'écologie n'en est alors qu'à ses débuts : le premier rapport qui montre les impacts négatifs du mode de vie

1. Notions introduites par les philosophes Pierre Rabhi et Patrick Viveret. Elles sont couramment utilisées par les personnes vivant ou ayant vécu dans des collectifs.

capitaliste-extractiviste voit le jour en 1972 – c'est le rapport de Dennis Meadows. Les humains découvrent alors que leur planète a ses limites ; les luttes environnementales se concentrent essentiellement sur le rejet de l'énergie nucléaire. Les participant.e.s de ces aventures collectives tendent déjà vers un idéal en se rapprochant de la nature et en pressentant les méfaits du capitalisme, mais ces derniers restent théoriques. L'heure est aussi à l'insouciance, à l'expérimentation, à travers l'émergence du mouvement hippie. Et surtout à tous moments, il est possible de mettre fin à ces expériences pour rejoindre le confort du monde marchand et le plein-emploi.

Aujourd'hui la situation est bien différente : nous ne sommes plus au stade des prévisions mais dans la réalité des conséquences catastrophiques engendrées par le mode de vie consumériste-extractiviste : dès lors, le choix de se lancer dans une aventure collective en nature est certes une joie profonde, mais surtout une nécessité pour espérer préserver notre espèce humaine. Il suffit de voir toute la détermination des participant.e.s au sein des zones à défendre (les fameuses ZAD) - ces lieux de vie constitués pour défendre la Nature contre de grands projets industriels menaçant les écosystèmes, pour y installer des infrastructures inutiles sinon destinées à consommer plus ou à se distraire. Les conditions sont dures dans les bocages et il faut faire face à de nombreuses privations individuelles pour vivre dans ces lieux ; pour autant, le nombre de personnes engagées ne diminue pas et ces jeunes sociétés, parce qu'elles sont convaincues de leur absolue nécessité, sont bien plus créatives que jamais ne l'ont été leurs aînés dans les années 1970.

DÉPASSER LES ÉGOS

Les égos sont effacés au profit de la défense des causes environnementales et toutes ces âmes n'ont plus une once d'espoir dans un capitalisme qui a exprimé toutes ses limites à travers les crises qu'il a engendrées et les conséquences qu'il a induites : injustices sociales, démantèlement des structures solidaires, destruction de la planète, chômage de masse, cannibalisme économique des uns au détriment des autres... La liste est encore longue !

Désormais, à travers le désenchantement du capitalisme, il n'est plus question de caresser un doux idéal hippie mais d'offrir une alternative concrète à nos modèles de sociétés qui passera par la lutte et le dépassement de soi pour des causes nobles, en l'occurrence la préservation des Vivants. En ce sens, c'est une vraie chance que d'avoir ces hautes aspirations communes ; c'est grâce à ces objectifs que nous parviendrons à dépasser plus facilement la somme des égos et avoir des raisons d'être collectives, qui permettent à chacun.e de regarder dans la même direction.

Pour autant, sortir de ces mécanismes d'esprit et des logiques individualistes mettra du temps, tout simplement parce que notre génération n'a jamais été éduquée à l'altruisme ni à la collaboration. Mais là aussi, les sources d'espoir sont multiples : en voyant grandir mes filles, je constate que, pour elles, il est évident de partager, de faire ensemble et, en les voyant, je ne peux m'empêcher de penser à la phrase de Jiddu Krishnamurti : « Chaque génération est un nouvel espoir. » Je me dis que, si nous éprouvons toujours des difficultés à faire advenir ces logiques d'entraide, ces dernières seront plus évidentes pour nos enfants !

J'ai évidemment une grande confiance dans la capacité à se dépasser, voire à se transcender, de toutes celles et ceux qui participeront à ces aventures nouvelles ; les changements opérés dans nos existences laissent présager que notre capacité d'évolution est infinie... Et pour y arriver, nous pouvons compter avec de nombreux outils créés pour valoriser les intelligences collectives et les approches participatives[1].

VIVRE SON INDIVIDUALITÉ AU SEIN DU COLLECTIF

> Personne n'éduque personne, personne ne s'éduque seul, les humains s'éduquent ensemble par l'intermédiaire du monde.
>
> **PAULO FREIRE**

Je pense qu'une autre différence majeure entre les aventures passées et celles à venir réside dans le rapport au groupe et donc à l'individu. De fait, un écueil rencontré dans les expériences collectives passées a été le sacrifice de la notion d'individualité sur l'autel du collectif. De nombreuses expériences collectives se sont révélées infructueuses à cause de ce problème, d'après moi. Car l'aspiration collective, si elle est incroyablement porteuse, peut aussi s'avérer nocive lorsqu'elle efface les libertés de chacun : certains groupes ont choisi de tout mettre en commun, effaçant les individus au profit de l'entité collective.

---

1. Je laisse le soin à chacun de télécharger les documentations suivantes :
- « Méthodes participatives : un guide pour l'utilisateur » de la fondation Roi Baudouin,
- *Démocratie participative : guide des outils pour agir* de la Fondation pour la Nature et l'Homme,
- tous les documents mis en place par l'Université du Nous sur leur site : www.udn.org.

Pratique individuelle groupée.

La mise de côté systématique des besoins individuels – évidemment différents d'une personne à l'autre – ne tarde pas à entraîner une saturation de l'entité de groupe, accélérant son implosion pour revenir au point de départ honni : l'exacerbation du « moi » en tant qu'individu égocentré. Il est à mon sens une erreur de vouloir tout faire ensemble, de tout le temps vivre collés les uns aux autres. Cette promiscuité permanente entame le caractère réjouissant de la vie collective et entraîne à terme un ressenti contraignant de cette dernière. Au contraire, en préservant des espaces individuels (ou familiaux) et des temps définis pour la vie de groupe (comme les réunions, les repas partagés certains jours de la semaine, les célébrations et des chantiers collectifs), la vie collective s'en trouve sublimée.

La vie au sein de la ZAD de Notre-Dame-des-Landes fonctionnait[1] de cette manière, avec des dizaines de mini-collectifs indépendants qui s'établissaient avec leurs spécificités et partageaient ponctuellement des événements collectifs, comme bien sûr les temps de lutte face aux autorités, mais aussi les célébrations pour fêter les victoires, les réunions pour structurer la vie sur place et prendre les décisions pour l'avenir, les grands travaux et les jours de (non-)marché[2] hebdomadaires.

Aux cabanes aussi, nous fonctionnons ainsi : nous avons tous nos habitats, bien espacés les uns des autres, ce qui nous permet de conserver une forme d'intimité, et chaque semaine nous avons des rendez-vous communs : il y a la réunion du lundi soir pour parler de la semaine passée et du programme qu'on souhaite mettre en place pour les suivantes, l'activité commune du mercredi après-midi et du vendredi matin – les chantiers collectifs pour améliorer la vie du lieu – et enfin le vendredi soir où nous prenons le temps de célébrer la semaine lors d'un dîner partagé au cours duquel on chante et on joue.

En plus de ces rendez-vous hebdomadaires, s'ajoutent des célébrations collectives ponctuelles, lors des changements de saison ou de Lune par exemple, ou bien lorsque nous recevons des visiteurs aux cabanes. Enfin, ces rendez-vous programmés n'empêchent pas de réaliser d'autres choses en commun de façon spontanée. Et surtout, on voit bien que le collectif, s'il prend de la place dans nos vies, nous laisse une grande partie de temps libre en famille ou pour

---

1. J'en parle au passé parce que je n'y suis pas retourné depuis l'abandon du projet d'aéroport.
2. Tous les vendredis en fin d'après-midi, il y avait ce qu'on appelait le « non-marché » : quand les producteurs déposaient les récoltes de la semaine dans un espace commun où les gens se servaient librement en laissant ce qu'ils voulaient ensuite dans un pot (personne ne vérifiait derrière les étalages si chacun mettait au pot commun).

réaliser des activités individuelles, nécessaires à notre épanouissement. Cet équilibre entre individu et groupe est nécessaire pour maintenir un lien fort dans le collectif, grandir humainement, et pérenniser ce mode de vie.

RÉINVENTER LES MODÈLES FAMILIAUX : LES APPORTS DU COLLECTIF

Les schémas de gestion familiale classique, à travers le modèle de la famille cellulaire, ont entraîné de nombreux déséquilibres pour lesquels une aide est nécessaire. La plupart du temps, cette aide est apportée par un système institutionnalisé qui pourvoit aux besoins parentaux mais aussi au développement des enfants : nounous, crèches, écoles. Or, l'éducation dispensée par ces institutions est parfois très éloignée des valeurs d'entraide, de coopération et de libre-pensée que nous tentons d'enseigner à nos enfants au sein de nos collectifs. Que faire alors ? Se replier sur soi et nous isoler avec nos enfants pour ne pas qu'ils soient au contact de systèmes éducatifs trop éloignés de nos convictions ? Dépenser tout notre temps pour leur éducation et sacrifier ainsi les autres activités de notre quotidien ? Ou laisser les institutions façonner nos enfants selon des principes que nous réprouvons ?

Une solution simple consiste à gérer nos enfants collectivement, à les faire évoluer ensemble dans des environnements sécurisants et épanouissants et à leur permettre d'interagir avec différents interlocuteurs selon leurs intérêts. Ce sont les schémas que proposent les *forest schools* et qu'on retrouve également à l'œuvre dans certaines tribus : des parents se retrouvent avec leurs enfants en forêt, mettent en place des activités et accompagnent les petits dans la réalisation de leurs projets.

LES *FOREST SCHOOLS* : L'ÉDUCATION AUTREMENT

Les *forest schools* – littéralement « écoles de la forêt » – sont des lieux d'éducation établis dans la forêt (ou tout du moins dans des écrins de verdure comme les parcs et les jardins) dans lesquels les enfants apprennent au contact des autres espèces vivantes.
La nature joue un rôle central dans l'enseignement puisqu'elle constitue un terrain de jeu permanent pour les enfants qui peuvent y développer toute leur créativité et s'épanouir pleinement à travers la découverte et l'observation de ce qui les entoure, mais aussi, et surtout, en agissant selon leurs envies.
Ainsi, l'intervention des adultes consiste essentiellement à mettre en place un cadre sécurisant pour les enfants et à leur permettre ensuite de s'exprimer par eux-mêmes, pour faire grandir en eux la confiance et l'estime de soi.
Il est demandé à chaque enfant de choisir dans la forêt un endroit qu'il affectionne pour s'y rendre seul et s'y ressourcer quand il le souhaite.
Des activités sont bien sûr proposées par les adultes et toutes les compétences sont valorisées aussi bien côté enfants que côté adultes ; l'environnement forestier est également mis à contribution pour apprendre des concepts abstraits comme les mathématiques ou la communication.
Ces écoles ont émergé dans les pays scandinaves dans les années 1980 et tendent à se populariser en France – même si l'administration éducative freine leur développement[1].

---

1. L'instruction en famille, de façon générale, est marginalisée et même progressivement interdite, au profit d'une seule éducation d'État. Il n'est évidemment pas question pour nous de céder à ces interdictions.

François apprend à Lia à scier une planche.

Cette implication collective permet à la fois de soulager les parents, d'impliquer des personnes extérieures et de faciliter une socialisation des enfants que ce soit entre eux – il n'y a pas de segmentation entre les classes d'âges - mais aussi au contact des adultes qui vont exercer le rôle de référents. Le collectif élargit grandement la structure de la famille pour passer à un modèle de tribu où les référents sont multiples et les tâches redistribuées plus largement.

Ces modèles tribaux que l'on juge parfois rétrogrades sont en fait des organisations salutaires pour tous les membres qui y appartiennent ; ils permettent à ce que des liens forts unissent les individus - en dehors de la famille cellulaire

– et qu'une entraide permanente se mette en place. Dans ce contexte, une solidarité extérieure n'est nullement nécessaire (solidarité d'État) puisque le groupe lui-même pourvoit aux besoins de chacun.

Dans notre collectif, par exemple, nous avons signifié notre souhait de disposer de moments ensemble, Caroline et moi, si bien que, chaque semaine, des temps ont été mis en place pendant lesquels d'autres habitants – à savoir François, Justine et Adrian – s'occupent de nos filles – des demi-journées le plus souvent – et réalisent des activités avec elles. Ces interactions sont évidemment bénéfiques pour Lia et Mani, qui vont disposer d'autres repères que ceux que nous leur donnons, mais elles profitent également aux adultes – qu'ils soient jeunes pour découvrir la parentalité sans avoir d'enfants, ou plus âgés pour pouvoir partager et valoriser leur expérience quand la société traditionnelle les met de côté.

Nous avons plus que jamais besoin de liens pour nous souder : les aventures collectives permettent de vivre cette appartenance à un soi élargi... Et les rituels collectifs l'accentuent !

DÉVELOPPER DES RITUELS

Des rituels, il en existe autant qu'on le souhaite : il y a ceux que la Nature nous propose à travers les changements ou les renouvellements de cycles, les occasions particulières qui apparaissent dans nos vies (comme les années que nous avons pour habitude de célébrer) et les rituels plus récurrents, comme des rendez-vous qu'on met en place à intervalle régulier. Toutes les occasions méritent d'être célébrées.

Veillée collective à l'intérieur de la « cabénuite ».

Pour commencer, voyons celles que nous propose la vie quotidienne :

- les cycles solaires, à travers les changements de saisons comme autant de changements intérieurs et qui sont l'occasion de rendre grâce à ces étapes nouvelles ;
- les cycles lunaires, avec la Lune tantôt pleine, tantôt invisible[1] ;
- les occasions que l'on ritualise pour célébrer un changement : une naissance (de la grossesse jusqu'à l'arrivée du bébé), une union entre deux êtres qui s'aiment, le passage d'un stade de vie à un autre[2], l'arrivée ou le départ d'un membre de la communauté, la fin de vie d'un être...

1. On parle alors de « nouvelle Lune ».
2. On estime chez nous que nous changeons de cycles tous les sept ans pour passer d'un âge à un autre.

- les rituels que l'on décide de mettre en place de façon plus récurrente pour instituer des rendez-vous tantôt festifs, tantôt réflexifs entre les membres d'un même groupe : les réunions, les repas partagés, les temps de jeux, de chantiers collectifs, de création commune (danse, peinture, chant, sculpture), d'accueil vers l'extérieur pour partager nos pratiques et nos quotidiens...

Je pense que nous avons bien connaissance de ces célébrations mais je ne suis pas sûr pour autant que nous les célébrions comme il se doit.

Les fêtes sont autant d'occasions pour prendre conscience des joies que nous offre la vie et la remercier en retour, en la célébrant.

HUIT FÊTES PAÏENNES À CÉLÉBRER

Le Soleil et la Lune sont deux points de repère utilisés de tout temps pour les célébrations, notamment dans les rites païens. L'année est ainsi divisée en quatre saisons mais aussi en quatre équinoxes :

- Samhain (31 octobre) : c'est le dernier jour de l'année païenne ; cette fête est également connue sous le nom d'Halloween. Elle inaugure l'hiver et constitue une porte par laquelle le monde des morts peut rencontrer celui des vivants. On met en place des rituels pour entrer en contact avec les disparus qui nous transmettent leur savoir et leur force.
- Yule (21 décembre – solstice d'hiver) : tandis que les jours commencent à rallonger, cette fête célèbre à la fois la renaissance du Soleil et le

début d'un nouveau cycle. Elle est célébrée dans une atmosphère joyeuse avec de riches décorations et des feux de joie.

- Imbolc (2 février) : autrement appelée la Chandeleur, cette fête célèbre les premiers signes du printemps, le réveil de la Terre, la lumière qui ne fait qu'augmenter depuis le solstice d'hiver. Imbolc symbolise aussi le changement et la croissance spirituelle.
- Ostara (21 mars – équinoxe de printemps) : le moment où jour et nuit sont égaux. Avec la montée en puissance du Soleil, les champs commencent à fleurir et l'on célèbre l'équilibre entre les forces.
- Beltaine (30 avril) : c'est la fête de l'amour, de l'union et de la fertilité entre les êtres, la période propice pour mettre au monde. On danse autour du « mât de mai » – un poteau que l'on décore de fleurs, de rubans et de guirlandes. La coutume veut que, ce jour-là, les enfants plantent un arbre, symbole de croissance et de prospérité.
- Litha (21 juin – solstice d'été) : c'est le jour où le Soleil est le plus proche de la Terre. Lors de cette nuit qui est la plus courte de l'année, il est de coutume de danser autour de grands feux de joie pour consacrer la victoire de la lumière ; on y célèbre aussi les mariages.
- Lughnasadh (1er août) : c'est la fête de la première récolte de blé. Les nuits s'allongent et on sent l'approche de l'ombre. On remercie la Terre pour sa fertilité.
- Mabon (21 septembre – équinoxe d'automne) : le jour et la nuit sont égaux et les récoltes sont terminées. L'ombre se prolonge, une période d'introspection approche avec l'hiver. Il faut donc aller trouver sa « lumière intérieure ». Cette fête est propice à la méditation.

Ces temps sont autant de moments intenses où les personnes d'un même collectif apprennent à se connaître, à se faire confiance et peuvent ainsi se lier profondément entre eux (ne lire aucun sous-entendu !). Un des rituels que nous pratiquons chez nous consiste, à chaque changement de saison, à faire un cercle autour du feu pour évoquer ce que la saison passée a provoqué en nous et ce dont nous nous dépouillons pour accueillir la nouvelle saison.

Libre à chaque collectif d'imaginer ses propres rituels, capables de souder le groupe, de connecter les énergies entre elles et aux éléments qui nous entourent. Ces rituels permettent de montrer le soin que nous nous portons et que nous accordons à chaque membre du collectif à travers des temps privilégiés où nous pouvons nous confier, nous livrer, nous sentir en confiance et en sécurité dans le groupe, mais aussi à l'extérieur de celui-ci.

PRENDRE SOIN LES UNS DES AUTRES

C'est à travers le soin apporté à chaque membre du groupe que nous pourrons espérer vivre durablement ensemble. Je pense ici aux actions réalisées par les membres du collectif Extinction Rébellion : à chaque fois que des membres sont placés en garde à vue à la suite d'actions de désobéissance civile, une cellule de soins est créée qui se charge d'accueillir les membres temporairement privés de leur liberté à leur sortie des commissariats – les militants sont alors bien souvent épuisés tant physiquement que nerveusement. Cette cellule n'a pas d'autres missions que de prendre soin des autres membres en les écoutant, en les réconfortant, en leur apportant à manger ou une boisson chaude : elle se consacre exclusivement à leur bien-être à la suite de cette épreuve traumatisante.

La prise en compte de l'intensité de l'épreuve subie par ses membres et le soin apporté à ces personnes permettront leur appartenance durable au groupe qui prend soin d'eux, les comprend et reconnaît en cela la valeur de leur engagement en son sein.

Et ce soin doit exister sans qu'une dimension militante soit nécessaire, même si j'ai choisi volontairement cet exemple parce qu'on oublie trop souvent, lors de ces actions, la nécessité de prendre soin de ceux qui sont allés au charbon et qui ressortent de là émotionnellement blessés, fatigués, et dont l'engagement est nécessairement fragilisé tant leur énergie est entamée au sortir de ces épreuves. Prendre soin les uns des autres est la base de tout collectif et le secret de sa longévité. Cela nécessite de passer du temps les uns avec les autres, de s'écouter parler, de se connaître. À cet égard, si parfois nous regrettons un temps trop long passé en réunions, nous conservons à l'esprit que ces réunions sont sans doute nécessaires pour que d'autres s'expriment et de cette façon se sentent valorisés. Cela peut sembler évident dit ainsi mais on oublie bien souvent de prendre ce temps pour porter de l'attention aux autres et s'assurer qu'ils se sentent bien. Prenons soin de chacun d'entre nous comme de petites graines que l'on arrose et on verra très vite que cette attention accordée permettra à ces graines de s'enraciner profondément dans ce collectif, d'y grandir et de nous rendre au centuple le soin que nous leur aurons donné.

DES LIENS ENTRE LES COLLECTIFS

Un collectif, même s'il vise à reconstituer une microsociété qui se veut la plus complète possible, ne peut œuvrer seul. Et cela n'est d'ailleurs pas souhaitable. Si le but de ces expériences est d'acquérir une certaine forme d'autonomie, cette dernière ne sera jamais complète si elle se prive des échanges et des apports extérieurs : il est donc absolument nécessaire d'organiser une mise en réseau des différents collectifs. D'un point de vue purement relationnel et humain, il est important de conserver un contact avec l'extérieur et d'avoir un jardin personnel que l'on peut cultiver en dehors du lieu collectif, sans quoi nous risquons de vivre en circuit fermé, de nous enfermer dans des dynamiques étouffantes. En outre, le contact avec le monde extérieur (quel qu'il soit) permet de développer un regard neuf sur nous-mêmes et de mieux apprécier nos quotidiens au sein des lieux où nous évoluons.

En outre, il est salutaire d'avoir des liens forts entre collectifs pour savoir que nous ne sommes pas seuls à mener ces aventures, notamment lorsque des doutes ou des questionnements s'installent sur le sens profond et la portée de nos actions. Parce que ces questions se poseront et il est même sain qu'elles se posent, savoir que des frères et des sœurs de cœur œuvrent çà et là dans le même but que le nôtre et passent par les mêmes épreuves, nous permettra de nous confier et de partager afin de nous donner plus de force et de détermination pour dépasser les épreuves.

Ces liens entre les groupes permettront de nous entraider lorsque les uns ou les autres auront besoin de soutien mais serviront aussi et surtout à célébrer ensemble les joies procurées par nos existences. Les temps festifs consacrés à la rencontre et à l'ouverture sont des moments qui me semblent très importants, nous le ressentons ici avec les bals folks et les bals trad', qui nous offrent tout au long de l'année, dans nos campagnes, l'occasion de danser ensemble et de se rencontrer. Chaque collectif organise tour à tour un bal avec les spécificités qui le caractérise et invite les habitants des autres lieux à le rejoindre pour danser et chanter ensemble.

Ces événements permettent de se rassembler même en basse saison, lorsque les campagnes sont moins peuplées. L'ambiance y est toujours joyeuse et conviviale et toutes les générations se retrouvent au rythme de danses folkloriques. Pas besoin de connaître les pas, on se laisse simplement initier par des partenaires expérimentés qui viennent à notre rencontre pour nous les enseigner. Ces danses où l'on se tient par la main ou par le bras, accentuent la communion entre chaque participant, et nous permettent systématiquement de faire de belles rencontres parce que les cœurs sont ouverts.

L'OUVERTURE AU MONDE

Bien souvent, les gens qui se retirent dans la nature aspirent à vivre dans le calme et la tranquillité. Ces choix ont souvent été motivés par la folie du rythme de la vie dans les sociétés humaines dans lesquelles nous avons vécu par le passé. Aussi, la tentation est grande de vivre caché en faisant sien l'adage : « Vivons heureux, vivons cachés. »

Il est vrai que c'est en préservant nos espaces que nous vivrons le plus sereinement. En effet, attirer l'attention sur nous pourrait cristalliser les convoitises et les jalousies des voisins ou la susceptibilité des autorités. Pour autant, gardons à l'esprit l'objectif profond qui nous anime, à savoir la multiplication de zones où les vivants peuvent évoluer en harmonie. Ainsi, nos lieux doivent impérativement rester des lieux d'ouverture et d'accueil pour tous. Ils sont là en partie pour inspirer celles et ceux qui aspirent à vivre comme nous. Ces personnes qui nous visitent viennent avec toute leur ferveur, leur énergie ; ils souhaitent donc bien souvent s'impliquer pour mieux s'immerger dans nos lieux.

Accueillons-les pour eux mais aussi pour nous : les rencontres se révèlent toujours précieuses tant humainement que moralement. Et même s'il arrive que certaines rencontres soient difficiles et certaines expériences négatives, elles nous apprennent toujours quelque chose sur nous-mêmes. Parce que ces personnes, du fait même de leur démarche de venir jusqu'à nous, méritent toutes notre considération et notre attention. Aussi, gardons à l'esprit qu'accueillir des visiteurs est avant tout un cadeau que nous nous faisons lorsque nous hésitons à ouvrir l'intimité de nos quotidiens au monde... Et ne perdons jamais de vue que nous œuvrons pour un monde plus ouvert : soyons donc à la hauteur de notre ambition !

NOUS APPROPRIER LES TERRITOIRES ET DÉCIDER ENSEMBLE

> Être démocrate, ce serait agir
> en reconnaissant que nous ne vivons jamais
> dans une société assez démocratique.
>
> **JACQUES DERRIDA**

On l'aura compris, au sein d'une vie en tribu, chaque grande décision prise doit être le fruit de concertations collectives : la vie démocratique est un élément qui assure la pérennité des groupes.

UNE DÉMOCRATIE SPONTANÉE POUR LA VIE COURANTE

Il existe évidemment plusieurs modèles de prise de décisions selon les organisations[1] mais celle que nous souhaitons développer porte le nom de « démocratie spontanée ». Ce type de démocratie se fonde sur le présupposé suivant : nous avons tous confiance les uns dans les autres et chaque

---

1. Il y a le vote majoritaire, le vote aux deux tiers, le jugement majoritaire (selon les appréciations que l'on attribue à chaque proposition), le consensus, le consentement et encore bien d'autres…

action réalisée est motivée par la volonté d'œuvrer pour le bien du groupe. Partant de là, chaque membre du groupe peut entreprendre des actions sans avoir à attendre l'approbation de l'ensemble du groupe. Toutefois, avant d'agir, il doit consulter et obtenir le soutien de plusieurs personnes concernées par son projet[1]. Sans refus de leur part ou volonté de questionner le reste du groupe, l'action peut être réalisée ; elle sera discutée *a posteriori* en réunion seulement si quelqu'un a une remarque à faire dessus[2]. Le regard des personnes consultées sert ainsi de caution morale et a pour effet de prévenir les actions qui pourraient aller à l'encontre de la volonté du groupe.

Cette façon d'agir prend le contre-pied des rouages démocratiques, qui veulent qu'on ait pris l'avis de tous et qu'on ait obtenu une majorité pour chaque décision prise. Ce qui nous pousse à renverser ce fonctionnement, c'est que, de cette façon, nous pouvons laisser place à l'initiative et à la spontanéité de chacun au lieu de nous enliser dans de longues concertations entraînant des décisions qui ont perdu la fraîcheur de l'initiative qui les a vu proposer. Rien n'empêche de consulter en amont avant d'agir, simplement la possibilité est donnée de faire avant de juger.

Évidemment, un tel fonctionnement induit une augmentation des erreurs mais ces erreurs seront autant de leçons et d'apprentissages acquis par l'expérience et qui seront mieux mémorisés. Quant aux actions, elles auront toujours été le fruit d'impulsions bienveillantes et leurs conséquences nous feront grandir aussi bien individuellement que collectivement.

---

1. Généralement deux ou trois personnes suffisent.
2. Les remarques doivent alors être accompagnées de suggestions, de façon à faire avancer le débat.

Réunion improvisée entre habitant.e.s.

Cette démocratie spontanée permet enfin aux moins expansifs ou aux moins persuasifs lors des réunions de pouvoir agir sans avoir à subir les volontés de ceux qui prennent plus fréquemment la parole pour influencer les décisions. Cette façon d'agir concerne seulement les affaires de la vie quotidienne, celles qui n'impactent pas ou peu la vie des autres. Lorsqu'il s'agit de prendre des décisions dont les conséquences impliquent l'avenir du groupe, les assemblées sont indispensables !

L'IMPORTANCE DES ASSEMBLÉES AU SEIN DES GROUPES

Chaque société, quelle que soit sa taille, doit encourager et favoriser la participation de ses membres dans les prises de décisions, cela en vue de les responsabiliser ; c'est un principe de base de la vie collective. En ce sens, la mise en place d'assemblées délibératives est indispensable. Ces moments sont autant de rendez-vous pour statuer sur des situations passées que pour prendre des décisions pour l'avenir. L'important étant de comprendre qu'une assemblée est un lieu destiné à prendre des décisions et non à mener des débats (les discussions informelles en dehors des réunions offrent ces temps-là).

Les temps d'assemblée permettent aussi d'exprimer et de résoudre les tensions au sein du groupe. Selon l'approche de résolution de conflits adoptée, il sera plus ou moins aisé de dépasser ces tensions[1]. Ces temps en assemblée, s'ils peuvent être fatigants, fastidieux et lourds

1. Une méthode consiste à exprimer les faits comme si nous étions complètement extérieurs à la scène, simples observateurs, en vue de nous détacher au maximum de la situation.

émotionnellement, sont néanmoins très importants pour renforcer la cohésion d'un groupe ; l'ambiance qui règne au sein de ces agoras donne le tempo de la vie en société. Aussi, il faut particulièrement veiller à ce que les moins habitués aux prises de parole publiques puissent s'exprimer au même titre que les autres. Si on veut renforcer l'appartenance de ces membres au sein du groupe, il faudra leur montrer notre considération[1]. Ne l'oublions pas : « Seul on va vite, mais ensemble on va plus loin ! »

LA COMMUNICATION NON VIOLENTE

La CNV est une méthode de communication reposant sur quatre piliers : l'observation, les sentiments, les besoins et la demande. La règle est de toujours partir de soi (ce que l'on ressent, ce que l'on pense) lorsque l'on s'exprime. L'empathie, l'ouverture à l'autre, sont au cœur du processus. Cette approche permet de faire entendre une opinion sans risquer de blesser autour de soi et peut aider à désamorcer les conflits. Pour vous former à la communication non violente, je vous invite à lire le livre de Marshall Rosenberg, fondateur de cette méthode, *Les mots sont des fenêtres*[2].

---

1. Il existe des fonctionnements dits « sociocratiques » et plus récemment « holacratiques » pour favoriser les prises de décisions de groupe en valorisant l'intelligence collective. J'invite chacun à explorer ces deux systèmes qui, grâce à des méthodes particulières, amènent des résultats passionnants au sein des groupes.
2. Marshall Rosenberg, *Les mots sont des fenêtres (ou bien ce sont des murs) : Initiation à la communication non violente*, La Découverte, Paris, 2016.

DÉCIDER ENSEMBLE : L'UTOPIE CONCRÈTE DU MUNICIPALISME LIBERTAIRE[1]

Le mot « délibératif » revêt toute son importance dans les assemblées car ce sont aux habitants des territoires de prendre toutes les décisions qui les concernent au premier chef. Ces assemblées délibératives existent bien sûr au sein des collectifs, mais l'ambition est désormais d'élargir l'échelle décisionnelle aux villes et villages, puis de s'étendre à tous les territoires de façon à se réapproprier collectivement les espaces.

L'ÉCOLOGIE SOCIALE

Ce concept fondé par Murray Bookchin part du principe que tous nos problèmes écologiques proviennent en réalité de problèmes sociaux. L'écologie sociale désigne le système capitaliste comme responsable des mécanismes de pensée ayant entraîné la domination sur les espèces vivantes mais aussi sur les humains et tous les déséquilibres qui en découlent dans nos relations.

Le but de l'écologie sociale est de créer des sociétés égalitaires, libres et écologiques en identifiant et en éliminant les relations de domination, et en développant les potentialités humaines à s'organiser démocratiquement et collectivement, de manière non hiérarchique, au travers d'institutions émancipatrices.

1. Une fiche pédagogique réalisée par le collectif « L'archipel du vivant » et intitulée « Écologie sociale et municipalisme libertaire » est disponible en libre accès sur Internet.

La décentralisation des décisions

Le municipalisme libertaire pensé par Murray Bookchin suggère pour cela une décentralisation absolue des prises de décisions politiques et économiques effectuées par des communautés autogérées qui statuent dans des assemblées populaires.

> Le municipalisme libertaire veut ressusciter la politique dans le sens ancien du terme : construire et étendre la démocratie directe locale de sorte que les simples citoyens prennent des décisions relatives à leur communauté et à la société dans son ensemble[1].

Il n'y a pas besoin d'élections pour constituer des assemblées, donc pas besoin d'attendre de quelconques échéances pour les mettre en place, si ce n'est de susciter l'envie des autres habitants de participer aux prises de décisions.

Lutter contre toute forme de domination

Mais décider dans quel but ? Et pourquoi penser à une plus grande échelle ? Pour lutter contre toutes les formes de domination : celles que l'on connaît bien et qui sont opérées par les extractivistes sur la Nature, mais aussi celles exercées par le système établi sur les femmes, sur les plus vulnérables, sur les catégories sociales les plus fragiles, et même sur les plus jeunes générations.

Si nous voulons aspirer à une quelconque forme de justice pour la Nature, il faut que cette justice s'exerce pour tout le monde sans distinction et, pour cela, il nous faut

---

1. Janet Biehl, *Le Municipalisme libertaire : la politique de l'écologie sociale*, Écosociété, Montréal, 2014.

rompre avec une longue tradition de domination au sein de nos sociétés.

Le confédéralisme démocratique : des assemblées pour décider localement et au-delà

Chaque assemblée est unique : à l'image de la Nature et de sa biodiversité, chaque territoire que nous occupons est singulier ; il comporte des spécificités qui lui sont propres, des normes et des cultures qui diffèrent d'une région à l'autre. De fait, il existe autant de décisions que d'assemblées : vouloir uniformiser ces décisions serait une grave erreur parce que la politique possède sa propre biodiversité comportementale et c'est tant mieux car la multiplication des expériences (et de leurs retours) pourra enrichir les autres assemblées.

Si chaque assemblée est autonome, toutes les assemblées sont en revanche liées entre elles : chaque assemblée est pleinement souveraine dans son territoire, mais elle prend part aux décisions prises à plus grande échelle ; c'est ce que l'on appelle le confédéralisme démocratique, la clé de voûte du municipalisme.

Pour les questions qui dépassent les limites des communes, le fonctionnement mis en place consiste à désigner des délégués appartenant à chaque collectivité locale comme porte-parole qui se rassembleront dans des assemblées fédérales pour coordonner et planifier plus largement les projets. La différence avec les assemblées représentatives que l'on connaît tient principalement au fait que ces délégués disposent de mandats impératifs[1],

1. Un mandat impératif est un mandat émanant d'une entité et conférant une autorité limitée à la personne qui le porte : l'autorité de poser des actions en son nom dans le cadre strict des instructions et des limites élaborées dans le mandat.

sont révocables[1] et changent fréquemment ; enfin, ils agissent sous la supervision constante des assemblées populaires.

DE L'UTOPIE À L'EXPÉRIMENTATION

Ce fonctionnement en assemblées est déjà expérimenté à différentes échelles, que ce soit au Rojava[2] où le confédéralisme démocratique est pleinement adopté. De même, au Brésil, certaines favelas sont le théâtre d'expériences réjouissantes : celle d'Ocupação Esperança, par exemple, réunit 500 familles autogérées par les femmes qui prennent les décisions lors de conseils de quartier et veillent directement à ce que les femmes ne soient plus dominées. Ces femmes s'auto-organisent et œuvrent quotidiennement pour assurer une qualité de vie décente à l'ensemble de la communauté. Enfin, à Jacksonville aux États-Unis, la municipalité est gérée par un maire noir socialiste issu du Malcolm X Grassroots Movement, qui soutient simultanément des assemblées populaires actives et un projet de démocratie économique fondé sur des coopératives autogérées et l'autodétermination des communautés locales.

Ces assemblées permettent de réfléchir et de décider de l'utilisation des ressources ou de la gestion des infrastructures et d'assurer une représentation réelle des volontés ainsi qu'une transparence dans les choix opérés, en partant

1. Un mandat révocable rend possibles la destitution et le remplacement du délégué si celui-ci ne respecte pas les termes de son mandat.
2. C'est le nom du Kurdistan occidental.

du plus proche au plus éloigné. Ainsi, lorsqu'il s'agira de réfléchir à la juste utilisation de l'eau qui passe à travers plusieurs villages, voire plusieurs régions éloignées les unes des autres, ces assemblées d'assemblées se constitueront et évalueront ensemble les besoins des habitants pour utiliser l'eau de façon optimale sur le territoire tout en préservant la ressource. À travers ces reprises en main collectives de la vie démocratique locale, des liens se tissent et des modes de vie vertueux entre humains et non-humains se développent.

Des frontières rebattues

Ces assemblées redessinent nos territoires : elles s'établissent en dehors de toutes frontières préalablement établies, fruits de guerres et de convoitises ; nous sortons des limites imposées par les États pour redéfinir la pluralité de nos appartenances et de nos identités. Parce que bien que pluriels de par la diversité de nos territoires, nous n'en restons pas moins et avant tout unis lorsqu'il s'agit de définir nos intentions pour préserver la Vie. En nous réappropriant les territoires, nous nous réapproprions les frontières et la manière d'y vivre, en dehors de toutes considérations politiques, administratives et économiques.

Il ne peut y avoir de conquêtes s'il n'y a pas d'espaces à conquérir. Si nous réalisons que, tout en étant différents, nous faisons partie d'un tout et que nous œuvrons en ce sens, alors nos façons d'habiter les territoires ne seront définitivement plus les mêmes. Et si nous prenons le temps de nous attacher à ces territoires, de les chérir jusque dans leurs recoins les plus cachés, alors rien ni personne ne pourra nous empêcher de les défendre et de les préserver… Ensemble !

PARCE QU'IL FAUT BIEN CONCLURE

Nous sommes celles et ceux que nous attendions.

PROVERBE HOPI

À quel moment l'avenir a-t-il cessé d'être une promesse pour devenir une source d'inquiétude? Les contraintes s'accumulent et les défis semblent infinis pour simplement parvenir à vivre en harmonie avec la Nature… « Où est donc le plaisir dans tout cela? » se demanderont certains, en pesant le pour et le contre des sacrifices nécessaires pour y parvenir. De fait, comment peut-on espérer, après avoir succombé aux charmes d'un modernisme dont la promesse tient en des jouissances instantanées et un confort (prétendument) illimité, tendre vers la rusticité pour agrémenter nos existences? Ma réponse est simple : parce que la joie de nos existences humaines tient justement dans notre capacité à agir selon nos aspirations profondes.

Les destins aventureux sont comme des écoles au sein desquelles les individus sont toujours en apprentissage, en évolution. En agissant comme des chevalières et des chevaliers au service du Vivant, nous mesurons toute l'importance de cette notion d'évolution : elle signifie, pour nous, la capacité à nous remettre en question et à juger les actions passées sur l'autel de la lucidité.

Aujourd'hui, notre évolution appelle des actions nouvelles, qui permettent d'avancer vers un avenir à la fois durable et désirable. Car l'enjeu majeur est là : après avoir évolué et nous être adaptés biologiquement pendant des milliers et des milliers d'années, nous avons le devoir de muter - non pas physiquement cette fois, mais comportementalement - si nous voulons continuer à écrire notre Histoire. En cela, un défi extraordinaire s'offre à nous : nous devons nous réinventer et grandir pour apprendre à cohabiter avec les vivants. Cette période de transition humaine suffit, à elle seule, à légitimer le sens profond de nos existences et de nos actions. Jamais, de mémoire d'humains, un défi aussi puissant s'est imposé.

Nous avons une capacité de transcendance infinie et une seule question doit nous guider : « Jusqu'où sommes-nous prêts à aller pour préserver notre humanité ? »

De notre amour pour les humains et pour la Terre dépendront nos actions et nos engagements. Car cette transcendance ne pourra se déployer que si notre amour pour nos semblables est assez fort pour que nous acceptions de nous dépasser. Les connaissances se heurteront toujours aux limites imposées par la raison ; l'amour, à l'inverse, cherchera toujours à dépasser ces limites ; il est à la fois notre moteur et notre espoir.

La Terre est là pour nous montrer le chemin, elle qui continue à nous nourrir et à nous accueillir malgré tous les sévices que nous lui infligeons. Le temps est donc venu de lui rendre ce qu'elle nous a apporté en œuvrant à cocréer progressivement avec elle de nouveaux espaces de Vie. À cet égard, les forêts primaires que propose de recréer le célèbre botaniste Francis Hallé sont un défi infini : il nous faudra un millénaire pour espérer en reconstituer en Europe ; bien sûr, aucun.e d'entre nous n'en verra les résultats de son vivant mais nous pouvons œuvrer humblement à retisser ce lien entre les générations à travers des actions dont la portée nous dépasse, pour que chaque incarnation présente et future trouve son sens dans la mise en place et la protection de ces forêts contre de futurs périls.

Il est temps de retrouver nos places de gardiens au sein de la Nature, d'agir en prenant bien sûr en compte les signaux d'alarme lancés par les scientifiques, tout en sortant d'une urgence frénétique qui nous pousse à nous précipiter. Inscrivons nos actions sur le long cours en apprenant tout d'abord – pour emprunter ses termes à Hervé Covès – à récolter le soleil, puis à cultiver la pluie, à travailler à la mise en place de trames vertes et de trames bleues pour permettre le voyage des espèces d'un point à un autre du globe, à s'adapter aux différents écosystèmes, et enfin à libérer de très grandes étendues pour en sanctuariser les espaces - Francis Hallé avance le chiffre de 80 000 hectares - et y laisser la Vie agir.

Nous sommes toutes et tous liés et notre destin dépendra du soin que nous nous apporterons mutuellement, unis entre espèces et au sein d'une même espèce. Les équilibres sont fragiles et cette vulnérabilité, au lieu de nous inquiéter, doit être notre force : c'est en côtoyant la mort que nous prenons pleinement conscience du caractère infiniment précieux de la vie. L'enjeu n'est plus tant de savoir comment nous allons nourrir les humains mais de savoir comment nous allons vivre avec la Terre, pour conquérir notre humanité.

La vie est belle.

RÉFÉRENCES BIBLIOGRAPHIQUES

Murray Bookchin, *Pour un municipalisme libertaire*, Atelier Création libertaire, Lyon, 2003.

Andrew Boyd et Dave Oswald Mitchell, *Joyeux Bordel*, Les liens qui libèrent, Paris, 2015.

Éric Brisbare, *Un bain de forêt*, Marabout, Paris, 2018.

Noam Chomsky, *La fabrique du consentement : De la propagande médiatique en démocratie*, Agone, Marseille, 2008.

Comité invisible, *À nos amis*, La Fabrique, Paris, 2007.

Damien Dekarz, *La Forêt comestible*, de Terran, Escalquens, 2020.

Geoffroy de Lagasnerie, *Sortir de notre impuissance politique*, Fayard, Paris, 2020.

Joanna Macy et Chris Johnstone, *L'Espérance en mouvement*, Labor et Fides, Genève, 2018.

Andreas Malm, *Comment saboter un pipeline*, La Fabrique, Paris, 2020.

Corinne Morel-Darleux, *Plutôt couler en beauté que flotter sans grâce*, Libertalia, Montreuil, 2019.

Baptiste Morizot, *Manières d'être vivant*, Actes Sud, Paris, 2020.

Srdja Popovic, *Comment faire tomber un dictateur quand on est seul, tout petit, et sans armes*, Payot, Paris, 2017.

Pierre Rabhi, *Vers la sobriété heureuse*, Actes Sud, Arles, 2014.

Sandrine Roudaut, *Les Suspendu(e)s : Utopistes, insoumis, désobéissants, ils écrivent demain et s'accomplissent*, La Mer Salée, Rezé, 2017.

Jean-Jacques Rousseau, *Du contrat social.*

Patrick Scheyder, *Pour une pensée écologique*, Belin, Paris, 2020.

James C. Scott, *Homo domesticus*, La Découverte, Paris, 2019.

Pablo Servigne, Raphaël Stevens, Gauthier Chapelle, *Une autre fin du monde est possible : Vivre l'effondrement (et pas seulement y survivre)*, Le Seuil, Paris, 2018.

Norodom Sihanouk, *Notre socialisme bouddhique*,

Jean-Baptiste Vidalou, *Être forêts*, Zones, Paris, 2017.

Peter Wohllenben, *La Vie secrète des arbres*, Les Arènes, Paris, 2017.

Collectif, *Earth first : Manuel d'action directe*, éditions Libre, 2019.

REMERCIEMENTS

À Caroline, cette précieuse alliée qui m'accompagne dans tous les défis à relever et me permet de rêver chaque jour notre vie,

À mes filles, qui m'aident à grandir et à m'accomplir grâce à leur amour,

À mes parents, qui m'ont toujours soutenu et qui m'ont offert cette liberté d'esprit, à travers leur éducation,

À mes frères, ces piliers qui m'ont toujours supporté,

À Laure-Hélène, mon éditrice, pour son aide précieuse dans la réalisation de cet ouvrage,

À François, qui m'a ouvert les portes de son lieu et m'a initié à la magie de la vie sauvage,

À Justine, pour tout le soin et l'écoute apportée dans la fabrication du livre,

À Clémence, qui m'a fait découvrir les cabanes,

À Wael, qui fait vivre la désobéissance fertile grâce à la plateforme de mise en lien,

À Selloua, pour sa présence en toutes circonstances,

À Benjamin, pour son engagement et son soutien précieux dans la désobéissance fertile,

À Tanguy, pour sa vivacité d'esprit et sa dévotion cérébrale,

À Paul, cet avocat prêt à défendre notre cause quoi que cela en coûte,

À Feriel, pour ses corrections dans les préconisations permacoles,

À Alice, pour sa relecture juridique,

À Hervé, pour son amour de la Terre et ses recommandations d'avenir,

À Alice, pour la souveraineté et l'inspiration qu'elle incarne,

À Jocelyn, pour ses créations *low techs* qui égayent nos quotidiens,

À Patrick, pour ses réflexions et ses conseils pleins de sagesse,

À Alexandre, qui a été assez fou pour croire un jour en mes rêves et a contribué à les réaliser.

À tous les amis que j'ai pu croiser et qui m'ont fait évoluer,

À tous ceux qui ont constitué des obstacles et m'ont poussé à me dépasser.

À toutes celles et ceux qui rêvent et œuvrent à réaliser ces rêves,

À toutes celles et ceux qui aspirent à vivre en accord avec leurs valeurs,

À toutes celles et ceux qui bravent les menaces et les interdictions, en conscience… Vous êtes mes héros.

À la Terre, notre mère,

À la Vie,

À l'Amour.

CRÉDITS PHOTOGRAPHIQUES

Pages 8, 18, 26, 41, 49, 54, 69, 70, 76, 88, 100, 105, 109, 113, 117, 158, 170, 178, 189, 192, 196, 204, 228, 239, 247, 257, 287, 292, 305, 312, 313, 353, 359, 367, 373, 384 : Jonathan Attias.

Page 39 : Alexandre Lumbroso.

Pages 83, 323, 329 : Morgan Bisson.

Pages 96, 124, 213, 319, 368 : Virginie Quéant.

Page 135 : Tom Attias.

Pages 145, 307 : Yannick Chezeaud.

Page 231 : Tanguy Marret de Grétry.

Page 258 : Justine Jammes.

Pages 253, 298, 308 : Michel Morice.

Page 311 : Jules Attias.

Page 335 : Dimitri Kestelyn.

Pages 342, 346, 348 : Caroline Perez.

TABLE DES MATIÈRES

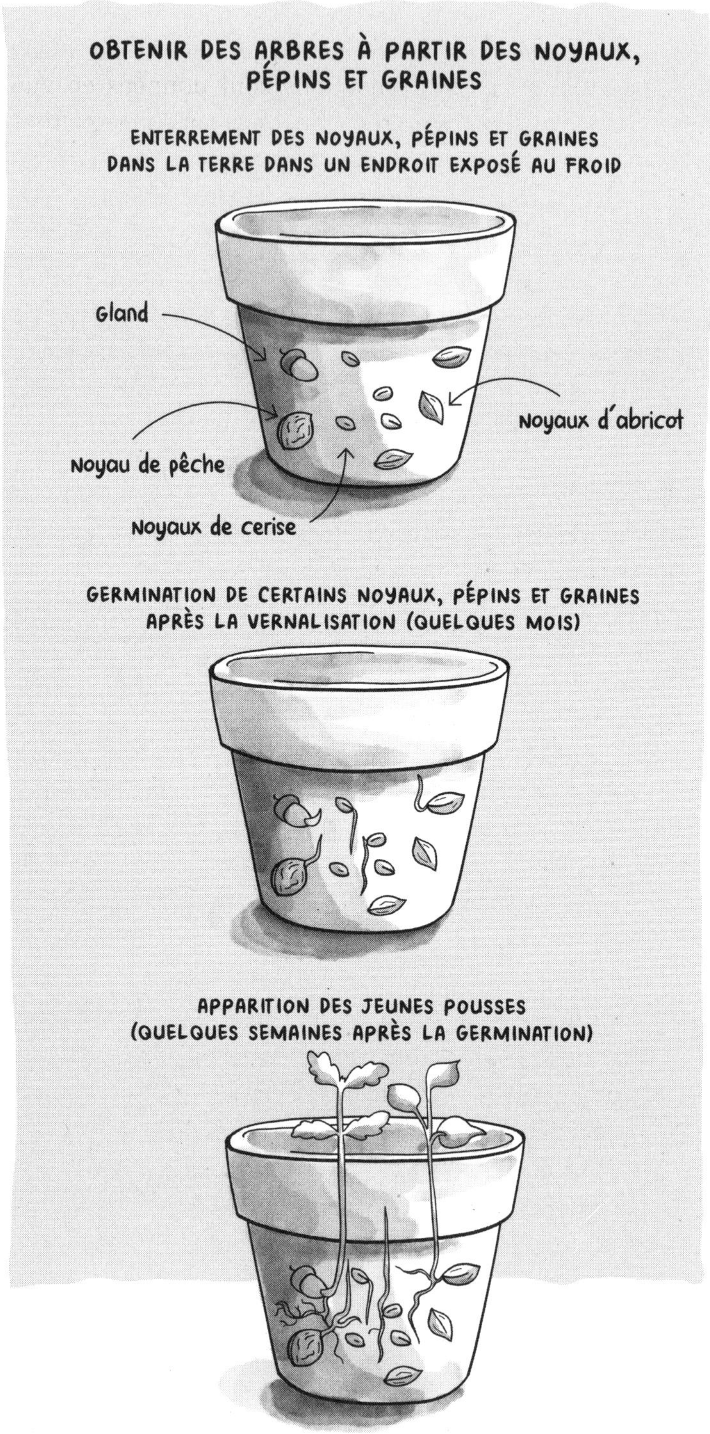

Cet ouvrage a été imprimé avec des encres végétales
suivant des procédés préservant l'environnement et
sur du papier non couché super blanc NAUTILUS® SuperWhite
100 % recyclé.

EU Ecolabel
www.ecolabel.eu
EU Ecolabel : AT/011/001

IMPRIM'VERT
Votre imprimeur agit pour l'environnement

Achevé d'imprimer en février 2021
par Normandie Roto S.A.S. à Lonrai

Dépôt légal : février 2021
N° d'imprimeur : 2101103
Imprimé en France